論語今註今譯

毛子水註譯
王雲五主編

臺灣商務印書館

《古籍今註今譯》序

中華文化精深博大，傳承頌讀，達數千年，源遠流長，影響深遠。當今之世，海內海外，莫不重新體認肯定固有傳統，中華文化歷久彌新、累積智慧的價值，更獲普世推崇。

語言的定義與運用，隨著時代的變動而轉化；古籍的價值與傳承，也須給予新的註釋與解析。商務印書館在先父王雲五先生的主持下，一九二〇年代曾經選譯註解數十種學生國學叢書，流傳至今。

臺灣商務印書館在臺成立六十餘年，繼承上海商務印書館傳統精神，以「宏揚文化、匡輔教育」為己任。六〇年代，王雲五先生自行政院副院長卸任，重新主持臺灣商務印書館，仍以「出版好書，匡輔教育」為宗旨。當時適逢國立編譯館中華叢書編審委員會編成《資治通鑑今註》（李宗侗、夏德儀等校註），委請臺灣商務印書館出版，全書十五冊，千餘萬言，一年之間，全部問世。

王雲五先生認為，「今註資治通鑑，雖較學生國學叢書已進一步，然因若干古籍，文義晦澀，今註之外，能有今譯，則相互為用，今註可明個別意義，今譯更有助於通達大體，寧非更進一步歟？」

因此，他於一九六八年決定編纂「經部今註今譯」第一集十種，包括：詩經、尚書、周易、周禮、禮記、春秋左氏傳、大學、中庸、論語、孟子，後來又加上老子、莊子，共計十二種，改稱《古籍今註今譯》，參與註譯的學者，均為一時之選。

臺灣商務印書館以純民間企業的出版社，來肩負中華文化古籍的今註今譯工作，確實相當辛苦。中華文化復興運動總會（國家文化總會前身）成立後，一向由總統擔任會長，號召推動文化復興重任，素有成效。七〇年代，王雲五先生承蒙層峰賞識，委以重任，擔任文復會副會長。他乃將古籍今註今譯列入文復會工作計畫，廣邀文史學者碩彥，參與註解經典古籍的行列。文復會與國立編譯館中華叢書編審委員會攜手合作，列出四十二種古籍，除了已出版的第一批十二種是由王雲五先生主編外，文復會與國立編譯館主編的有二十一種，另有八種雖列入出版計畫，卻因各種因素沒有完稿出版。臺灣商務印書館另外約請學者註譯了九種，加上《資治通鑑今註》，共計出版古籍今註今譯四十三種。茲將書名及註譯者姓名臚列如下，以誌其盛：

序號	書名	註譯者	主編	初版時間
1	尚書	屈萬里	王雲五（臺灣商務印書館）	五八年九月
2	詩經	馬持盈	王雲五（臺灣商務印書館）	六〇年七月
3	周易	南懷瑾	王雲五（臺灣商務印書館）	六三年十二月
4	周禮	林尹	王雲五（臺灣商務印書館）	六一年九月
5	禮記	王夢鷗	王雲五（臺灣商務印書館）	七三年一月
6	春秋左氏傳	李宗侗	王雲五（臺灣商務印書館）	六〇年一月
7	大學	宋天正	王雲五（臺灣商務印書館）	六六年二月
8	中庸	宋天正	王雲五（臺灣商務印書館）	六六年二月
9	論語	毛子水	王雲五（臺灣商務印書館）	六四年十月
10	孟子	史次耘	王雲五（臺灣商務印書館）	六二年二月
11	老子	陳鼓應	王雲五（臺灣商務印書館）	五九年五月

12	莊子	陳鼓應	王雲五（臺灣商務印書館）	六四年十二月
13	大戴禮記	高明	文復會、國立編譯館	六四年四月
14	春秋公羊傳	李宗侗	文復會、國立編譯館	六二年五月
15	春秋穀梁傳	薛安勤	文復會、國立編譯館	八三年八月
16	韓詩外傳	賴炎元	文復會、國立編譯館	六一年九月
17	孝經	黃得時	文復會、國立編譯館	六一年七月
18	列女傳	張敬	文復會、國立編譯館	八三年六月
19	新序	盧元駿	文復會、國立編譯館	六四年四月
20	說苑	盧元駿	文復會、國立編譯館	六六年二月
21	墨子	李漁叔	文復會、國立編譯館	六三年五月
22	荀子	熊公哲	文復會、國立編譯館	六四年九月
23	韓非子	邵增樺	文復會、國立編譯館	七一年九月
24	管子	李勉	文復會、國立編譯館	七七年七月
25	孫子	魏汝霖	文復會、國立編譯館	六一年八月
26	史記	馬持盈	文復會、國立編譯館	六八年七月
27	商君書	賀凌虛	文復會、國立編譯館	七六年三月
28	太公六韜	徐培根	文復會、國立編譯館	六五年二月
29	黃石公三略	魏汝霖	文復會、國立編譯館	六四年六月
30	司馬法	劉仲平	文復會、國立編譯館	六四年十一月
31	尉繚子	劉仲平	文復會、國立編譯館	六四年十一月
32	吳子	傅紹傑	文復會、國立編譯館	六五年四月
33	唐太宗李衛公問對	曾振	文復會、國立編譯館	六四年九月
34	資治通鑑今註	李宗侗等	國立編譯館	五五年十月
35	春秋繁露	賴炎元	文復會、國立編譯館	七三年五月

36	公孫龍子	陳癸淼	文復會、國立編譯館	七五年一月
37	晏子春秋	王更生	文復會、國立編譯館	七六年八月
38	呂氏春秋	林品石	文復會、國立編譯館	七四年二月
39	黃帝四經	陳鼓應	臺灣商務印書館	八四年六月
40	人物志	陳喬楚	文復會、國立編譯館	八五年十二月
41	近思錄、大學問	古清美	文復會、國立編譯館	八九年九月
42	抱朴子內篇	陳飛龍	文復會、國立編譯館	九〇年一月
43	抱朴子外篇	陳飛龍	文復會、國立編譯館	九一年一月
44	四書	楊亮功等	文復會、國立編譯館	六八年四月

已列計畫而未出版：

序號	書名	譯註者	主編	
1	國語	張以仁	文復會、國立編譯館	
2	戰國策	程發軔	文復會、國立編譯館	
3	淮南子	于大成	文復會、國立編譯館	
4	論衡	阮廷焯	文復會、國立編譯館	
5	楚辭	楊向時	文復會、國立編譯館	
6	文心雕龍	余培林	文復會、國立編譯館	
7	說文解字	趙友培	國立編譯館	
8	世說新語	楊向時	國立編譯館	

臺灣商務印書館董事長**王學哲**謹序　二〇〇九年九月

重印古籍今註今譯序

古籍蘊藏著古代中國人智慧精華，顯示中華文化根基深厚，亦給予今日中國人以榮譽與自信。然而由於語言文字之演變，今日閱讀古籍者，每苦其晦澀難解，今註今譯為一解決可行之途徑。今註，釋其文，可明個別詞句；今譯，解其義，可通達大體。兩者相互為用，可使古籍易讀易懂，有助於國人對固有文化正確了解，增加其對固有文化之信心，進而注入新的精神，使中華文化成為世界上最受人仰慕之文化。

此一創造性工作，始於一九六七年本館王故董事長選定經部十種，編纂白話註譯，定名經部今註今譯。嗣因加入子部二種，改稱古籍今註今譯。分別約請專家執筆，由雲老親任主編。

此一工作旋獲得中華文化復興運動推行委員會之贊助，納入工作計畫，大力推行，並將註譯範圍擴大，書目逐年增加。至目前止已約定註譯之古籍四十五種，由文復會與國立編譯館共同主編，而委由本館統一發行。

古籍今註今譯自出版以來，深受社會人士愛好，不數年發行三版、四版，有若干種甚至七版、八版。出版同業亦引起共鳴，紛選古籍，或註或譯，或摘要註譯。迴應如此熱烈，不能不歸王雲老當初創意與文復會大力倡導之功。

已出版之古籍今註今譯，執筆專家雖恭敬將事，求備求全，然為時間所限，或因篇幅眾多，間或難免舛誤；排版誤置，未經校正，亦所不免。本館為對讀者表示負責，決將已出版之二十八種（本館自行約人註譯者十二種，文復會與編譯館共同主編委由本館印行者十六種）全部重新活版排印。為此與文復會商定，在重印之前由文復會請原註譯人重加校訂，原註譯人如已去世，則另約適當人選擔任。修訂完成，再由本館陸續重新印行。為期儘量減少錯誤，定稿之前再經過審閱，排印之後並加強校對。所有此等改進事項，本館將支出數百萬元費用。本館以一私人出版公司，在此出版業不景氣時期，不惜花費巨資重新排版印行者，實懍於出版者對文化事業所負責任之重大，並希望古籍今註今譯今後得以新的面貌與讀者相見。茲值古籍今註今譯修訂版問世之際，爰綴數語誌其始末。

臺灣商務印書館編審委員會謹識　一九八一年十二月二十四日

編纂古籍今註今譯序

由於語言文字習俗之演變，古代文字原為通俗者，在今日頗多不可解。以故，讀古書者，尤以在具有數千年文化之我國中，往往苦其文義之難通。余為協助現代青年對古書之閱讀，在距今四十餘年前，曾為本館創編學生國學叢書數十種，其凡例如左：

一、中學以上國文功課，重在課外閱讀，自力攻求；教師則為之指導焉耳。惟重篇巨帙，釋解紛繁，得失互見，將使學生披沙而得金，貫散以成統，殊非時力所許；是有需乎經過整理之書篇矣。本館鑒此，遂有學生國學叢書之輯。

二、本叢書所收，均重要著作，略舉大凡；經部如詩、禮、春秋；史部如史、漢、五代；子部如莊、孟、荀、韓，並皆列入；文辭則上溯漢、魏，下迄五代；詩歌則陶、謝、李、杜，均有單本；詞則多採五代、兩宋；曲則擷取元、明大家；傳奇、小說，亦選其英。

三、諸書選輯各篇，以足以表見其書，其作家之思想精神、文學技術者為準；其無關宏旨者，從刪削。所選之篇類不省節，以免割裂之病。

四、諸書均為分段落，作句讀，以便省覽。

五、諸書均有註釋；古籍異釋紛如，即採其較長者。

六、諸書較為罕見之字，均注音切，並附注音字母，以便諷誦。

七、諸書卷首，均有新序，述作者生平，本書概要。凡所以示學生研究門徑者，不厭其詳。

然而此一叢書，僅各選輯全書之若干片段，猶之嘗其一臠，而未窺全豹。及一九六四年，余謝政後重主本館，適國立編譯館有今註資治通鑑之編纂，甫出版三冊，以經費及流通兩方面，均有借助於出版家之必要，商之於余，以其係就全書詳註，足以彌補余四十年前編纂學生國學叢書之闕，遂予接受。甫歲餘，而全書十有五冊，千餘萬言，已全部問世矣。

余又以今註資治通鑑，雖較學生國學叢書已進一步，然因若干古籍，文義晦澀，今註以外，能有今譯，則相互為用，今註可明個別意義，今譯更有助於通達大體，寧非更進一步歟？

幾經考慮，乃於一九六七年秋決定編纂經部今註今譯第一集十種，其凡例如左：

一、經部今註今譯第一集，暫定十種，其書名及白文字數如左。

詩　經	三九一二四字
尚　書	二五七〇〇字
周　易	二四二〇七字
周　禮	四五八〇六字
禮　記	九九〇二〇字
春秋左氏傳	一九六八四五字

大　學　　一七四七字
中　庸　　三五四五字
論　語　　一二七〇〇字
孟　子　　三四六八五字
以上共白文四八三三七九字

二、今註仿資治通鑑今註體例，除對單字詞語詳加註釋外，地名必註今名，年份兼註公元，衣冠文物莫不詳釋，必要時並附古今比較地圖與衣冠文物圖案。

三、全書白文四十七萬餘字，今註假定佔白文百分之七十，今譯等於白文百分之一百三十，合計白文連註譯約為一百四十餘萬言。

四、各書按其分量及難易，分別定期於半年內，一年內或一年半內繳清全稿。

五、各書除付稿費外，倘銷數超過二千部者，所有超出之部數，均加送版稅百分之十。

稍後，中華文化復興運動推行委員會制定工作實施計畫，余以古籍之有待於今註今譯者，不限於經部，且此種艱巨工作，不宜由獨一出版家擔任，因即本此原則，向推行委員會建議，幸承接納，經於工作計畫中加入古籍今註今譯一項，並由其學術研究出版促進委員會決議，選定第一期應行今註今譯之古籍約三十種，除本館已先後擔任經部十種及子部二種外，徵求各出版家分別擔任。深盼羣起共鳴，一集告成，二集繼之，則於復興中華文化，定有相當貢獻。

本館所任之古籍今註今譯十有二種，經慎選專家定約從事，閱時最久者將及二年，較短者不下一年，則以屬稿諸君，無不敬恭將事，求備求詳；迄今祇有尚書及禮記二種繳稿，所有註譯字數，均超出原預算甚多，以禮記一書言，竟超過倍數以上。茲當第一種之尚書今註今譯排印完成，問世有日，謹述緣起及經過如右。

王雲五

一九六九年九月二十五日

論語今註今譯新版序

論語為中國的第一書，是世人所共同承認的。我記得英國近代一位文學家威爾斯（H. G. Wells）曾把論語列為世界十大書之一。他的選取，當然有他的標準；可惜我們不知道他詳細的意思。三百年前，日本一位學者伊藤仁齋（一六二七——一七〇五）在他所撰的論語古義的首頁刻有「最上至極，宇宙第一」八個字。他這個「第一」，當是就孔子所講的道理而言。想起伊藤仁齋的年代，我們自然可以說他的見解是很公正的。

但若專就人文方面的道理講，即在現代，我們還可以贊同伊藤先生的意思。近世西方所稱的「金律」（Golden Rule），乃指馬太福音七章十二節或路加福音六章三十一節而言。這就是孔子所以為「終身可行」的「恕」。我們很正當的可以把恕道看作人類行為道德的基礎。世界上文明民族的先哲，很多都曾說過恕道，但原始記載恕道的話而現在尚存的書，則實以論語為最古。希臘的柏拉圖和亞理士多德的著作中都有義同「金律」的話，但他們的年代都後於孔子。如果我們要憑這一點說論語是現代世界上人文範圍中的第一書，自然可以說得通。

但我以為，我們若把孔子生平的志慮作為選取這個「第一書」的依據，理由似更為正大。論語中曾記了孔子一句話：「朝聞道，夕死可矣！」這個道字，不是「吾道一以貫之」的「道」，乃是「魯一變，至於道」的「道」；它含有「天下有道」全句的意義。（孔子所說的「天下有道」，意思極近於後人所說的「天下太平」。）孔子一生栖栖，心中所期望的只是「天下太平」。到了老來，禁不住吐了心聲：「我若有一天聽到『天下太平了』，我便什麼時候死去也願意！」我們從這句話可以想到孔子全副的心情。世界各民族古代的聖哲中，有這樣憂世憂民的志懷流露出來的，就我所知，以孔子這句話為最顯著。論語確是世界上宣揚仁愛的首部經典；從人文的立場講，自應為「第一書」。

這本論語今註今譯，於一九七五年出版。九年來雖重印過幾次，但內容並沒有很大的更動。去年秋天，出版者要將這書重新排印，囑我加以修改。我因而自行校訂一遍。除改正錯字外，有許多章節的註文和譯文乃是重寫的。我在衰老的年齡中，得有機會改正這書裏的誤謬，使更適於學子的閱讀，頗為欣喜；而這一生能為這樣一本書盡點心力，亦自慶幸。

我很覺得我這書中還有許多不妥當的地方。並世學人如肯不吝指教，使我得以減少這本書中的錯誤，乃是我所企望的！

毛子水

一九八四年四月二十五日

自序

中華文化復興運動推行委員會所計劃出版的「古籍今註今譯叢刊」第一批裏面列有「論語」。由於陳百年先生和王雲五先生的鼓勵，我於六年前答應負責這部書的編纂。

我最初的目的，是要用最淺顯的注釋做一部論語讀本。後來想起，論語乃是兩千多年來我們中國每個讀書人所必讀的書；現在我們國內所有的書舖，差不多都有這部書的通俗注本：因此，我改變原來的意思；我要把這部書的讀者的悟解力設想得高一點。這可分兩層來說：一，我這部書的注釋，乃是為對古代經典已略知門徑而且有相當的思辨力的人而作的；二，我這部書的注釋，於文字訓詁外，對思想史有關的典故，亦擇要引述。這樣一個主張或不至和中華文化復興運動推行委員會所計劃的叢刊的旨趣相違背吧！

二十多年前，當我初在臺灣大學講授論語時，我以為論語這部書，從漢代以來經過許多學者的訓釋，需要我們作新解的地方當不會多。但講授不久，即覺得現在通行的注本，已沒有把舊時許多誤解匡正，而舊時若干通達的義訓，反而廢置不用；至於論語經文應重行訂定的地方，似亦不少：這使我有重新校注論語的志慮。十年前我接受中華教育文化基金董事會所設置的「胡適紀念講座」，亦是為了得以完成這件事情。我所寫的論語講稿，本以「論語校注」為名；現在這部書裏的「今註」，可以說是節錄

「論語校注」而成的。

這部「論語今註今譯」的初稿，是臺大中文系講師宋淑萍女士代我編撰的；我只略有更改。最後的清稿，則是張菊英女士所校繕；間亦有斟酌損益的地方。這兩位的贊助，是我所十分感謝的。

一九五八年我草成「論語裏幾處衍文的測議」時，曾蒙胡適之先生予以嚴格的批評。現在胡先生過世已十餘年，這部論語新注已不能得到他的教正，我心裏自難免惆悵。

俞大維先生知道我從事論語的注釋，便將他所有而我所沒有的關於論語的書給了我，並且提示若干對於寫作這書的意見。我生平在學問上受到他的益處，自不止在論語；但即就論語講，我亦有一個難以忘記的故事。往昔同在柏林時，有一天他對我說，論語陽貨篇的「匏瓜」，以講作星名為合：匏瓜記於史記天官書；周詩已有箕斗，春秋時當已有匏瓜的星名了。我雖在大學時即知道皇疏有星名的「一通」，但只當異聞。現在聽到俞君的話，覺得「擇善而從」的重要。這件事影響我後來讀書時對先哲學說取捨的態度很大，所以五十餘年來沒有忘記。

近幾年來，吳大猷先生每次從美回國時，一見面必問起我的論語。他平常寫作的敏捷，是我所衷心敬服的；他的關心我論語的工作，對我自然是極懇摯的勸勉。張菊英女士於今年春天和我結婚以後，於煩勞的家務外，又幫我閱讀校樣，使這書得免去好幾處嚴重的錯誤；這是我所特別感激的。

毛子水　一九七五年十月二日

論語今註今譯凡例

一、這部書所用的論語經文，大體上是以漢唐石經為主而校以元翻廖本、邢疏本、皇疏本、正平本、以及釋文本和朱氏集注本的。這些本子裏的經文和這部書所用的經文有不同的地方，除非極不重要，都在註釋中記明。

二、若傳世經文顯然有錯誤而歷來學者有極合理的校議的，我們必於註中記出。（朱子集注記劉安世所見「他論」述而篇「加我數年」章的「五、十」作「卒」；金履祥以為當劉安世時，古來民間傳寫本或尚有存在的。在我們現在想起來，金氏的推測，似難符合事實。劉氏所見，或由於一個學者或一個抄寫者的臆改，不見得真是「古本」。但以「五、十」為「卒」字的誤分，雖然證據不充足，實是一個很有意義的想法。朱子記下這個「異讀」，是有理由的。）若前人校議所不及而為我們所見到的，亦必於註中記出。

三、這部書的解釋名為「今註」，乃是因為所用的解釋都是現在所認為最講得通的。舊時解釋有合這個標準的，便直用舊解的原文。凡引用前人的文字，有刪節而沒有改動；偶有加字以連接文義的，則字外用〔　〕為記。若採用的舊解文義太晦，讀者參看「今譯」，當可明瞭。若沒有合用的舊解，則所用的新解必是現代的語體文的。

四、集解和集注若義訓相同而都可採用，通常採用集解；若集解文義太不明晰，便採用集注。

五、書中引用何晏等的論語集解，原有姓氏的，悉標原氏，如「包曰」、「鄭曰」、「王曰」、「孔曰」等是；這些標記上，不再加「集解」二字。如原為何晏等所自注，則引文上只標「集解」二字。引皇侃論語義疏的，則標「皇疏」二字；引邢昺論語注疏解經的，則標「邢疏」二字；引朱熹論語集注的，則標「集注」二字（但有時亦稱為「朱注」）；引劉寶楠、劉恭冕父子的論語正義的，則標「劉疏」二字。其餘引文，則標明書名或著者姓名，或兩樣並舉。但若於引禮記後即引鄭玄的禮記注，則只標「鄭注」；於引說文解字後即引段玉裁的說文解字注，則只標「段注」。餘例推。

六、書中所引的集解，是據天祿琳瑯叢書印行的元翻廖本、學藝社影印的宋刊邢疏本、日本正平版刊行會印行的正平本、或懷德堂印行的皇疏本的；集注則用吳志忠的刻本；劉疏則用同治丙寅的原刊本。其他所引，都用現時所能得的最可靠的版本。

七、所有可以了解的經文，注釋後另附語體的譯文。如經文為我們現在所不能全懂、或懂不得七、八分的，則譯文從闕。

目次

論語今註今譯凡例 一
卷一 學而 一五
卷二 為政 三三
卷三 八佾 五二
卷四 里仁 六七
卷五 公冶長 八八
卷六 雍也 一〇七
卷七 述而 一三一
卷八 泰伯 一四六
卷九 子罕 一六八
卷十 鄉黨 一八六
卷十一 先進 二一三
卷十二 顏淵 二三一
卷十三 子路 二五一

卷十五 衛靈公 二七九
卷十六 季氏 三〇二
卷十七 陽貨 三一四
卷十八 微子 三三一
卷十九 子張 三四二
卷二十 堯曰 三五七

卷一　學而

子曰㈠：「學而時習之㈡，不亦說乎㈢！有朋自遠方來㈣，不亦樂㈤乎！人不知而不慍㈥，不亦君子乎！」

【今註】㈠馬曰：「子者男子之通稱；謂孔子也。」按：穀梁宣十年傳：「其曰『子』，尊之也。」詩大車箋：「子者，稱所尊敬之辭。」論語裏這個子字，乃是孔子弟子對孔子專用的尊稱。㈡這裏的學字，是指學修己的道理和學濟世利人的知識而言的。時，是適當、適宜的時候。「習」，通常有溫習、實習兩種意思。溫習似乎偏重在書本上的知識；實習則可兼行為和事務講。（我們在譯文中用「實行」一詞。）「之」，指所學得的知識言。㈢「亦」字平常有「承上」的意思；這裏的「亦」，乃是一個加重語氣的助詞。說音悅（ㄩㄝˋ）。（論語裏說字有二音。說樂的說，注中音悅；說話的說，讀失熱切，注中例不音。皇疏本論語，說樂的說多作悅；正平本論語，說亦有作悅的。）㈣臧庸拜經日記：「白虎通辟雍篇：師弟子之道有三。論語曰，朋友自遠方來。朋友之道也。又易蹇正義、周禮司諫疏並引鄭康成此注云，同門曰朋；同志曰友。考班孟堅引用魯論；包鄭所注亦魯論；然則魯論舊本作『朋友自遠方來』。陸氏所見本有作友，正與班鄭等合；特友字當在朋下。」按：臧說固有理據。但「有朋」句似是論語最早的元文；作朋友或友朋的，當由於傳寫者的改變。㈤樂音洛。（論語裏樂有三音。禮樂或音樂的樂音「岳」；喜樂的樂音「洛」；訓愛好的樂則音「五教切」。樂音岳注中例不出音；音洛和音五教切則各注出。）孔子生平，以「學不厭而教不倦」自許。以「學而時習」為可悅，乃「學不厭」的氣象；以「朋友自遠方來」為可樂，乃「教不倦」的氣象。㈥「人不知」，意思和「不見知於人」相同。慍（ㄩㄣˋ）是怨恨的意思。「人不知而不慍」，好像已到了「不怨天、不尤人」的境界了。

【今譯】孔子說：「學得一種知識而能夠應時實行，這豈不是很可喜悅的嗎！有弟子從遠方來，這豈不是很可快樂的嗎！即使不見知於人而心裏毫不怨恨，這豈不是一個君子人嗎！」

有子曰㈠：「其為人也孝弟而好犯上者㈡，鮮矣㈢；不好犯上而好作亂者，未之有也㈣。君子務本㈤；本立而道生。孝弟也者，其為仁之本與㈥！」

【今註】㈠史記仲尼弟子列傳：「有若，少孔子四十三歲。」（論語裏記載孔子的弟子，通常都稱字；如「子貢」或「顏淵」（字上加氏）等；只有「有若」和「曾參」稱「子」；如「有子」、「曾子」。宋程頤以為，論語書成於有子、曾子的門人，所以論語裏獨稱這二人為子。這似是一種可信的說法。）㈡孝是孝順父母；弟是尊敬兄長。弟字的通常意思為兄弟的弟；引申為「尊敬兄長」的意思。這個意思後來有一個專字「悌」；但古書裏用「弟」字作「尊敬兄長」講的很多。兄弟的弟上聲，注中不注音；孝弟的弟去聲，注中音悌（ㄊㄧˋ）。好（ㄏㄠˋ），喜好；呼報切。犯，干犯、冒犯；上，普通指君父和在高位的人講。㈢鮮（ㄒㄧㄢˇ），意同少；仙善切。（鮮本是一種魚的名字；但多借用為鮮潔、鮮少字。鮮潔字音仙，論語中沒有；鮮少字則注中音出。）㈣「未之有也」的「之」，是「有」的受詞。（中國古代文法，如動詞隨有弗詞，則受詞便放在動詞的前面。）㈤務字是「專用心力於……」的意思。本，意為基本或根本（的事情）。㈥仁，是指仁愛的行為，是人生最高的德行；這裏的「為仁」，是指「行仁道」講。（宋陳善的「捫蝨新語」以這個「仁」為「人」的假借字。明王恕的「石渠意見」亦說「仁當作人」。這種講法，似亦可通。但我們從上文的「道」字想起來，作「仁」似較合。）與音ㄩˊ。（與本訓黨與；古書裏多用為感歎或疑問的語詞，或用作參與字。作語詞音餘，參與字音預；注中都音明；黨與字不音。說文有歟字，訓「安氣也」，似是語詞「正字」，但古書仍多用「與」。）

【今譯】 有子說：「一個孝順父母、尊敬兄長的人而會冒犯君上的，極為稀少；不會冒犯君上而會作亂的，不曾有過。一個用心於世道的君子，專致力於根本的事情；根本的事情做好了，這個世界就可變成為有道的世界了。孝和弟應是仁的根本！」

子曰：「巧言㈠，令色㈡，鮮矣仁㈢！」

【今註】㈠巧言，是說一個人說話中聽。（包咸曰，「巧言，好其言語。」）㈡令色，是說一個人面容和悅。（包咸曰，「令色，善其顏色。」）㈢鮮（ㄒㄧㄢˇ），仙善切。巧言、令色，並不是壞事。孔子這話，當是要使人知道巧言、令色並不即是仁；仁，重在躬行道德。在詐偽繁多的世界上，如要知道一個人是不是有道德的人，要從他實際的行為來看，不可依他的言語和儀文來評量。

【今譯】孔子說，「一個人說話中聽，容色和悅，不見得就是有道君子！」

曾子曰㈠：「吾日三省吾身㈡：為人謀而不忠乎㈢？與朋友交而不信乎？傳㈣，不習乎㈤？」

【今註】㈠仲尼弟子列傳：「曾參，南武城人，字子輿；少孔子四十六歲。」㈡釋文：「省（ㄒㄧㄥˇ），息井反，視也。鄭云，思察己之所行也。」㈢為，於偽切，含有幫助意義。（為訓「作為」，平聲；注中例不音。）謀，是計議、計畫的意思；忠，是盡心力的意思。（說文：「忠，敬也；盡心曰忠。」）㈣傳，直專切。是「以學業傳授於弟子」。集解：「言凡所傳事，得無素不講習而傳之乎？」（集注：「傳，謂受之於師。」義似不及集解。）㊄這裏的「習」字，是習熟的意思。曾子以為，一個人對於他所傳授於弟子的學業，是必須熟習的。

【今譯】曾子說：「我每天以三件事情反省我自己：我替人計議事情、有沒有盡了心？我對朋友、有沒有不誠信的地方？我的傳授學業、有沒有不純熟的地方？」

子曰：「道千乘之國㊀：敬事而信㊁；節用而愛人；使民以時㊂。」

【今註】㊀道音導（ㄉㄠˇ）。皇本、正平本作導。（說文：導，引也。）馬曰：「道，謂為之政教。」包曰：「道，治也。千乘（ㄕㄥˋ）之國者，百里之國也。古者井田，方里為井，十井為乘；百里之國，適千乘也。」（古代兵車一乘（輛），戎馬四匹，甲士三人，步卒七十二人，衣炊樵汲廄養共二十五人。）訓車輛的乘，實證切；若乘訓乘車乘馬，則平聲，但注中不音。㊁「敬事」，以極大的謹慎行事。㊂「使民以時」：如孟子所謂「不違農時」便是一例。

【今譯】孔子說：「治理一個能出千輛兵車的國家，對事要毫不苟且而對人民要有信用；節省自己的用度而盡力愛護人民；役使人民要在最適當的時候。」

子曰：「弟子㊀，入則孝；出則弟㊁；謹而信㊂；汎愛眾而親

仁㈣。行有餘力，則以學文㈤。」

【今註】㈠「弟子」二字通常有兩種意義：⑴對於長輩，指年齡幼少為人子為人弟的人講；⑵對於師長，指受業的「門人」（「學生」）講。㈡弟音悌。㈢謹，謹慎；信，誠信。㈣汎，普徧。這裏的「仁」，是指「仁人」講的。㈤文，本是一切文字的通稱；這裏的「文」，指書本言。（在孔子的時候，一個士人所讀的書籍，詩（經）和書（經）為最要。）「行有餘力，則以學文。」意為「除了學習德行以外，餘事便是讀書。」（孔子並不是說，學者須先把孝弟等事做好以後，再用餘力去學書本上的知識；孔子是說，學者於學習孝、弟、謹、信、愛眾、親仁這些德行以外，又用力於書本上的知識。）實在，躬行學文，兩不相妨；修習先後，難以執一。「餘力」的話，讀者不可以詞害意；孔子似只是要說明學者不可因讀書而忘卻躬行「孝弟……親仁」的德行。

【今譯】孔子說：「做一個學生，在家應當孝順父母；出外應當恭敬尊長；做事謹慎而說話誠信；普徧的愛眾人而特別親近仁人。在學習這些德行以外，又用力於讀書。」

子夏曰㈠：「賢賢易色㈡；事父母能竭其力㈢；事君能致其身㈣；與朋友交，言而有信：雖曰『未學』，吾必謂之『學矣』㈤！」

【今註】㊀仲尼弟子列傳：「卜商，字子夏；少孔子四十四歲。」㊁宋翔鳳論語說義以「賢賢易色」為「明夫婦之倫」，可備一說。劉疏：「漢書李尋傳引此文；顏師古注：易色，輕略於色，不貴之也。」易音以豉切。（變易的易，以益切，注中例不音。）㊂竭，是竭盡的意思；竭力，即盡力。㊃孔曰：「盡忠節不愛其身。」按，子張篇：「士，見危致命。」致身，義同「致命」。㊄按：子夏申明學莫先於德行的意義，所以編論語的人把這章次於「弟子入則孝」章的後面。

【今譯】子夏說：「娶妻能夠貴德而輕色；侍奉父母，能竭盡心力；服事君上，能不愛生命；和朋友交往，誠信不欺；這樣的人，雖說沒有讀過什麼書，我也把他當作讀過書的！」

子曰：「君子不重則不威㊀；學則不固㊁。主忠信㊂；無友不如己者㊃；過則勿憚改㊄。」

【今註】㊀重，是莊重的意思。威，是威嚴的意思。㊁集解：「孔曰：固，蔽也。一曰，言人不能敦重，既無威嚴，學又不能堅固識其義理。」案：集解所記兩說，從文理上講，似以前一說為較合。孔氏解「固」為「蔽」；意為，人能學問，則知識廣博而心思不固蔽。但學者多有從後一說的，如宋代朱熹即是。㊂毛奇齡和江聲都以為「主忠信」以下，當別為一章。廣雅釋詁三：「主，守也。」「主忠信」：守住忠信的道理。㊃「無」，古多借用為「毋」：毋是禁止的詞，等於現代的「不要」。這句話，讀者多有認為不合理的。劉疏解釋說：「不如己者，即不仁之人。」這個講法，似可使讀者消失一些疑慮。孔子曾告訴子貢為仁的方法：「居是邦也，事其大夫之賢者；友其士之仁者。」不仁的人，必不能幫助我們為仁；所以不可以交。孔子這句話，乃是從一個人自己進德修業的觀點講的。就平常處世的道理講，我們對所認識的人，就算他的德行學問不及我們，我們也應該和他為友以誘他向善。這樣的交「不如己」的朋友，非特是孔子所不禁，當亦是孔子所讚許的。㊄憚（ㄉㄢˋ），是怕懼的意思。「學則不固」，疑本作「不學則固」；固，義同陋。如固訓堅固，則經文似應作「不學則不固」。

【今譯】孔子說：「一個君子人，如果不莊重就不能使人畏敬；能夠求學問就不至於頑固。（一個人應當）守住忠信的道理！不要和不如己的人為友！如發覺自己有了過失，不要怕去改！」

曾子曰：「慎終追遠㊀，民德歸厚矣㊁！」

【今註】㊀孔曰：「慎終者，喪盡其哀；追遠者，祭盡其敬。」案：慎終，是謹慎親長的喪事；追遠，是不忘記對祖先的祭祀。㊁歸，是趨向的意思。厚，是厚道的意思。

【今譯】曾子說：「我們如果能夠慎行親長的喪禮，不忘記對祖先的祭祀，則風俗便自然會趨向厚道了！」

子禽問於子貢曰㈠：「夫子至於是邦也㈡，必聞其政：求之與？抑與之與？㈢」子貢曰：「夫子溫、良、恭、儉、讓以得之；夫子之求之也，其諸異乎人之求之與㈣！」

【今註】㈠鄭曰：「子禽，弟子陳亢也。」按：論語有「子禽」，有「陳亢」，有「陳子禽」，但史記仲尼弟子列傳只有「原亢籍」而沒有「陳亢」。拜經日記：「蓋原亢即陳亢；當是名亢、字籍，一字子禽。」弟子列傳：「端木賜，衛人，字子貢；少孔子三十一歲。」漢石經論語殘碑，「子貢」都作「子贛」。（釋文：「貢，本亦作贛；音同。」）㈡「夫子」本是對尊長的敬稱。在論語裏，孔子的門人，通常對孔子當面稱「子」，和別人提到孔子則稱「夫子」。（孟子的門人對於孟子，則當面背後都稱「夫子」。）「是邦」二字，是指所到的邦而言。㈢兩句裏「之與」的「與」都音餘。抑，是個有疑意的連接詞，相當於現在的「還是」。漢石經「抑與」作「意予」。㈣「其諸」，是疑問的語詞；和現在的「恐怕」和「或者」有相似的語意。（春秋公羊傳桓公六年解詁：「其諸，辭也。」）

【今譯】子禽向子貢問道：「我們的老師每到一個國家，便和這個國家的政治有關。這種身分，是我們老師去求來的呢？還是人家自願給他的？」子貢說：「我們的老師是由於溫厚、善良、恭敬、儉約、謙讓而得到這個地位的。你如果要說他是求來的，那恐怕跟別人的求有點不同吧！」

子曰：「父在觀其志㊀；父沒觀其行㊁。三年無改於父之道，可謂孝矣㊂！」

【今註】㊀這章是說觀察人子孝不孝的方法。這個人子，是指繼承父位（包括天子、諸侯和卿大夫）的人講；義固適用於一切人的。「其」，指繼承父位的人子。志，指人子的志言。㊁行，下孟切。（德行的行去聲；行動的行讀平聲而注中不音。）行，是指人子繼位以後的行為言。㊂這兩句是申說「父沒觀其行」一句的。錢坫論語後錄以「父之道」為「父之臣與父之政」，乃是根據曾子述孔子稱贊孟莊子的話（見子張篇）的。（父之道，當然指正道言。不正的道，即父在亦應諫諍阻止，那可等！）

【今譯】孔子說：「要觀察一個人子是不是孝，當他父親在世的時候，只看他的志意怎樣；當他父親過去以後，可從他的行為看。如果這個人能在三年裏面不改變他父親生平所行的道，那就可說是孝了！」

有子曰：「禮之用，和為貴㊀。先王之道斯為美㊁；小大由之，有所不行㊂。知和而和、不以禮節之，亦不可行也㊃。」

【今註】㈠和，是在一定範圍以內、或損或益、斟酌得中的意思。這開頭兩句，乃全章的大綱。㈡「斯」，指禮。㈢「之」，也是指禮說的。這兩句話是說「和為貴」的理由。㈣「節」，是範圍或節制的意思。最後三句是說行禮固應以「和為貴」，但「和」又不能出乎「禮」。

【今譯】有子說：「在行禮的時候，以能斟酌得中為最可貴。先代傳下來的道理，最好的就是禮；不過我們如果大大小小的事情都要死板的照著禮，有時候就行不通；（所以我們必須用和）。但若知道和的重要而一味用和、不用禮來節制，那也是不行的。」

有子曰：「信近於義㈠，言可復也㈡。恭近於禮㈢，遠恥辱也㈣。因不失其親，亦可宗也㈤。」

【今註】㈠集注：「信，約信也，義者事之宜也。」釋文：「近，附近之近，下同；又如字。」（集注只音去聲。）按：近字似應讀「如字」。㈡集注：「復，踐言也。言約信而合其義，則言必可踐矣。」㈢「恭」，指一個人態度的恭謙。㈣遠，於萬切，是遠離、避免的意思。㈤朱子訓「因」為「猶依也」；皇侃（ㄎㄢˇ）則訓「因」為「猶親也」。依和親的意義相近。朱子說：「所依者不失其可親之人，則亦可以宗而主之矣。」皇侃卻說：「能親所親，則是重為可宗也。」這兩種解釋，都不十分有意義；在語氣上，這兩句和前四句又不很和諧：對這兩句話，似乎以闕疑為是。譯文姑依朱注。

【今譯】有子說：「一個人對人家所作的諾言如能近於義，那這個諾言就可以保得住。如果對人的恭敬能合於禮，那便不至於為人所輕視；如果一個人能夠依靠可親的人，這也是可以為我們所效法的。」

子曰：「君子食無求飽，居無求安㈠；敏於事而慎於言㈡；就有道而正焉㈢：可謂好學也已矣㈣。」

【今註】㈠這兩句話是說：君子人的食、住二端，適可便足；不以求飽、安為務。（鄭曰，「學者之志有所不暇也。」）㈡敏，是勤勉的意思。事，指應行的事，當然包括應有的德行。慎於言，意為出言謹慎。㈢「就有道」，親近有德行的人；如：「事其大夫之賢者、友其士之仁者。」孔曰：「正，謂問事是非也。」㈣好（ㄏㄠˋ），呼報切；好學，就是愛好學問。（在孔門裏，好學二字似包括篤信學問，勤求學問，實行學問而言。）「也已矣」，依皇本正平本；漢石經沒有也字，唐石經沒有矣字。

【今譯】孔子說：「一個君子能夠不以飽食、安居為生平的目的；勉力於應做的事情而出言謹慎；又能夠向有道德的人請教：這樣，就可以說是好學了。」

子貢曰：「貧而無諂㈠；富而無驕㈡：何如㈢？」子曰：「可也㈣；未若貧而樂道㈤、富而好禮者也㈥。」子貢曰：「詩云㈦：『如切如磋；如琢如磨㈧。』其斯之謂與㈨！」子曰：「賜也，始可與言詩已矣㈩！告諸往而知來者也⑪。」

【今註】 ㈠諂（ㄔㄢˇ），是阿諛、諂佞的意思。㈡驕，是驕傲的意思。㈢「何如」，意同現代語的「你看怎麼樣？」㈣「可也」，同現代語的「算是不錯啦」。㈤樂音洛。「貧而樂道」，依皇本、正平本；史記弟子傳同。唐石經道字旁注；他本沒有道字。㈥好，呼報切。㈦詩見衛風淇奧篇。㈧釋文：「磋，七多反；磨，末多反。」訓詁家分釋切磋琢磨為治骨、治象、治玉、治石；實在，這兩句詩注重描寫對德業「精益求精」的精神。子貢本以為「無諂、無驕」已經夠好了；聽了孔子的話，懂得德行是沒有止境的，一個人對修養必須不停的求進步。所以引了這兩句詩來表明他的新看法。㈨與音餘。㈩「始可」，和現在「才可」一樣。「可與言」，猶「可以言」。孔子因為子貢能觸類旁通，所以說，像子貢這樣的人，才可以講詩。⑪「諸」，意同「之」。這句話是說，告訴他一件事，他能夠悟出另一道理來。（即是，能夠懂得詩句外的意思。讀者在這裏不可拘泥於「往」「來」兩字的本義。）句末的「也」字，依皇本正平本。

【今譯】子貢說：「一個人貧困而不諂；富貴而不驕傲：這種人老師看怎麼樣？」孔子說：「很好啦！但還不如貧困而能樂道、富貴而能好禮的人。」子貢說：「詩經上說：『如切如磋；如琢如磨。』這兩句詩就是形容這樣一個人的吧？」孔子說，「像賜這樣的人才可和他談詩呀！告訴他一件事，他就能悟出一種道理來。」

子曰：「不患人之不己知㈠；患己不知人也㈡。」

【今註】㈠一個君子，「人不知而不慍」；所以一個人不必憂慮別人不知道自己。㈡如果人家有好處而我們不知道，那是很不好的事情；所以一個人要當心自己不能知道別人。（「患己不知人也」，依皇本正平本。釋文出「患不知也」；說：「本或作『患己不知人也』；俗本妄加字。」按：皇本這句下有「王肅曰、但患己之無能知也」十一字的注文，似王氏所見本當即作「患不知也」。但「患不知也」，詞意實不明晰。不知陸氏為什麼取這四字而以「患己不知人也」為「俗本妄加字」！唐石經作「患不知人也」，尚可通；廖本朱本都同唐石經。「患己不知人」，乃是「恕思以明德」的功夫。孔子曾說：「不知言、無以知人也。」（論語末章。）我們從孔子這句話，可以知道在孔子意中，「知人」亦是道德修養的一件要事。

【今譯】孔子說：「一個人不必憂慮別人不知道自己；只須當心自己不能知道別人。」

卷二 為 政

子曰：「為政以德㊀，譬如北辰㊁；居其所而眾星共之㊂。」

【今註】㊀為政，是執行政治的事務。德，指德行；和詐術、威力相對。㊁北辰，就是天的北極。我們想像，通過地球中心而聯地球南北極作一直線，叫做地軸；地軸和地球的赤道圈成正交。地球以外，我們好像看到一個「日月星辰繫焉」的天球；我們的地球，就在這個天球裏面正中間浮著，而地球的中心，亦就是我們所想像的天球的中心。從地球的兩極直向太空引長地軸而假設這個引長的地軸各遇天球於一點：從地球的北極引長的地軸遇著天球的那一點是天的北極；從地球的南極引長的地軸遇著天球的那一點是天的南極。天軸即地軸的引長；天的赤道即地球赤道的放大。地球每二十四點鐘自轉一周；但我們住在地球上的人不覺到地球在動，只看見在我們周圍的日月星辰在動，亦可以說整個天球在動。在晴天的夜裏，我們靜看眾星在天空旋運，可以覺到愈近北極的星，所循行的圜周便愈小；若正在北極有一顆星，它必是完全不動的。就人類目力講，現在的北極所在實沒有星可以看見。天文學家所稱為「北極星」的，乃是一顆離北極最近的星，並不正在北極。因為這顆星離北極不到一度，僅憑目力，很難看出它的旋動。天文家所以要指定它為北極星，只是取以做北極的標識；至於普通人，自亦可藉以辨方正位。這顆北極星，實在給居住在北半球的人很大的便利。在天的南極附近，就沒有這樣一顆星了。凡在北半球的人，都可看到北極星。它出地平線上的高度，約和觀測人所在地的緯度相同。設使觀測人立在赤道上，則正北地平線上那顆明星就是北極星；設使觀測人立在北極，則北極星正照在他的頭頂。其餘情形，自容易推知。爾雅釋天：「北極謂之北辰。」李巡說，「北極，天心；居北方，正四時：謂之北辰。」郭注：「北極，天之中。」「天心」和「天中」，都含有不動的意義；又叫「天極」或「天樞」。這些都是異名而同實的。朱子語類：「南極、北極，天之樞紐；只是此處不動，如磨臍然。」㊂釋文：「共（ㄍㄨㄥˇ），鄭本作拱，俱勇反。」說文通訓定聲：「共，假借為宮。論語：『而眾星共之。』按讀如『大山宮小山』之宮。」（爾雅釋山注：「宮，謂圍繞之。」）按：鄭本共作拱。何休公羊僖三十三年傳注：「拱，可以手對抱。」拱有圍繞的意義，當由對抱的意義引申而得。

【今譯】 孔子說：「用德行來搞政治，像天的北極，靜居在它的地位而滿天星斗都環繞它運行。」

子曰：「詩三百㊀，一言以蔽之㊁，曰『思無邪！』㊂」

【今註】 ㊀「詩」就是我們現在的「詩經」。「詩經」可以說是這部書的「俗名」；這個俗名很早就有，但元以前學人的書裏似沒有稱詩（或「毛詩」）為詩經的。漢以來傳世的詩經有三百零五篇；可能孔子所見到的詩，也和現在的詩經一樣。孔子常說「詩三百」；這當是就大數來講的。㈡這裏的「蔽」，有函蓋或概括的意思。（集注：「蔽，猶蓋也。」但即就「蓋」字講，亦可有兩義：一是說，詩雖有三百篇，而大意不外乎使人思想入於正；一是說，詩雖有三百篇，學得「思無邪」的道理，就可以說學得全詩最好的道理了。兩說都可通。）㈢「思無邪」，是魯頌駉篇的一句。依照詩序，駉篇是頌魯僖公的詩。鄭箋釋「思無邪」說：「思遵伯禽之法，專心無復邪意也。」不管這句詩原來的意思怎樣，孔子引用這句詩，應當是把它解作「用心不違於正道」（或「心裏不生邪念」）的意思的。

【今譯】孔子說：「三百篇的詩經，可用裏邊一句話來概括；那就是『心裏沒有邪念』！」

子曰：「道之以政㈠；齊之以刑㈡：民免而無恥㈢。道之以德；齊之以禮：有恥且格㈣。」

【今註】㈠道音導。（皇本正平本作導，下同；史記漢書引亦多作導。）劉疏：「道如道國之道，謂教之也。禮、緇衣云，『教之以德，教之以政。』文與此同。」（上篇馬注：道，謂為之政教。）這章的「之」字，指「民」言；施政教於一國，當然就是教導這一國的人民。㈡馬曰：「齊整之以刑罰。」（整齊的意思，是使所有不從政教的人從起政教來。漢祝睦碑：「導濟以禮。」齊作濟，義亦可通。濟，義同益。）㈢免是免於刑罰；意為不犯法。「恥」訓羞愧；意義和孟子所謂「羞惡之心」相近。㊃集解釋格為正；集注釋格為至。格訓為正似較好；但是如果把「格」字當作「革」字（改革、革新）講，於義更合。革和正，義相通。（黃式三論語後案：「格革音義並同；〔格〕當訓為革。」）孔子這章的話，是說禮治優於法治。禮治當然較合於理想；但民眾善惡不齊，施行禮治，亦不能完全沒有法治。良法必本於禮；禮亦可看作最合理的法。世間學人，當知禮和法本為一事。若說孔子要用禮治不用法治，亦是誤解孔子！

【今譯】 孔子說：「用政治來教導人民；用刑罰以整齊他們：這樣，人民可免於刑罰，但心裏沒有自覺的羞愧。用德化來教導人民；用禮教以整齊他們：這樣，人民非特自覺而知恥，且能改過從善。」

子曰：「吾㊀，十有五而志乎學㊁；三十而立㊂；四十而不惑㊃；五十而知天命㊄；六十而耳順㊅；七十而從心所欲，不踰矩㊆。」

【今註】 ㊀說文：「吾，我自稱也。」這裏的「吾」，是孔子自稱。㊁「有」，讀音和意義都同「又」。「乎」，依漢石經。正平本和論衡實知篇引同石經；他本作「於」或「於」。㊂立，是能夠運用所學得的道理以立身行己。㊃不惑，是不為異端、邪說所惑亂。㊄劉疏：「天命者：說文云，『命，使也。』言天使己如此也。知天命者：知己為天所命，非虛生也。」按：韓詩外傳和董仲舒都以為天的生人，是要使他順善循理、以自貴於別的生物。劉氏據韓董二家釋孔子「不知命無以為君子」的話（論語末章）以解這章的「知天命」，似勝局於祿命說的解釋。㈥鄭玄注：「耳順，聞其言而知其微旨也。」按：鄭意似以耳順為知言。孔子曾說，「不知言，無以知人也。」可見知言是人生修養的一件要事。一個人必須心平氣和才能夠知言。㈦從，意同隨。踰（音ㄩˊ），意同越。矩（音ㄐㄩˇ），做方器的工具；引申有法度的意義。這章乃是孔子自述生平修養的成就；所謂十五、三十等數目，只是舉一大數以略見先後；讀者對於這些數目都不可太拘泥。

【今譯】孔子說：「我十五歲而立志求學；三十歲而能用學得的道理以立身行己；四十歲而能不為世俗邪說所惑亂；五十歲而知道天命；六十歲而能知言；七十歲而能隨心所欲以行而不至於違犯法度。」

孟懿子㈠問孝。子曰：「無違㈡！」樊遲御㈢。子告之曰：「孟孫問孝於我；我對曰：『無違。』」樊遲曰：「何謂也？」子曰：「生，事之以禮；死，葬之以禮，祭之以禮。」

【今註】㈠孔曰：「魯大夫仲孫何忌；懿（ㄧˋ），謚也。」（左昭七年傳：「三月，公如楚。鄭伯勞于師之梁；孟僖子為介，不能相儀。及楚，不能答郊勞。九月，公至自楚。孟僖子病不能相禮，乃講學之；苟能禮者從之。及其將死也，召其大夫曰：『禮，人之幹也；無禮，無以立。吾聞將有達者曰孔丘，聖人之後也。……我若獲沒，必屬說與何忌於夫子，使事之而學禮焉，以定其位。』故孟懿子與南宮敬叔師事仲尼。」據左傳，則孟懿子是孔子的弟子。但史記仲尼弟子列傳裏沒有孟懿子；論語集解所引的孔注，亦不以孟懿子為孔子弟子。劉疏：「懿子受學聖門；及夫子仕魯墮三都，懿子梗命，致聖人之政化不行：是實魯之賊臣。弟子傳不列其名；此注但云『魯大夫』，亦不云『弟子』：當為此也。」按：孟懿子的梗命不墮成，實是一件可惋惜的事情。劉氏的話，似可備一說。）㈡「無」，漢石經和論衡都作「毋」。「違」有「離異、背叛」的意義；又有「邪、不正」的意義。論衡問孔篇：「毋違者，（毋違）禮也。」朱熹論語集注：「無違，謂不背於理。」崔述說：「此章『無違』者，即謂體親之心，成親之志，非有他也。」俞樾說：「孟懿子問孝；子曰，無違。此正是教懿子從親之令。」依情理講，崔、俞二人的說法似較合。但孔子何不直告孟懿子以順從父命，且又何必向樊遲以毋違禮為解呢？這實難了解。㈢仲尼弟子列傳：「樊須，字子遲；少孔子三十六歲。」

【今譯】 孟懿子問孝。孔子回答說：「不要違背！」樊遲替孔子御車。孔子告訴他說：「孟孫曾向我問孝；我回答說：『不要違背！』」樊遲說：「這是什麼意思呢？」孔子說：「父母在世時，做兒子的要依禮侍奉他們；父母過去了，做兒子的要依禮葬他們、祭他們。」

孟武伯問孝㈠。子曰：「父母唯其疾之憂㈡。」

【今註】㈠馬曰：「武伯，懿子之子、仲孫彘；武，諡也。」㈡唯音惟。廣雅釋詁三：「唯，獨也。」馬曰，「言孝子不妄為非；唯疾病然後使父母憂。」馬融以為孔子這話的意思是：一個人能夠做到只有生病的時候才使父母擔憂，便可以算是孝了。馬氏這個解釋，可以說是這一章古來最好的解釋；實在，這一章亦只有這個解釋講得通。（「其」，指人子講；以前學者有以為指父母講的，大錯！）

【今譯】孟武伯問孝。孔子說：「一個人，如果能夠使他的父母只擔心他的疾病，那就可以算作孝子了！」

子游問孝㈠。子曰：「今之孝者，是謂能養㈡。至於犬馬，皆能有養㈢；不敬，何以別乎㈣！」

【今註】㈠仲尼弟子列傳：「言偃，吳人，字子游；少孔子四十五歲。」㈡王引之經傳釋詞：「是謂能養：『是』與『祇』同義。」「祇」，意同「只是」。養訓供養，餘亮切。㈢這句話，集解（後一說）和集注都以為是指人養犬馬而言。但是有些學者認為這種說法有把人的父母比於犬馬的嫌疑，所以不用。這種地方，古人好像不會有和後世一樣的忌諱的。㈣別，彼列切，意為別異。

【今譯】子游問孝。孔子說：「現在人的孝，只是能養父母。但人們亦養犬馬。如果只養而不敬，則養父母跟養犬馬還有什麼不同！」

子夏問孝。子曰：「色難㈠！有事，弟子服其勞㈡；有酒食㈢，先生饌。曾是以為孝乎㈣！」

【今註】㈠鄭注：「言和顏說色為難也。」按：孔子以為，子女對父母，應該常常和顏悅色；而人們多忽略這一點。（內則：「柔色以溫之。」祭法：「孝子之有深愛者，必有和氣；有和氣者，必有愉色；有愉色者，必有婉容。」）㈡劉台拱論語駢枝：「年幼者為弟子；年長者為先生：皆謂人子也。饌（ㄓㄨㄢˋ），具也。有事幼者服其勞；有酒食長者共具之：是皆子職之常，何足為孝！」（馬曰：「先生，謂父兄；饌，飲食也。」按：學者多宗劉說，但馬說似亦可通。）㈢食音嗣（ㄙˋ），義同飯。㈣說文：「曾，詞之舒也。」段注：「曾之言乃也。」

【今譯】子夏問孝。孔子說：「侍奉父母，難在時常保持和顏悅色！人子中年紀少的做事；年紀長的具備飲食。難道這就可以算得孝麼！」

子曰：「吾與回言終日㈠；不違㈡，如愚。退而省其私㈢，亦足以發。回也不愚！」

【今註】㊀仲尼弟子列傳：「顏回者，魯人也，字子淵；少孔子三十歲。」㊁孔曰：「無所怪問於孔子之言。」（先進篇：「子曰，回也、非助我者也；於吾言無所不說。」）㊂禮記學記：「大學之教也，退息必有居學。」居學，當指學校中學生自修的地方。劉疏：「居學非受業之所，故言私也。」按：「私」，指弟子的自修。

【今譯】孔子說：「我整天對顏回講話；他從不反問，好像是一個愚戇的人。但是我看他自修時和同學談論，他的意思很有可以啟發人的地方。他決不愚！」

子曰：「視其所以㊀；觀其所由；察其所安㊁：人焉廋哉㊂！人焉廋哉！」

【今註】㊀視、觀、察：這三個字在這裏似以深淺的次第為序。（集注：「觀、比視為詳矣；察、則又加詳矣。」）集解釋「以」為「用」；這個解釋似乎和下句「觀其所由」的意思重複了。「所以」，似可釋為做一件事的「動機」。㊁集注：「安，所樂也。」「視其所以」三句話，如以求學為例來講，則：一個人求學的動機是什麼？求學的方法是怎樣的？學了後是否能夠以他的心得為快樂？㊂焉，於虔切。廋，音搜（ㄙㄡ）。集注：「焉，何也。廋，匿也。重言以深明之。」（「焉」為句末語助，讀有乾切，注中不音。若訓為「安」或「何」，則讀於虔切，注中音出。）

【今譯】孔子說：「我們對一個人如果能從他做一件事的動機，方法和識度來觀察：他還有什麼地方可以瞞得過我們呢！」

子曰：「溫故而知新㊀，可以為師矣。」

【今註】㊀集解：「溫，尋也。尋繹故者，又知新者，可以為師也。」皇疏：「故，謂所學已得之事也；所學已得者，則溫燖之不使忘失，此是月無忘其所能也。新，謂即時所學新得者也；知新，謂日知其所亡也。」朱注以「學能時習舊聞而每有新得」為溫故而知新；義雖高而難做，恐非經意。

【今譯】孔子說：「溫習已經學過的東西，並常求知道所沒有學過的，亦就可以為人師了。」

子曰：「君子不器㊀。」

【今註】㊀集注：「器者，各適其用而不能相通。成德之士，體無不具，故用無不周；非特為一才一藝而已。」按：集注申包注；和學記「大道不器」注義亦相近。但孔子的意思或是：君子處世，當有自己的志意，不能像器物的隨人所用。

【今譯】孔子說：「一個君子，不能跟器物一般，隨人使用！」

子貢問君子。子曰：「先行；其言而後從之㈠。」

【今註】㈠「而」，意同「乃」。（舊讀多以「先行其言」為句。夢溪筆談：先行當為句。）

【今譯】子貢問怎麼才算一個君子。孔子說：「先把事做好，然後再來說。」

子曰：「君子周而不比㈠；小人比而不周。」

【今註】㈠周、比二字都有親密的意思。這裏孔子對舉這兩字說這話，兩字分有好壞的含義。這乃是一時的分別。（孔曰：「忠信為周；阿黨為比。」經義述聞：「以義合者周也；以利合者比也。」）不過我們應知道，即在孔子自己的話裏，比字有時亦含有好的意義。（「義之與比。」）

【今譯】孔子說：「一個君子對人忠信而不阿黨；小人只知阿黨而不能忠信。」

子曰：「學而不思則罔㈠；思而不學則殆㈡。」

【今註】㈠禮記少儀鄭注：「罔（ㄨㄤˇ），猶罔罔，無知貌。」（朱駿聲以為借罔為妄。按：妄亂謬妄，亦即無知。）㈡公羊襄五年傳注：殆（ㄉㄞˋ），疑。王引之以為這章和子張學干祿章的殆，都當訓疑。

【今譯】孔子說：「勤求學問而不用心思索，那還是罔罔無所知的；只用心空想而不勤求學問，那就得不到明確的知識。」

子曰：「攻乎異端，斯害也已㈠！」

【今註】㈠集解：「攻，治也。」皇疏：「異端，謂雜書也。言人若不學六籍正典而雜學於諸子百家，此則為害之深。」劉疏：「下篇子夏曰，雖小道，必有可觀者焉；致遠恐泥，是以君子不為也。集解以小道為異端。……以異端為雜書，乃漢人舊義。故鄭注子夏之言小道亦以為『如今諸子書也』。中庸記云，子曰，素隱行怪，後世有術焉；吾弗為之矣。素隱行怪，正是小道異端者之所為；至後世有述，而其害何可勝言：夫子故弗為以絕之也。」按：劉氏以索隱行怪為異端，似比以雜書為異端更為合理。但我以為孔子所謂「異端」，當指正常學業以外的事情講。論語記「子不語怪、力、亂、神」；這四件事情，當然是孔子所謂異端的。對正在受業的弟子講話，自亦可稱雜書為異端。因為誦詩讀書的時候，若分心於雜書，則必有廢時的害處。若詩書已畢業，則多見多聞而識之，亦是求知的正途；雜書有時乃是很有益的東西，孔子有時亦引用古志。我想，孔子說這話，不過告戒弟子於受業時期、不要分心於外務罷了；所謂害，亦只是指荒時廢業言。我們看樊遲請學稼而孔子答以吾不如老農；子路問事鬼神而孔子答以未能事人焉能事鬼：這都是孔子恐怕他們用心於外務而害正業，所以不正答所問。子貢方人，孔子亦有微詞；這當是由於任意評人，於自己的德業並沒有益處，所以亦可看作外務。至於「女與回也孰愈」的問話，出自老師，當是為探測弟子的進境而作的。集注以楊墨為異端的例，未必合於孔子的意思。設使孔子生在孟子的時代，他要怎樣距楊墨，恐亦是問題。這章自來異說紛紜：「攻」有攻治、攻擊兩義；「已」於語詞外又有「止」義。焦循論語補疏倒有一段可取的意思：「韓詩外傳云，別殊類使不相害；序異端使不相悖。蓋異端者，各為一端，彼此互異；惟執持不能通則悖，悖則害矣。有以攻治之，即所謂序異端也。斯害也已，所謂使不相悖也。」焦氏這個說法，雖未必和本章的經旨相合；但設使孔子生於今天，當亦會贊成焦氏這個意見的。為開拓讀者心胸起見，我們把焦說節錄在這裏。譯文則仍用我個人的意見。

【今譯】孔子說：「一個人於修業時而分心於外務，那是有害的。」

子曰：「由，誨女知之乎㊀？知之為知之；不知為不知：是知也。」

【今註】㊀仲尼弟子列傳：「仲由，字子路，卞人也；少孔子九歲。」說文：「誨，曉教也。」女音汝（ㄖㄨˇ）。（古書中凡女字講作「你」的，都音汝。）意同現在的「你」。

【今譯】 孔子說：「由，我教你的、你都能知道麼？你知道的、你就以為『知道』；你不知道的、你就以為『不知道』：這就是真正的『知道』！」

子張學干祿㊀。子曰：「多聞闕疑，慎言其餘；則寡尤㊁；多見闕殆㊂，慎行其餘；則寡悔。言寡尤；行寡悔㊃：祿在其中矣！」

【今註】 ㊀仲尼弟子列傳：「顓孫師，陳人，字子張；少孔子四十八歲。」鄭曰：「干，求也；祿，祿位。」 ㊁包曰：「尤，過也。」 ㊂殆，義同疑。 ㊃行，下孟反。

【今譯】 子張要學干求祿位的方法。孔子說：「多聽人家的話，而把可疑的地方撇去；就是那些不可疑的地方，也得很謹慎的去講：這樣，錯誤就少了。多看人家的行事，而把可疑的地方撇去；就是那些不可疑的地方，也得很謹慎的去做：這樣，就不至有很多的悔恨了。說話很少錯誤；做事很少可悔恨的地方：到了這個地步，祿位就自然來了！」

哀公問曰㊀：「何為則民服？」孔子對曰：「舉直錯諸枉㊁，則民服；舉枉錯諸直，則民不服。」

【今註】㊀哀公，魯國的國君。（孔子是魯人，所以「哀公」上面沒有加「魯」字。）㊁舉，是舉用起來的意思。直，本是正直的意思；這裏是指正直的人。「錯」，古義同於今所謂「鍍金」，已不用；這裏借用為「措」字，意為「安置」。枉，本是邪曲的意思；這裏是指邪曲的人。

【今譯】哀公問道：「怎樣做人民才能悅服？」孔子回答說：「把正直的人舉起來安置在枉邪的人上面，人民便悅服了；把枉邪的人舉起來安置在正直的人上面，人民便不悅服了。」

季康子問㊀：「使民敬、忠以勸㊁，如之何？」子曰：「臨之以莊，則敬；孝慈㊂，則忠；舉善而教不能，則勸。」

【今註】㊀季康子，魯卿季孫肥；康是謚。㊁「以」，或訓為「而」；或訓為「與」：兩訓都可通。勸，是勸勉；這裏有自己奮勉的意思。㊂慈，義同愛。

【今譯】季康子問道：「怎麼樣才能使人民誠敬、忠心，並且自己奮勉？」孔子說：「在上位的人對人民能夠嚴肅，人民便能誠敬；在上位的人能夠孝親慈幼，人民便能忠心；在上位的人能夠舉用好人而教導才質差一點的人，人民便能自己奮勉。」

或謂孔子曰㈠：「子奚不為政㈡？」子曰：「書云：『孝于惟孝；友于兄弟。』施於有政㈢，是亦為政！奚其為為政？」

【今註】㈠「或」，義同「有」。（「或」，即「或人」。這裏因為記的人不知道這個說話人的名字，或認為他的名字沒有記下來的必要，所以用個「或」字。）㈡「奚」（ㄒㄧ），義同「何」，「為什麼？」的意思。㈢「孝于惟孝」，是孝於父母；「友于兄弟」，是善於兄弟；「施於有政」，是以孝友的道理傳布到政治上。這裏的「孝于惟孝、友于兄弟」兩句，自當是孔子所引書經的話。至於「施於有政」句，因為前二句用「于」而這一句用「於」，我們只好認為孔子的話。從前許多學者以這句為引書的話，當由誤信「偽古文」的緣故。可惜孔子所引的書篇現在已經亡佚了，我們沒有方法可以證明這點！（現在尚書中的君陳篇有：「王若曰：君陳！惟爾令德孝恭；惟孝友于兄弟，克施有政。」但現在的君陳篇，是偽古文。作偽的人錯用論語，反使後人誤讀論語。幸有這個於字，我們得以看出作偽的痕跡。）

【今譯】有人對孔子說：「你為什麼不幹政治呢？」孔子說：「書上曾說，『一個人要孝順於父母；友愛於兄弟。』把孝友的道理傳布到當政者，亦就是幹政治！要怎樣才算是幹政治呢？」

子曰：「人而無信，不知其可也。大車無輗；小車無軏㈠：其何以行之哉！」

【今註】㈠說文：「輗（ㄋㄧˊ），大車轅端持衡者。軏（ㄩㄝˋ），車轅端持衡者。」鄭注：「輗，穿轅端著之；軏，因轅端著之。車待輗軏而行，猶人之行不可無信也。」論語的「軏」，即說文的「軏」。合許鄭的解釋，我們可以知道輗軏為連接轅和衡的關鍵。轅著於車、使車得以牽而行；衡則加於轅的前頭、所以控制牛或馬的。（衡，亦名為軛（ㄜˋ），字亦作軶；亦作戹作厄。）設使沒有輗軏使軛轅可以連合，則車必不能行。但輗軏的製作，我們已不能詳細知道了。釋文：「輗，五兮反；字林五支反。軏，五忽反，又音月。」（輗軏的得名，似是由於車行時輗軏本身所發出的聲音。「輗」、「軏」雙聲字；我們雖不能從字音上知道它們不同的形式，卻可想到它們相同的功用。）

【今譯】孔子說：「一個人如果說話沒有誠信，我實在不知道怎麼可以。如果大車沒有輗，小車沒有軏，怎麼能行呢！」

子張問：「十世可知也㈠？」子曰：「殷因於夏禮㈡；所損益可

知也。周因於殷禮；所損益可知也。其或繼周者，雖百世可知也。」

【今註】㊀這裏的「也」義同「耶」，是疑問語詞。集注：「子張問，自此以後，十世之事，可前知乎？」㊁因，是因襲的意思。孔子的時代，社會變遷得慢，所以孔子有這一段議論；設使孔子生於現代，或不會這樣說。

【今譯】子張問：「從今以後到十代的事情，我們可以知道嗎？」孔子說：「殷代因襲夏代的禮；我們用殷禮比較夏禮，這中間或增或減、我們可以知道。周代因襲殷代的禮；我們用周禮比較殷禮，這中間或增或減、我們可以知道。將來接上周代的，就是滿上一百代，我們也可以推出來的。」

子曰：「非其鬼而祭之，諂也㊀。見義不為，無勇也㊁。」

【今註】㊀鄭曰：「人神曰鬼。非其祖考而祭之者，是諂求福。」㊁前句是評一不當做而做的事；後句是評一當做而不做的事：這章兩句，從意義上講，實在應當各自為一章。

【今譯】孔子說：「不是我們的祖先而我們去祭他：這是可鄙的諂媚！遇到道義上應該做的事而不去做：這是可羞的怯懦！」

卷三　八　佾

孔子謂季氏八佾舞於庭㈠：「是可忍也㈡，孰不可忍也㈢！」

【今註】㈠這裏的「謂」，是「講到……而說」或「論及……而言曰」的意思。季氏，是魯國的三家之一。佾音逸（ㄧˋ）。佾，意同行列；八佾，就是八列。據馬融注，古代祭祀時的樂舞，天子八佾，諸侯六佾，卿大夫四佾，士二佾；每佾八人。季氏是魯國大夫，得有四佾；而竟用八佾於家廟，實為僭禮。在孔子意中，一個僭禮的人為害於國家很大，所以說這樣的人不可容忍。㈡這個「是」字，向來注家多似是指「八佾舞於庭」這件事；那麼，下面的「孰」字，也應該是指事而言的。但經傳裏的「孰、誰」指人言的為多，所以這裏的「是」亦以指人——季氏——講為較合。好在兩講都可通。㈢孰（ㄕㄨˊ），義同誰。（孰本飪孰字，因孰誰聲類相近而有誰義。）

【今譯】孔子講到季氏在家廟中用八佾的樂舞這件事說：「這種人如果可以容忍，那還有什麼人不可以容忍呢！」

三家者以雍徹㈠。子曰：「『相維辟公；天子穆穆㈡。』奚取

於三家之堂㊂！」

【今註】㊀三家，魯國的仲孫（後改稱孟孫）、叔孫、季孫三氏的家。這三家都是孔子時魯國最有權勢的貴族。雍，於容切，是詩經周頌的一篇。徹，直列切，祭祀完畢時撤去祭品那一個節目。「以雍徹」：歌雍詩以徹祭。㊁「相維辟公、天子穆穆」是雍詩中的兩句。相，息亮切，意同助；維，語詞。辟（ㄅㄧˋ），必亦切。包曰，「辟、公，謂諸侯及二王之後。」（按：「二王之後」指夏後的杞和殷後的宋。包意蓋以「辟」指凡諸侯，「公」指二王的後代。這和周頌烈文序以「諸侯」兼該「辟公」的意義相合，但作詩序的人未必以為詩中的「辟公」二字是分指兩種諸侯講的。鄭玄的烈文箋則似以「百辟卿士」和「天下諸侯」分釋「辟、公」。雍詩箋則以「百辟與諸侯」釋「辟公」。顯然的，鄭以辟專指在朝的卿士而以公通指一切諸侯。朱子的詩集傳和論語集注都訓「辟公」為「諸侯」，非特有烈文詩的序可據，當亦因爾雅釋詁裏「辟、公」二字都訓「君」的緣故。包、鄭、朱三說都可用；無論那一說，對孔子引詩的意思並不會有害。到底那一說較對呢？這當以詩的本義來定。就雍詩講，如詩中所稱助祭的人包括當日在朝的卿士，則鄭說似勝。而朱子的不從鄭，則因他以為詩中助祭的人只指外來的諸侯。（雍詩首句：「有來雍雍。」）這種地方的是非，我們現在已難決定了。穆穆，形容天子安和的樣子。㊂三家祭祀時，廟堂中既沒有諸侯，更沒有天子。孔子引雍詩中這兩句以證明三家「以雍徹」的不合禮並且不合事實。

【今譯】 三家徹祭時歌雍詩。孔子批評說：「『相維辟公；天子穆穆。』這種情景，怎麼能在三家的廟堂裏見到呢！」

子曰：「人而不仁如禮何！人而不仁如樂何㊀！」

【今註】 ㊀這章的意思是：要興禮樂，必以修德行仁為本；如果做不到仁，禮樂便沒有意義了。儒行：「禮節者，仁之貌也；歌樂者，仁之和也。禮樂所以飾仁，故惟仁者能行禮樂。」

【今譯】 孔子說：「一個不仁的人，怎麼夠得上制禮呢！一個不仁的人，怎麼夠得上作樂呢！」

林放問禮之本㊀。子曰：「大哉問！禮，與其奢也寧儉；喪，與其易也寧戚㊁。」

【今註】 ㊀鄭曰：「林放，魯人。」㊁易，以豉切。集注：「易，治也。（孟子曰，『易其田疇。』）在喪禮，『易』則節文習熟而無哀痛慘怛之實者也；『戚』則一於哀而文不足耳！禮貴得中；然質乃禮之本也。」

【今譯】 林放問，行禮時最重要的原則是什麼？孔子說：「你這個問題實在很有意義！在禮節上，與其偏於太奢侈，寧可偏於太儉省；在喪事上，與其過於節文習熟，寧可過於哀戚。」

子曰：「夷狄之有君㈠，不如諸夏之亡也㈡。」

【今註】㈠這章的夷狄、諸夏，是就文化程度來分別的，並不是以種族或地域來分別的。這章的「君」字，當指國家的政府言，並不是專指居君位的人言。㈡亡音無（ㄨˊ）。包曰：「亡，無也。」（按：凡古書中訓無的亡，都應讀為無。）孔子意中的君，代表法律和治安。文化低的國家如果有法律和治安，文化便可漸高而民生亦日以進步。文化高的國家如果沒有法律和治安，則文化必日以衰落而民生亦日以凋敝。（孔子論政，最重安人！）

【今譯】孔子說：「文化程度低的國家如果有政府和法律，就不會像文化程度高而沒有治安的國家那樣壞！」

季氏旅於泰山㈠。子謂冉有曰㈡：「女弗能救與㈢？」對曰：「不能。」子曰：「嗚呼！曾謂泰山不如林放乎㈣！」

【今註】㈠馬融曰：「旅，祭名也。禮，諸侯祭山川在其封內者；今陪臣祭泰山，非禮也。」（按：

陪臣，意同重臣。魯君是周天子的臣；季氏是魯君的臣，所以是天子的陪臣。）㊁仲尼弟子列傳：「冉求，字子有；少孔子二十九歲。」這時冉求為季氏的家臣。㊂女音汝。救，意同阻止。與音餘。㊃曾，義同「乃」；「曾謂」，「難道說」。孔子以為，泰山的神，當亦懂得禮意而不饗非禮的祭祀的。

【今譯】季氏去祭泰山。孔子對冉有說：「你不能阻止嗎？」冉有回答說：「不能。」孔子說：「難道說泰山的神還不如林放（那樣的懂禮）嗎！」

子曰：「君子無所爭；必也，射乎。揖讓而升、下，而飲㊀：其爭也君子。」

【今註】㊀這句的意思是：射禮的升堂、下堂、飲射爵、都要揖讓。按：射以爭勝為事。但古人射禮重儀文，而儀文又以揖讓為主。孔子舉射以明君子的爭，蓋亦因為行射禮時儀文特重的緣故。至於那些揖讓節目的繁文，不是專治禮制的學者，似可不必費時去研究了。

【今譯】孔子說：「一個君子是不跟人爭的。如果一定要說君子有爭的話，那應是在行射禮的時候！行射禮的時候，射以前互相揖讓而升堂；射完了又揖讓而下堂；勝者請不勝者飲射爵，也要揖讓而升降：（射有競勝的意思，固可叫做爭；但是）這種爭可以說是君子人的爭。」

子夏問曰：「『巧笑倩兮；美目盼兮；素以為絢兮㈠。』何謂也？」子曰：「繪事後素㈡。」曰：「禮後乎㈢？」子曰：「起予㈣！商也始可與言詩已矣！」

【今註】 ㈠倩（ㄑㄧㄢˋ），七練切；盼，普莧切；絢（ㄒㄩㄢˋ），呼縣切。巧笑美目二句，在今衛風碩人篇。「素以為絢兮」句，馬融以為逸詩；集注則以三句全是逸詩。兩說都有理。詩碩人傳：「倩，好口輔；盼，白黑分。」（按：口輔，口旁的面頰。說文：酺（音ㄈㄨˇ），頰也。段注：「頰者，面旁也；面旁者，顏前之兩旁。古多借輔為酺。」）說文：素，白致繒也。（段注：「繒之白而細者也。致者，今之緻字。鄭注襍記曰，素，生帛也。然則生帛曰素，對湅繒曰練而言。以其色白也，故為凡白之稱；以『白受采』也，故凡物之質曰素。」）馬曰：「絢，文貌。」鄭論語注：「文成章曰絢。」鄭儀禮聘禮記注：「采成文曰絢。」按：這三句詩的意思應是：一個有美頰和秀目的女子，得素而益顯文采。子夏似疑素不足為文采，所以發問。但這個素字，有三種義訓。一是白色的衣服；一是白色的傅粉；一是樸質的風采。（樸質以為絢，就是保留最近於天然的美而不加什麼裝飾。這種樸質的文采，亦是審美的人所貴重的。）我們當然不能知道子夏用那一種義訓。㈡釋文：「繪，胡對反；本又作繢，同。」鄭曰：「繪，畫文也。凡繪畫先布眾色，然後以素分布其間以成其文。喻美女雖有倩盼美質，亦須禮以成之。」（考工記：凡畫繢之事後素功。鄭注：「素，白采也。後布之，為其易漬汙也。鄭司農說以論語『繢事後素』。」按：依鄭玄這個注，則鄭眾即用孔子「繪事後素」的話來釋考工記的「凡畫繢之事後素功」了。但考工記當作於孔子以後；孔子的話，可能是根據當時畫人的成語而講的。如果「繪事後素」可以說明「素以為絢」的道理，則詩中的「素」似應看作白色的衣服或白色的化粧品才合。劉疏：「素以為絢，當是白采用為膏沐之飾，如後世所用素粉矣。」這似是一個很可用的講法。）㊂孔子告訴子夏「繪事後素」，子夏便悟到「禮後」的意義：子夏這個「禮」字，與其說是從「素」字悟出，寧可說是從「絢」字得來的。馬融和鄭玄都以為「絢」有「文」的意義。「素以為絢」，即是「素以為文」；後素即是後文。禮主節文；古亦把禮節說作「文」。子夏因「後素」而想到「禮後」，是很自然的。「禮後」，即是「成於禮」的意思。戴震孟子字義疏證：「素以喻其人之嫻於儀容；上云巧笑倩、美目盼者，其美乃益彰：是之謂絢。」這個解釋於詩的原意未必對；但以證子夏的「禮」則極合。儀容的在人，是很重要的事；亦是末事！㊃現行的論語版本都作「起予者商也」；漢石經沒有「者」字。按：沒有「者」字，則「商也」連下讀，和「賜也始可與言詩已矣」句法一樣。這章的文義，實極難明白！

【今譯】 子夏問道：「巧笑倩兮；美目盼兮；素以為絢兮：這三句詩是什麼意思？」孔子說：「畫繪的工作，最後以素成文。」子夏說：「禮文是修養的最後一著吧？」孔子說：「你這話啟發我！你是一個可以說詩的人！」

子曰：「夏禮，吾能言之；杞㈠，不足徵也㈡。殷禮，吾能言之；宋㈢，不足徵也。文獻不足故也㈣；足，則吾能徵之矣。」

【今註】㈠武王伐紂克殷後，封大禹之後於杞。杞（ㄑㄧˇ），國名。㈡徵，是取證的意思。㈢武王伐紂克殷後，封商紂的兒子武庚以續殷祀；並派管叔、蔡叔輔相他。武王死後，管叔、蔡叔和武庚作亂。周公誅武庚，殺管叔，放蔡叔；命微子開奉殷祀，國于宋。㈣集注：文，典籍也。鄭曰，獻，猶賢也。（釋言：獻，聖也。周書謚法：聰明叡哲曰獻。）

【今譯】孔子說：「夏代的禮，我能夠講；可惜現在的杞國是不足取證的；殷代的禮，我能夠講；可惜現在的宋國是不足取證的。因為這兩個國家都沒有足夠的典籍和賢人；如有，那我就可以取證了。」

子曰：「禘㈠，自既灌而往者㈡，吾不欲觀之矣㈢！」

【今註】㈠釋天：禘（音ㄉㄧˋ），大祭也。大傳：禮，不王不禘。祭統：成王康王追念周公之所以勳勞者而欲尊魯，故賜之重祭。㈡郊特牲：灌用鬯（ㄔㄤˋ）臭。祭統：君執圭瓚灌尸。論語義疏引鄭氏尚書大傳注：「灌是獻尸；尸已得獻，乃祭酒以灌地也。」㈢孔子不欲觀的原因，我們自難以意測。

【今譯】孔子說：「舉行禘祭時，從灌這個節目以後，我就不想看了！」

或問禘之說。子曰：「不知也。知其說者之於天下也，其如示諸斯乎㈠！」指其掌。

【今註】㈠示，假為視。諸，訓「之於」；本這二字的合音。斯是意同「這個」的代詞；因為孔子說話的時候指著自己的手掌，所以斯即指孔子的手掌言。按：孔子重人事而不重神事。他的「不知禘之說」，可以說是實話，亦可以說是託詞。季路問事鬼神：他說：「未能事人，焉能事鬼！」（先進）這章的話，也許有同樣的意義。但以上兩章，我們很難十分明白。

【今譯】有人問禘祭的道理。孔子說：「我不知道。知道這個道理的人，對於治天下的事情，就像看這個手掌一樣了！」他（說這話的時候，用一隻手的手指）指著他（另一隻手）的手掌。

「祭如在」：「祭神如神在」㈠。子曰㈡：「吾不與㈢，祭如不祭㈣。」

【今註】㈠鄭注：「祭加在，時人所存賢聖之言也；祭神如神在，恐時人不曉『如在』之意，故為解之。」（這個鄭注，見於近年出土的唐寫本。丘光庭「兼明書」裏亦有和鄭玄相近的講法：「祭如在者，是孔子之前相傳有此言也。孔子解之曰『祭神如神在』耳；非謂有兩般鬼神也。」按：「祭神如神在」一語，或是編論語的人記當時知識界對「祭如在」一語所作的解釋。）㊁「子曰」以下，實應自為一章；當是編者因事義相近而類列的。㊂與，意為「參與」，音預。（舊讀以「吾不與祭」為句；我們現從武億經讀考異說，以與字斷。）㊃如，意為「等於」。孔子的語意似難十分明白！

【今譯】「祭如在」這句成語就是說：我們祭神時，雖然看不見神，但我們心裏面要把神當作在那裏一樣。孔子說：「我自己如不參與祭禮，雖祭亦等於我沒有祭。」

王孫賈問曰㊀：「『與其媚於奧，寧媚於竈㊁！』何謂也？」子曰：「不然！獲罪於天㊂，無所禱也。」

【今註】㊀王孫賈，衛大夫。㊁說文：媚，說也。周語：若是乃能媚於神。「媚於奧」，意為「媚於祭於奧的神」。竈（ㄗㄠˋ），意同竈神。太平御覽五百二十九引鄭注：「宗廟及五祀之神皆祭於奧；室西南隅之奧也。夫竈，老婦之祭。」王孫賈引用這兩句諺語，可能有這樣的意思：奧雖尊而難福人；竈雖卑而易福人。（王孫賈似以竈自居。）㊂孔子這裏的「天」，自是指掌管「正理」的主宰講；孔子或即以「天」當作「正理」的名稱。（論語中沒有理字。墨子孟子都已用理字；樂記有「天理」一詞。）

【今譯】王孫賈說：「『與其討好祭於奧的神，寧可討好竈神！』這話你看怎麼樣？」孔子說：「話不能這樣說！一個人如果得罪於天，在什麼地方祈禱都不靈！」

子曰：「周監於二代㈠，郁郁乎文哉㈡！吾從周。」

【今註】㈠監借為鑑，有對照、比較的意思。二代，夏和殷。㈡皇疏：「郁郁，文章明著也。」（按：郁本古地名字。於六切。說文：彧，有文章也。這章的郁郁乃彧彧的同音假借字。）

【今譯】孔子說：「周代和夏殷二代比較，顯得文采郁郁然！我還是贊同周代的。」

子入大廟㈠、每事問㈡。或曰：「孰謂鄹人之子知禮乎㈢？入大廟，每事問！」子聞之，曰：「是禮也！」

【今註】㈠大音泰；漢石經作太。包曰：「大廟，周公廟。」㈡這「每事問」，當是指問每件不確切知道的事情；若是確切知道的事情而亦問，那就不合禮了。㈢鄹（ㄗㄡ），側留切，地名；是孔子的家鄉。說文和左傳字作郰（ㄗㄡ）。這裏的「鄹人」，指孔子的父親郰人紇。（郰人紇見襄公十年左傳；史記作叔梁紇。今家語以紇為郰大夫，不足信。）

【今譯】孔子進入太廟，對每一件有關太廟祭典的事都要向人請教。有人說：「誰說鄹人的兒子懂得禮！他進入太廟，每件事都要問！」孔子聽到這話，說：「這就是禮呀！」

子曰：「射不主皮㊀；為力不同科㊁；古之道也。」

【今註】 ㊀馬曰：「言射者不但以中皮為善，亦兼取和容也。」儀禮鄉射記：「禮射不主皮。」注：「不主皮者，貴其容體比於禮，其節比於樂；不待中為雋也。」按：儀禮裏所記的大射、賓射、燕射、鄉射等，都是禮射，而不是習武的射。上文「必也射乎」和這裏的「射不主皮」，都指禮射講。皮，指射侯。禮射的侯，亦有不用皮的；這個皮字，乃包括皮侯和布侯講。馬鄭解主皮，稍有不同。馬以主為專主；不主皮，言不專主於中皮。鄭主儀禮，似說禮射只問和容；能和容，即不中皮亦得為雋。㊁馬曰：「為力，力役之事。亦有上、中、下，設三科焉；故曰不同科。」（劉疏：「為，猶效也；言效此力役之事。即孟子所云『力役之征』也。說文：科，程也。廣雅釋言：科，品也。」）按：國家徵用民力，隨人的體力強弱而分類，似是很合理的事情。（劉敞七經小傳，不從馬融的說法，以為「為力不同科」句乃是解釋「射不主皮」句的。在意義上，劉說固很可通；但就語句結構講，則馬說較為明淨。因為照劉氏的意思，則經文似當作：

子曰：「古者射不主皮，為力之不同科也。」

子曰：「力不同科，故古者有射不主皮之道也。」

子曰：「古禮射不主皮，力不同科故也。」若如現在的經文，以「力不同科」說「射不主皮」的緣故，則記論語的人的文理便稍嫌迂曲。朱子當因「為力不同科」句乃「射不主皮」句最好的解釋，所以依劉說作注，而忽略了經文文理的問題。）

【今譯】孔子說：「禮射重和容，不以矢鏑及侯為主；使人民服役，須因各人的體力而分科；這是古代的道理。」

子貢欲去告朔之餼羊㈠。子曰：「賜也，爾愛其羊㈡；我愛其禮！」

【今註】㈠去，起呂切。（廣韻除去的去上聲；離去則去聲。）告（ㄍㄨˋ），古篤切。朔（ㄕㄨㄛˋ）是中國舊曆每月的頭一天。告朔，是天子把一年十二月的朔政（曆書）布告於諸侯。告朔的餼（ㄒㄧˋ）羊，是每個諸侯的國家所預備的生羊以招待天子頒曆的使臣的。在孔子的時候，天子既沒有頒曆的事情，而魯國每年所預備的餼羊亦為空設，所以子貢想要廢止這個餼羊的供給。（「告朔」的意義，異說很多。這裏是根據劉台拱論語騈枝的說法的。「告」，經典釋文音「古篤反」；集注同。但論語騈枝主張「告讀如字」，似亦合理。顏淵篇「忠告」的告同。）㈡愛，是吝惜（捨不得）的意思。（孔子當亦知道空設餼羊的無謂，但想到國家的政令不行，還有什麼心情計較到一隻餼羊呢！「愛禮」的話，足見孔子「愛人」的苦心！他所以愛禮，當然以為禮教能興、乃是「天下太平」的基礎。）

【今譯】子貢想要把告朔的餼羊廢止了。孔子說：「賜，你捨不得那個羊；我卻捨不得那個禮！」

子曰：「事君盡禮㊀，人以為諂也㊁！」

【今註】㊀鄭注：「盡禮，謂『下公門』『式路馬』之屬。」㊁諂：諂諛，諂媚。社會裏常常有一些人、自己不做好而又不喜歡別人做好。孔子說這話，是要人明辨是非而謹守善道。（子罕篇：子曰，「麻冕，禮也；今也純；儉。吾從眾！拜下，禮也；今拜乎上，泰也。雖違眾，吾從下！」）

【今譯】孔子說：「一個人謹敬的照著禮以事君；世人反以為這是向君上諂媚！」

定公問㊀：「君使臣、臣事君、如之何？」孔子對曰：「君使臣以禮；臣事君以忠。」

【今註】㊀定公，魯國的國君，名宋；定是謚。定公在位十五年；孔子做魯國的司寇，當在定公九年到十二年間。

【今譯】定公問道：「人君役使臣下、人臣服事國君、應該怎樣？」孔子回答說：「君使臣須依著禮；臣事君須要忠心。」

子曰：「關雎，樂而不淫，哀而不傷㊀。」

【今註】㊀關雎，是詩經的首篇。樂音洛。淫，太過的意思。這章的話，當是就音樂為說的；我們自不能用詩篇的文字來講。「不淫不傷」，應指關雎的音樂能使人哀樂中節的意思。可惜古代樂譜不傳，沒有法子取證了。（詩序：「關雎樂得淑女以配君子；憂在進賢，不淫其色。哀窈窕，思賢才，而無傷善之心焉。」這似是作詩序的人據孔子這章的話而寫的；他雖然勉強嵌進「樂、淫、哀、傷」四字，未必便合孔子的意思。即使孔子是就詩篇的文字講的，當亦不會像詩序所說的那麼迂迴！）

【今譯】孔子說：「關雎的樂章，使人快樂而不過濫；使人悲哀而不至於傷神。」

哀公問社於宰我㊀。宰我對曰：「夏后氏以松；殷人以柏；周人以栗，曰：『使民戰栗㊁。』」子聞之，曰：「成事不說；遂事不諫；既往不咎㊂。」

【今註】㊀仲尼弟子列傳：「宰予，字子我。」經文「問社」，鄭玄注本作「問主」。劉疏：「魯論作問主；古論作問社。鄭君據魯論作問主，而義則從古論為社主。」（按：社主，社神的木主。）

㊂戰栗（ㄌㄧˋ），同戰慄；怕懼的樣子。㊂劉疏：「夫子時未反魯，聞宰我言、因論之也。」按：孔子這三句話的意思，我們已難以明白。譯文略依舊注。（包曰：「事已成不可復解說；事已遂不可復諫止；事已往不可復追咎。孔子非宰我，故歷言此三者，欲使慎其後。」集注：「宰我所對，非立社之本意；而其言已出，不可復救，故歷言此以深責之，欲使謹其後也。」）

【今譯】 哀公向宰我問社神的木主的事情。宰我回答說：「夏人用松；殷人用柏；周人用栗，意思是要『使人民戰慄』。」孔子聽到這事，說：「過去的事情、我們沒有法子挽回的，最好不講！」

子曰：「管仲之器小哉㊀！」或曰：「管仲儉乎？」曰：「管氏有三歸㊁，官事不攝㊂；焉得儉㊃！」曰：「然則管仲知禮乎？」曰：「邦君樹塞門㊄，管氏亦樹塞門；邦君為兩君之好有反坫㊅，管氏亦有反坫：管氏而知禮，孰不知禮！」

【今註】 ㊀管仲，春秋時齊國人，名夷吾；輔相齊桓公，桓公因而霸諸侯。器，是度量的意思。㊁關於三歸，有以下幾種說法：⑴娶三姓女（包咸說）；⑵臺名（朱熹集注說）；⑶自朝而歸、其家有三處（俞樾羣經平議說）；⑷歸臺為藏泉布的府庫（武億羣經義證說）。似還沒有定論。㊂攝，意同兼。㊃焉，於虔切。㊄爾雅釋宮：「屏謂之樹。」（劉疏：「案，周人屏制當是用土，故亦稱蕭牆。郊特牲云，臺門而旅樹反坫，大夫之僭禮也。注：『言：此皆諸侯之禮也。旅，道也。屏謂之樹；樹所以蔽行道。管氏樹塞門：塞，猶蔽也。』雜記：管仲旅樹而反坫；賢大夫也，而難為上也。」）㈥為，於偽切。反坫（ㄉㄧㄢˋ），國君宴飲時放置空酒杯的地方；用土築成，形如土堆。

【今譯】孔子說：「管仲的度量小得很！」有人說：「管仲節儉麼？」孔子說：「管仲有三處家；他家裏的事，各有專官而不兼職：這怎麼算得儉！」那人又說：「那麼、管仲懂禮嗎？」孔子說：「國君立屏風，管仲也立屏風；國君為了兩國友好而設宴會時有反坫，管仲也有反坫。管仲如果算懂禮，那還有誰不懂禮！」

子語魯大師樂㈠；曰：「樂其可知也已。始作，翕如也；從之，純如也，皦如也，繹如也；以成㈡。」

【今註】㈠語，魚據切；意為告語。（言語的語魚巨切，注中不音。）大音泰；字亦作太。大師，是位置最高的樂官。「子語魯大師樂」，是孔子對魯國太師講他對樂的感想。㈡鄭康成曰，「始作，謂金奏。翕（ㄒㄧˋ）如，變動貌。從之，八音皆作。皦（ㄐㄧㄠˇ）如，清別之貌。繹（ㄧˋ）如，志意條達之貌。」集解：從讀曰縱。太平御覽引論語注：「純如，感人之貌。」周禮樂師注：「成，謂所奏一竟。」宋翔鳳論語發微：「始作，是金奏。從同縱；謂縱緩之也。入門而金作；其象翕然變動。

緩之而後升歌；重人聲，其聲純一，故曰純如。繼以笙入；笙者有聲無辭，然其聲清別，故曰皦如。繼以間歌；謂人聲笙奏間代而作，相尋續而不斷絕，故曰繹如。有此四節而後合樂，則樂以成。」案：這章論當時樂章的結構；我們現在既不能聽到古樂，自不容易懂得這章的話。但宋說似可以指示讀者一種尋求解釋的方向，所以我們節錄在這裏以備讀者的參考。譯文從闕。（參泰伯篇「師摯之始」章的注。）

儀封人請見㈠；曰：「君子之至於斯也㈡，吾未嘗不得見也。」從者見之㈢。出；曰：「二三子何患於喪乎㈣！天下之無道也久矣；天將以夫子為木鐸㈤。」

【今註】 ㈠鄭曰：「儀，蓋衛邑。封人，官名。」（按：「蓋」，含有疑義。封人，守邊界的官吏。）請見、見之的見，賢遍切。㈡敦煌寫本和日本古寫本「斯也」有作「斯者」的；可從。㈢從，才用切。㈣喪，息浪切。集注以「喪」為失位去官；這恐怕不是儀封人的意思。這章的喪字，似乎應釋為「天之將喪斯文」的喪。（鄭玄釋為「道德之喪亡」。）㈤木鐸（ㄉㄨㄛˊ），是一種金口木舌的鈴。鄭注：「木鐸，施政教時所振者。言天將命夫子使製作法度以號令於天下也。」

【今譯】 儀邑的封人請求見孔子；說：「凡到這個地方來的君子人，我沒有不見到的。」跟隨孔子的弟子就讓他進見孔子。封人見過出來說：「你們何必為文化要喪亡而擔憂呢！天下已經亂得很久了；天會讓你們老師來做振興文化的工作的。」

子謂韶㊀：「盡美矣；又盡善矣㊁。」謂武㊂：「盡美矣；未盡善也㊃。」

【今註】㊀鄭注：「韶，舜樂也。」㊁這句的矣字，各本作也；錢大昕養新錄（卷三）以為宋景祐刻本漢書董仲舒傳引作矣，西漢策要與景祐本同，當是論語古本。㊂鄭注：「武，周武王樂。」㊃韶樂為什麼盡善盡美？武樂為什麼未能盡善？孔子沒有明說，我們自難推測。

【今譯】孔子講到韶樂說：「美極了，又好極了。」講到武樂說：「美是很美了，但沒有很好。」

子曰：「居上不寬；為禮不敬；臨喪不哀：吾何以觀之哉㊀！」

【今註】㊀鄭注：「居上不寬，則下無所容；禮主於敬、喪主於哀也。」

【今譯】孔子說：「在上位而沒有寬容的度量；行禮時沒有敬意；居喪時沒有哀戚的心情：這種人還有什麼可看呢！」

卷四

里仁

子曰：「里㊀，仁為美㊁；擇不處仁㊂，焉得知㊃！」

【今註】㊀鄭曰：「里者，民之所居也。」㊁這裏的「仁」，是指有仁風講。㊂擇，意謂選擇一種做人的道理。處，昌呂切；處仁，志行依於仁。這個「仁」字，意為「仁道」。孟子公孫丑上：「孔子曰：『里，仁為美；擇不處仁，焉得智！』夫仁，天之尊爵也；人之安宅也。莫之禦而不仁，是不智也。」從孟子的話，我們可以知道孔子用的「擇」字是指選擇做人的德行講。皇疏：「沈居士云，言所居之里，尚以仁地為美；況擇身所處而不處仁道，安得智乎！」按：皇引沈說以正集解所引的鄭注。（鄭以「求居」釋「擇」。）朱氏集注，於孟子不誤，於論語則誤同鄭氏。㊃焉，於虔切。知音智。（知道的知，平聲。知慧的知，去聲；音義同智。平聲的知，注中例不音。）

【今譯】孔子說：「住家，尚且以有仁風的地方為好；選擇一種做人的道理而不知道選擇仁，這還可以算得聰明麼！」

子曰：「不仁者，不可以久處約㊀，不可以長處樂㊁。仁者安仁；知者利仁㊂。」

【今註】㊀約，窮困。（約本訓束；引申為契約；又引申為儉約；又轉變為貧困。）不仁的人，久處窮困，多流於為非作歹。㊁樂音洛。不仁的人，長處安樂，必至於驕奢淫佚。㊂知音智（ㄓˋ）。安仁，天性自然；利仁，擇善固守。（禮記表記：「仁者安仁；知者利仁；畏罪者強仁。」大戴禮曾子立事篇：「仁者樂道；智者利道。」按：這章後兩句和上文不必為一時的話，實可各自為一章。

【今譯】孔子說：「一個沒有道德修養的人，不能長久過窮困的生活，也不能長久過安樂的生活。一個天生有道德的人，以道德為他生活中最大的快樂；一個聰明的人，把道德當作最安穩的生活規範。」

子曰：「唯仁者，能好人，能惡人㊀。」

【今註】㊀好，呼報切；惡（ㄨˋ），烏路切。（好惡二字，作名詞或形容詞用。一上聲，一入聲。作動詞或動名詞用，則都去聲。注中只音作動詞或動名詞的。若惡讀作烏訓安，則亦音出。）因為仁者的善惡標準能夠合於正道，所以他的好惡亦能合於正道。（「能好，能惡」，就是好得對、惡得對。仁者能夠公正而沒有私心，好惡便自然合於正道。）

【今譯】孔子說：「只有仁人能夠愛人愛得對，能夠惡人惡得對。」

子曰：「苟志於仁矣，無惡也㈠。」

【今註】㈠志，立志去做。一個人如果時常以正大的道德自勉，時常以愛人利物為懷，則所作所為便不會有不好的地方了。釋文：「惡（ㄜˋ），如字；又烏路反。」（按：集注讀惡「如字」，對。）

【今譯】孔子說：「一個人如果立志為仁，那他就不會有什麼壞的行為了。」

子曰：「富與貴，是人之所欲也；不以其道㈠，得之不處也。貧與賤，是人之所惡也㈡；不以其道，得之不去也。君子去仁，惡乎成名㈢！君子無終食之間違仁：造次必於是！顛沛必於是㈣！」

【今註】㈠「其道」，指致富貴或免貧賤的正當道理。「以」，義同「由」。㈡惡，烏路切。（王充論衡問孔篇：「貧賤何故當言『得之』？顧當言：貧與賤，是人之所惡也；不以其道去之，則不去也。」按：王充於「得之」絕句，所以疑孔子說話不當，而要改第二「得之」為「去之」。若記論語這章的人本來於「得之」絕句的，則王充的修改亦頗有理。但「去之」的寫作「得之」，不是孔子說錯，亦不是記的人記錯。王充所以誤解，乃是因為他不明白之字所代的字：上「得之」猶言「得處」；下「得之」猶言「得去」。經意：不由正道，則得處而不處、得去而不去的。）㊂惡音烏。這是說，一個君子沒有仁德，就不能成為君子了。㊃「終食之間」，吃頓飯的時間。造，七到切。造次，在倉卒慌忙的時候。沛音貝。顛沛，在艱難困頓的環境裏。　這章可以分作三章：「富與貴」到「不去也」為一章，「君子去仁、惡乎成名」為一章，「君子無終食之間違仁」以下為一章。這三章除卻都是關於仁的話以外（第一章的「道」，可看作「仁」），在意義上並沒有關聯。

【今譯】孔子說，「富和貴，是人人所喜悅的；如果不依著正當的道理，即使可以得到也不取。貧和賤，是人人所厭惡的；如果不依著正當的道理，即使可以避去也不避。一個君子離開仁，就不可以稱為君子了！一個君子沒有一時一刻違背仁：無論在怎樣匆促的時候，無論在怎樣艱苦的環境裏，他都要守住仁！」

子曰：「我未見好仁者、惡不仁者：好仁者，無以尚之㊀；惡不仁者，其為仁矣，不使不仁者加乎其身㊁。有能一日用其力於仁矣乎？我未見力不足者！蓋有之矣；我未之見也。」

【今註】㊀這章好惡二字都讀去聲。「無以尚之」，心目中沒有東西比仁高。（之，指仁。）㊁「其為仁」，似當作「其為人」。「加乎其身」，靠近他的身邊。這章實應分為兩章：「我未見……加乎其身」為一章，「有能一日……力不足者」為一章。這兩章意不相聯；因都是講所「未見」關於仁的事，編者便合為一章。末兩句（「蓋有……見也」）虛設疑詞，應是指第二個未見而言的。

【今譯】孔子說：「我沒有見到〔這樣〕好仁和〔這樣〕惡不仁的人：那好仁的人呢，看仁高於一切；那惡不仁的人呢，他的做人、決不讓不仁的人靠近他。我沒有見到，一個人真有一天決心用力去行仁而力不足的！可能有這樣的人；不過我沒有見到。」

子曰：「人之過也，各於其黨。觀過，斯知仁矣㊀！」

【今註】㊀孔曰：「黨，類也。」皇疏引殷仲堪曰，「言人之過失，各由於性類不同。直者以改邪為義，失在於寡恕；仁者以惻隱為誠，過在於容非。是以與仁同過，其仁可知：觀過之義，將在於斯者也。」陸采冶城客論：「斯知仁矣：仁是人字。與宰我問井有仁焉之仁皆以字音致誤。」按：殷說雖巧，似不如陸說的簡明。這章的意義，究難十分明瞭。

【今譯】孔子說：「人的過失，和他的環境有關。我們觀察他的過失，就可以推知他是哪一類的人了。」

子曰：「朝聞道，夕死可矣㈠！」

【今註】㈠集解：「言將至死不聞世之有道也。」按：「世之有道」，即「天下有道」（「天下太平」）。集解釋這章的道字實最合經意！雍也篇「魯一變、至於道」的「道」，亦是用於這個意義的。下章「士志於道」的「道」，亦以用這個講法為合。這些道字，實包含「天下有道」的意思，和「吾道一以貫之」、「古之道也」的「道」，意義並不相同！但自漢以來，除何晏等外，讀論語的人，差不多都把孔子「朝聞道」的話講錯了。漢書七十五夏侯勝傳：「〔夏侯〕勝、〔黃〕霸既久繫，霸欲從勝受經；勝辭以罪死。霸曰：『朝聞道，夕死可矣！』勝賢其言，遂授之。」這是最早的誤解孔子這句話的事例。（太平御覽六百七引愼子：「孔子曰，丘、少而好學；晚而聞道：此以博矣。」莊子天運：「孔子行年五十有一而不聞道。」這兩個「聞道」，都不同論語裏的「聞道」，而可以說和老子第四十一章（河上公本）的「聞道」相近。大概戰國時代學者所用的「聞道」一詞，已和這章所用的不同了；即孟子書裏的「聞道」亦是這樣。許行批評滕文公說，「滕君則誠賢君也；雖然，未聞道也。」（孟子滕文公上。）而孟子自己亦說盆成括「未聞君子之大道」。（孟子盡心下。）許行的道，當即「農家者流」的道；孟子的道，自不外乎仁義。我們可以說，孟子書裏的「聞道」，意義上雖和論語的「聞道」不相同，但那個「道」字，當指仁義言，決不是指「惟恍惟忽」的道言。）

論語這章裏的朝夕二字，不是表示時間的距離，而是表示時間緊接的意義。從這兩句話，我們可以領會到孔子一生憂世憂民的心情！（漢石經矣作也。）

【今譯】孔子說：「如果有一天能夠聽到『天下太平』的消息，馬上死去也安心！」

子曰：「士志於道而恥惡衣惡食者，未足與議也㊀。」

【今註】㊀這章的「道」字，亦以解作「天下有道」為較好。（當然，亦可以解作「道者、是非之紀」、「道者、人之所以道也」的「道」；但孔子的意思，似偏重於「天下有道」的。）惡（ㄜˋ），不好。「與」，義同「以」；「未足以議」，意為「不足道」。

【今譯】孔子說：「一個有志於天下太平的人，如以自身的衣食不美好為可恥，那便不足道了！」

子曰：「君子之於天下也，無適也，無莫也㊀，義之與比。」

【今註】㊀釋文：「適，丁歷反；比，毗志反。」（廣韻比字見六至。）皇疏引范寧曰，「適、莫，猶厚、薄也。比，親也。君子與人無有偏頗厚薄，唯仁義是親也。」按：左昭二十八年傳：「擇善而從之曰比。」正是這章的「比」。這和為政篇「君子周而不比」的「比」意義不同。）

【今譯】孔子說：「一個君子對天下的人和事，沒有好惡的偏心，只以義為歸。」

子曰：「君子懷德；小人懷土㈠。君子懷刑；小人懷惠㈡。」

【今註】㈠這兩句似是就一個人的定居講的。㈡這兩句似是就一個人的立身行事講的。

【今譯】孔子說：「君子懷念著一個德化好的國家；小人則懷念著一個生活容易的地方。君子做一件事，必想到這件事的合法不合法；小人做一件事，只想到這件事對自身有沒有利益。」

子曰：「放於利而行㈠，多怨。」

【今註】㈠孔曰：「放，依也。」周語：芮良夫曰，「夫利，百物之所生也；天之所載也。而或專之，其害多矣！」（周語「而」字義同「如」。）

【今譯】孔子說：「一個人如果依著利以定行為，那一定會受到許多怨恨。」

子曰：「能以禮讓為國乎，何有㈠？不能以禮讓為國，如禮何㈡！」

【今註】㊀後漢書劉殷傳、賈逵上書：「孔子稱：能以禮讓為國，於從政乎何有！」又列女傳曹世叔妻上疏：「論語曰，能以禮讓為國，於從政乎何有？」這兩位後漢的學者所引的論語，文義比現在的論語要明白些；可惜沒有熹平石經的經文可證！（左隱十一年傳引君子的話：「禮，經國家、定社稷、序民人、利後嗣者也。」又昭二十六年傳：「晏子曰，禮之可以為國也久矣；與天地並！」又襄十三年傳：「君子曰，讓，禮之主也。」這都是關於「禮」「讓」的古訓。）㊁讓是人的美德。孔子主張以禮治國，但尤偏重於「讓」，所以以「禮讓」連言。這章經文，似宜據後漢學者所引訂正。

【今譯】孔子說：「能用禮讓的道理來治國，對處理國事就沒有什麼困難了！不能用禮讓的道理來治國，那真對不起這個『禮』！」

子曰：「不患無位；患所以立：不患莫己知；求為可知也㊀。」

【今註】㊀這章的後兩句，可以說是前兩句的注解。

【今譯】孔子說：「不必擔心沒有職位；要擔心怎樣在職位上站好：不必擔心人家不知道自己；須先使自己有足以使人知道的東西。」

子曰：「參乎，吾道一以貫之㊀。」曾子曰：「唯㊁。」子出，門人問曰：「何謂也？」曾子曰：「夫子之道，忠恕而已矣㊂！」

【今註】㊀釋文：「參，所金反。」（說文森字下云，「讀若曾參之參。」）道，本義為道路，引申為道理，為講說。（荀子儒效：「道者，非天之道，非地之道，人之所以道也；君子之所道也。」荀子「人之所以道也」的「道」，義同「行」；「君子之所道也」的「道」，則訓為講說。孔子的「吾道」，乃指自己所講的道理言。孔子生平誨人的道理，頭緒多端，語或不同。他怕門人不懂守約的方法，所以向曾參說這話。）貫，是貫穿、貫通的意思。㊁唯，以水切。禮記曲禮：「父召無諾；先生召無諾：唯而起。」註：「應辭；唯恭於諾。」㊂禮記中庸：「忠恕違道不遠：施諸己而不願，亦勿施於人。」曾子所說「忠恕」，就是「施諸己而不願、亦勿施於人」的道德。（這個忠恕，就是「一以貫之」的「一」。曾子循當時語言習慣聯言「忠恕」；若孔子自己說，恐怕只用「恕」！參衛靈公篇「子貢問曰」章。）

【今譯】孔子說：「參，我平日所說的許多道理，是可以用一種道理來貫通的。」曾子說：「是的。」孔子出了講堂，同學們問曾子：「老師說的什麼意思？」曾子說：「我們老師的道理，（千言萬語），不過『忠恕』罷了！」

子曰：「君子喻於義；小人喻於利㊀。」

【今註】㊀這章的君子、小人，乃以修養的程度分，而不是以地位分的。鄭、朱都訓「喻」為「猶曉」；義自可通。但這個「喻」字最好訓為「樂」。莊子齊物論：「自喻適志與？」李云，「喻，快也。」（喻，借為愉。論語這章的「喻」，和「知者樂水、仁者樂山」的「樂」同義。）

【今譯】孔子說：「君子樂於義；小人樂於利。」

子曰：「見賢、思齊焉㊀；見不賢、而內自省也㊁。」

【今註】㊀包曰：「思與賢者等。」㊁省（ㄒㄧㄥˇ），息井切。鄭注：「省，察也；察己得無然也。」

【今譯】孔子說：「見到賢人，便用心學他；見到不賢的人，便反省自己有沒有壞處。」

子曰：「事父母，幾諫㊀；見志不從，又敬而不違㊁；勞而不怨㊂。」

【今註】㊀包曰：「幾者微也。」㊁而字依皇疏本。違有離義；「不違」，不放棄諫志。（禮記內則：「父母有過，下氣、怡色、柔聲以諫。諫若不入，起敬起孝，說則復諫；不說，與其得罪於鄉黨州閭，寧熟諫！」）㊂禮記坊記：「子云，從命不忿，微諫不倦；勞而不怨。」（坊記似即覆述論語這章的。「不倦」是指「不違」。）

【今譯】孔子說：「服事父母的道理，如父母有什麼不對的地方，我們要婉約的勸諫。如果父母不聽，我們還是尊敬父母，但不放棄了諫爭的志願；我們雖然憂勞，但我們一點也不怨恨。」

子曰：「父母在，不遠遊；遊，必有方㊀。」

【今註】㊀鄭曰：「方，猶常也。」按：禮記曲禮：「所遊必有常。」鄭注是據曲禮為說的。玉藻：「親老，出不易方。」注：「易方，為其不信己所處也。」疏：方，常也。但晉語七：「祁奚曰：午之少也，遊有鄉。」以常釋方，不如以鄉釋方。凡稱地為「地方」，似亦從「方向」引出的。（周禮故書：「乃分地邦而辨其守。」「地邦」，似即現代話的「地方」。）

【今譯】孔子說：「父母在的時候，不到遠處去遊；如出遊，必有一定的地方。」

子曰：「三年無改於父之道，可謂孝矣㊀！」

【今註】㊀這句話已見學而篇「父在觀其志」章，當是那一章的脫簡。（陳鱣論語古訓：「漢石經亦有此章，當是弟子各記所聞。」按：陳說亦可通，但石經所據本亦容有脫簡。）

子曰：「父母之年，不可不知也。一則以喜；一則以懼㊀。」

【今註】㊀鄭注：「見其壽考則喜；見其衰老則懼。」（集解引作孔注；我們據一唐寫本作「鄭注」。釋文：「或云包氏；又作鄭玄。」）

【今譯】孔子說：「父母的年齡，不可以不知道：一方面為他們的年齡增加而欣喜；一方面為他們的身體衰老而擔心。」

子曰：「古者言之不出，恥躬之不逮也㊀。」

【今註】㊀包曰：「古人之言不妄出口，為身行之將不及。」爾雅釋言：逮（ㄉㄞˋ），及也。

【今譯】孔子說：「古人不隨便說話，因為說到做不到是可恥的。」

子曰：「以約失之者鮮矣㊀！」

【今註】㊀鄭注：「約，儉；儉者恒足。」鮮（ㄒㄧㄢˇ），仙善切。（八佾篇：「禮，與其奢也寧儉。」述而篇：「奢則不孫儉則固；與其不孫也寧固。」按：合理的省儉，乃是美德。）

【今譯】孔子說：「因為儉約而犯了過失的，是很少的。」

子曰：「君子欲訥於言而敏於行㊀。」

【今註】㊀說文：「訥，言難也。敏，疾也。」鄭注：「言欲難；行欲疾。」行，下孟切。

【今譯】孔子說：「一個君子，說話要鄭重而做事要敏捷。」

子曰：「德不孤，必有鄰㊀。」

【今註】㊀周禮遂人：五家為鄰。韓詩外傳：八家為鄰。按：居相近為鄰，故引申有親近義。

【今譯】孔子說：「有德行的人不會孤獨；定必有聲氣相同的人來親近他的！」

子游曰：「事君數㊀，斯辱矣；朋友數，斯疏矣。」

【今註】㊀數，色角切。集解：「數，謂速數之數。」邢疏：「此章明為臣結交，當以禮漸進也。」（劉寶樹經義說略：「〔數〕當訓為數君友之過。漢書項籍傳、陳餘傳、司馬相如傳下、主父偃傳注並云，數，責也。國策秦策注：數讓，責讓。皆數其過之義。儒行：其過失可微辨而不可面數也：謂不可面相責讓也。」按：廣雅釋詁一：「數，責也。」但論語這個數字，未必指面責言；解為急切，似較妥。而就規過言，實應以忠告善道為主；面責人過，總是利少害多。故羣經平議說亦同劉說。）

【今譯】子游說：「一個人事君，態度上如過於急切，就會找來侮辱；一個人交友，態度上如過於急切，就會被疏遠。」

卷五　公治長

子謂公治長㈠：「可妻也㈡；雖在縲紲之中㈢，非其罪也。」以其子妻之㈣。

【今註】㈠仲尼弟子列傳：「公治（一ㄝˇ）長，齊人，字子長。」㈡這個妻字，音七計切；意為，把女兒給人為妻。（舊時讀音：妻字作名詞用，平聲；妻字作動詞用，去聲。）孔子這裏只說「公治長可妻」，而沒有說出可妻的理由。縲紲兩句，是說公治長實在沒有犯罪，並不是可妻的理由。㈢按：縲（ㄌㄟˊ，說文作纍）、紲（ㄒㄧㄝˋ，唐人避諱作絏）都是繩索的名稱；縲紲連言，或是孔子時縛束罪人所用繩索的專名。㈣「以其子」的「子」，指孔子的女兒；「妻之」的「之」，指公治長。（禮記曲禮下「子於父母」注：「言『子』，通男女。」按：注意謂，「子」字包括男子和女子講。）

【今譯】孔子談起公治長時說：「這個人是值得人家把女兒嫁給他的。他雖然為官方所拘繫，實在並沒有犯罪。」他把他的女兒嫁給公治長。

子謂南容㈠：「邦有道，不廢㈡；邦無道，免於刑戮。」以其兄之子妻之。

【今註】㈠仲尼弟子列傳：「南宮括，字子容。」（梁玉繩曰：「論語作适，又稱南容；檀弓作南宮縚；家語作南宮韜。蓋南容有二名：括與适、縚與韜，字之通也。自世本誤以南宮縚為仲孫說，於是孔安國注論語、康成注禮記、陸德明釋文、小司馬索隱、朱子集注並因其誤。朱氏經義考載明夏洪基孔門弟子傳略，辨南宮括（縚）、字子容是一人；孟僖子之子仲孫說（閱）、南宮敬叔是一人：確鑿可從。」）㈡釋詁：「廢，舍也。」周禮大宰注：「廢，猶退也。」又：「廢，放也。」禮記中庸注：「廢，猶罷止也。」

【今譯】孔子談起南容時說：「國家政治清明的時候，他不至於沒有職位；國家政治不好的時候，他也能明哲保身。」他把他哥哥的女兒嫁給南容。

子謂子賤㈠：「君子哉若人㈡！魯無君子者，斯焉取斯㈢！」

【今註】㈠仲尼弟子列傳：「宓（ㄈㄨˊ）不齊，字子賤；少孔子三十歲。」㈡經傳釋詞七：「若，猶此也。」㈢焉，於虔切。孔子這話，稱讚子賤的修養和魯國的「多君子」，亦說明親仁對於進德的重要。（參衛靈公篇「子貢問為仁」章。）

【今譯】 孔子講到子賤時說：「像這樣的人，真是個君子！如果魯國沒有君子的話，他又從那裏得到榜樣！」

子貢問曰：「賜也何如？」子曰：「女，器也㊀。」曰：「何器也？」曰：「瑚璉也㊁。」

【今註】 ㊀女音汝。器是有用的東西；子貢是一個有用的人，所以孔子以「器」比他。㊁瑚璉，舊解以為是宗廟盛黍稷的器皿；宗廟的器皿，當然是很貴重的。孔子以比子貢，似亦適當。但瑚璉、說文作「胡槤」。（依段訂。）段注：「瑚雖見論語禮記，然依左傳作胡為長。璉，當依許從木。據明堂位音義，（四槤）本作四連。周禮管子以『連』為『輦』。韓勅禮器碑：『胡輦器用。』即胡連也。司馬法，夏后氏謂輦曰余車；殷曰胡奴車；周曰輜輦。疑胡、輦皆取車為名。」按：段意以為古宗廟器假車名以為名。近屈萬里教授據段氏這個啟示，想到論語裏的瑚璉實即胡輦，而胡輦即任重致遠的大車。（廣雅釋詁一：胡，大也。）屈氏這個說法，使古來紛糾不可究理的「瑚璉」成為簡單而有用的大車，亦是一快！

【今譯】 子貢問道：「老師覺得賜怎樣？」孔子說：「你是一種器用。」子貢說：「什麼器用？」孔子說：「大車呀！」

或曰：「雍也仁而不佞㈠。」子曰：「焉用佞！禦人以口給㈡，屢憎於人。不知其仁也㈢；焉用佞！」

【今註】㈠仲尼弟子列傳：「冉雍，字仲弓。」曲禮釋文：「口才曰佞（ㄋㄧㄥˋ）。」㈡焉，於虔切。孔曰：「佞人口辭捷給。」㈢孔子說「不知其仁」，並不是以雍為不仁。孔子所要說的是：雍用不到口才！仁下「也」字，依皇本正平本。

【今譯】有人說：「冉雍仁，卻沒有口才。」孔子說：「何必要口才！口辭捷給以對付人，常常為人所厭惡。雍的仁不仁我不知道；〔但對仲雍這樣的人，〕口才有什麼用處呢！」

子使漆彫開仕㈠。對曰：「吾斯之未能信㈡。」子說㈢。

【今註】㈠仲尼弟子列傳：「漆彫開，字子開。」漢書藝文志儒家：「漆彫子十二篇。孔子弟子漆雕啟後。」王應麟曰，「史記列傳作漆雕開、字子開。蓋名啟字子開；史記避景帝諱。著書者其後也。」按：古今人表亦作啟。㈡斯，指仕言。經傳釋詞九：「之，猶則也。」宋翔鳳論語說義：「啟，古字作启。『吾斯之未能信』：吾字疑启字之誤。」按：孔子弟子，對師都自稱名。依說文、启訓開，啟訓教。漆雕開名启，故字子開。宋說可取。㊂說音悅。鄭曰，「善其志道深也。」

【今譯】 孔子叫漆彫開做官。漆彫開說：「我不敢自信我能做官。」孔子聽到這話很高興。

子曰：「道不行，乘桴浮於海㊀；從我者其由也與㊁！」子路聞之，喜。子曰：「由也，好勇過我；無所取材㊂！」

【今註】 ㊀桴音孚（ㄈㄨˊ）。（說文：「桴，眉棟也。（附柔切）泭，編木以渡也。（芳無切）」論語的桴字，是假為泭字的。後世則編竹木以渡水的字，以「筏」較為通行。廣韻月韻收筏字，房越切。）劉疏：「夫子本欲行道於魯；魯不能竟其用，乃去而之他國。最後乃如楚。至楚又不見用，始不得已而欲浮海、居九夷。其欲浮海、居九夷仍為行道；即其後浮海、居九夷皆不果行，然亦見夫子憂道之切、未嘗一日忘諸懷矣！」於海，依皇本正平本；他本於作于。阮元論語注疏校勘記：「案此經例用於字。惟為政篇『而志於學』及此兩於字變體作于。為政篇于字，乃乎字之譌。此亦疑本作於；傳寫者偶亂耳。觀文選嘯賦注尚引作於可證。」㊁與音餘。「由」下「也」字依皇本正平本，他本沒有。㊂好（ㄏㄠˋ），呼報切。鄭曰：「無所取材者，無所取於桴材；以子路不解微言，故戲之耳。」集注引程子說，讀材為裁；以為孔子譏子路「不能裁度事理」。這兩說中，鄭注似較合。（唐景龍寫本論語鄭氏注的經文，亦同皇本正平本作「於海」和「由也」。）

【今譯】孔子說：「我看天下不能太平了，我想坐筏子飄浮海上；那時跟隨我的恐怕是仲由吧！」子路聽了這話，很高興。孔子說：「仲由比我勇敢；可惜我們沒有地方找到造筏的材料！」

孟武伯問：「仲由、仁乎㈠？」子曰：「不知也。」又問。子曰：「由也，千乘之國、可使治其賦也㈡；不知其仁也。」「求也何如？」子曰：「求也，千室之邑㈢、百乘之家、可使為之宰也㈣；不知其仁也。」「赤也何如㈤？」子曰：「赤也，束帶立於朝㈥，可使與賓客言也；不知其仁也。」

【今註】㈠仲尼弟子列傳作「季康子問、仲由仁乎」。劉疏以為當出古論。今本論語都作「孟武伯問、子路仁乎」。按：師前弟子稱名；應依史記作「仲由」。㈡乘（ㄕㄥˋ），實證切。鄭注：「賦，軍賦。」（左隱四年傳服注：「賦，兵也。以田賦出兵，故謂之賦。」）㈢集注：「千室，大邑；百乘，卿大夫之家。」㈣春秋時，凡邑令和卿大夫的家臣都稱為「宰」。㈤仲尼弟子列傳：「公西赤，字子華；少孔子四十二歲。」㈥朝，直遙切，朝廷。（朝夕的朝，陟遙切，注中不音。）

【今譯】孟武伯問：「仲由，是不是仁？」孔子說：「我不知道。」又問。孔子說：「仲由這個人，可以讓他管一個能出千輛兵車的國家的軍政；至於他的仁不仁，我就不知道了。」「你看冉求怎樣？」

孔子說：「冉求這個人，可以做一個有千戶人家的邑的宰，或做一個能出百輛兵車的家的家宰；至於他的仁不仁，我就不知道了。」「你看公西赤怎樣？」孔子說：「公西赤這個人，可以讓他穿著禮服站在朝廷上和外賓周旋；至於他的仁不仁，我就不知道了。」

子謂子貢曰：「女與回也孰愈㊀？」對曰：「賜也何敢望回！回也聞一以知十；賜也聞一以知二。」子曰：「弗如也㊁？吾與女弗如也㊂。」

【今註】㊀女音汝。㊁這句的也字，作疑問詞講較好。㊂包曰：「既然子貢不如，復云吾與女俱不如者，蓋欲以慰子貢也。」（論衡問孔篇述文：「吾與女俱不如也。」）皇疏：「秦道賓曰，爾雅云，與，許也；仲尼許子貢之不如也。」按：集注亦訓與為許。兩解都可通；包注似較合。

【今譯】孔子對子貢說：「你和顏回，哪個好一點？」子貢回答說：「弟子怎麼敢跟顏回比！顏回聞一知十；弟子只可聞一知二。」孔子說：「你不及他麼？我和你都不及他！」

宰予晝寢㊀。子曰：「朽木，不可雕也；糞土之牆㊁，不可杇

也㊂。於予與何誅㊃！」

【今註】㊀唐李匡乂資暇錄：「寢，梁武帝讀為寢室之寢。晝，作胡卦反；且云『當為畫字』。言其繪畫寢室。」按：這個說法實不足取。㊁糞土，是掃除土地所得的穢土。糞土裏面，什麼汙穢的東西都有；所以用糞土築成的牆是難以粉飾得好的。㊂說文：杇（ㄨ），所以涂也。（古用涂為塗字。）杇本是用以粉飾的工具；因而粉飾也叫杇。㊃「與」在這裏是一個語助詞。經傳釋詞四：「與，猶『也』也。論語公冶長篇『於予與何誅』、『於予與改是』，猶言『於予也何誅』、『於予也改是』。」

【今譯】宰予白天裏睡覺。孔子說：「腐朽的木頭，不能用來雕刻；用穢土築成的牆，是難以粉飾得好的。對宰予這種人，我為什麼還責罰呢！」

子曰：「始吾於人也，聽其言而信其行㊀；今吾於人也，聽其言而觀其行：於予與改是㊁！」

【今註】㊀行，下孟切。㊁「於予與改是」是說：我這種改變，是從宰予引起的。這章和上章不一定是同時的話；編論語的人可能因為這兩章都是孔子對宰予的譏議，所以把它們類列在一處。

【今譯】孔子說：「從前我對於一個人，聽了他的話總以為他能夠做到的；現在我對於一個人，聽了他的話，要等著看看他能不能做到。我這種對人態度上的改變，是因為宰予而引起的！」

子曰：「吾未見剛者㊀。」或對曰：「申棖㊁。」子曰：「棖也慾㊂，焉得剛㊃！」

【今註】㊀鄭注：「剛，謂彊，志不屈撓。」㊁史記弟子傳：「申黨，字周。」漢文翁禮殿圖有申黨；後漢王政碑：「無申棠之欲。」黨、棠、棖（ㄔㄥˊ），都由於音相近而通用；亦有作堂字的。㊂鄭注：「欲，多嗜慾。」說文沒有慾字而有欲字。「欲，貪欲也。」論語裏貪欲字多作「欲」。（如「克、伐、怨、欲」、「公綽之不欲」等；這章這個慾字，可能不是原文。」㊃焉，於虔切。

【今譯】孔子說：「我沒有見過稱得起『剛』的人。」有人對他說：「申棖就是。」孔子說：「申棖多嗜慾，那能做得到『剛』！」

子貢曰：「我不欲人之加諸我也，吾亦欲無加諸人㊀。」子曰：「賜也，非爾所及也㊁！」

【今註】㊀集注：「子貢言：我所不欲人加於我之事，我亦不欲以加之於人。」劉疏用大學「絜矩之道」來釋經，義同集注。照集注的講法，經文「也」字似須改作「者」字方合語法。但馬融訓「加」為「陵」；子貢的話，我們似可以這樣詮釋：「我不願意別人陵駕我；我也不願意陵駕別人。」這當然亦是「絜矩之道」。不過，這樣講、則經文「諸」字實難以處置。唐寫本論語鄭注於「諸人」下說，「諸之言於；加於我者，謂加非義之事也。」鄭似不從馬注而以加訓為施。但「非義之事」這個意思，經中所無。譯文姑從鄭。㊁孔子似只說子貢自己還沒有做到如他所說的。

【今譯】子貢說：「我不願意別人對我無理；我也不願意對別人無理。」孔子說：「賜呀，你還沒有做到這個地步呀！」

子貢曰：「夫子之文章㊀，可得而聞也；夫子之言性與天道㊁，不可得而聞也㊂。」

【今註】㊀集注釋文章為威儀文辭，劉疏則以為指孔子所傳授的詩、書、禮、樂而言。但我想若以文章指孔子修己、經世、濟眾、安人的志行講，亦自有合處。㊁性，是指人與生俱來的天性，或生命的意義。天道，似是指世間一切非人力所能為、或非常人知識所可明曉的事理講。㊂春秋後期，已有關於性和天道的臆說，但這種臆說，乃是孔子所罕言的，所以子貢說「不可得而聞」。皇本正平本都作「也已矣」。（子貢這話，當說於孔子去世以後。但子貢當時的意指，我們實難以十分明瞭。）

【今譯】子貢說：「老師修己安人的道理，我們得以知道；老師對於『性命』和『天道』的意見，我們不得知道了。」

子路、有聞未之能行，唯恐有聞㈠。

【今註】㈠古人學的目的在行。中庸：「博學之；審問之；慎思之；明辨之；篤行之。」韓詩外傳一：孔子曰：「君子有三憂：弗知，可無憂與！知而不學，可無憂與！學而不行，可無憂與！」荀子儒效篇：「不聞不若聞之；聞之不若見之；見之不若知之；知之不若行之。學至於行之而止矣。」「唯恐有聞」的「有」字，義同「又」。（子路的為人，有所聞便要力行，自是孔門一位有「異能」的人。）

【今譯】子路這個人，如果他所聽見的道理還沒有做到的話，最怕又聽到什麼道理。

子貢問曰：「孔文子、何以謂之文也㈠？」子曰：「敏而好學；不恥下問：是以謂之文也㈡。」

【今註】㈠孔曰：「孔文子，衛大夫孔圉；文，諡也。」㈡好，呼報切。周書諡法解：「勤學好問曰文。」

【今譯】子貢問道：「孔文子為什麼得謚為『文』呢？」孔子說：「孔文子敏捷而好學；又不怕向在他下面的人請教：這是他得謚為『文』的原因。」

子謂子產㈠：「有君子之道四焉：其行己也恭；其事上也敬；其養民也惠；其使民也義。」

【今註】㈠孔曰：「子產，鄭大夫公孫僑。」子產年長於孔子；是孔子所尊敬的人。孔子聽到子產不毀鄉校的故事（見左襄三十一年傳）時說：「以是觀之，人謂子產不仁，吾不信也。」魯昭公二十年子產卒（見左傳）；孔子聽到，流著淚說：「古之遺愛也。」

【今譯】孔子評論子產說：「他有四種行為合於君子之道：立身能恭謙；事君能謹敬；養民以惠愛；使民合乎義。」

子曰：「晏平仲善與人交㈠；久而敬之㈡。」

【今註】㈠晏平仲，齊國的大夫，姓晏、名嬰；平是他的謚。㈡敬字上，正平本、皇本都有人字。

按：「人」字有沒有都可通。（一個人對朋友久而敬意不衰，自然是難能可貴的事情；一個人能夠長久得朋友的尊敬，亦是自己友道不虧的證明。）但是沒有「人」字當較合於原始經文。（鄭注：「平仲性謙讓，而與人交，久久而益敬之。」鄭注本應是沒有「人」字的。）

【今譯】 孔子說：「晏平仲長於和人來往；無論對怎麼長久的朋友，敬意總是不衰的。」

子曰：「臧文仲居蔡㊀，山節㊁藻梲㊂：何如其知也㊃！」

【今註】 ㊀臧（ㄗㄤ）文仲魯大夫臧孫辰（左莊二十八年傳）。集注：「居，猶藏也；蔡、大龜也。」（漢書食貨志：元龜為蔡。說文通訓定聲：「或曰，寶龜產于蔡地。亦求其說不得而為臆揣之辭。疑蔡者，契字之假借。」）㊁集注：「節，柱頭鬥栱也。」㊂梲音拙（ㄓㄨㄛˊ）。集注：「藻，水草名；梲，梁上短柱也。蓋為藏龜之室而刻山於節、畫藻於梲也。」（左文二年傳：仲尼曰，「臧文仲，其不仁者三；不知者三。下展禽，廢六關，妾織蒲：三不仁也；作虛器，縱逆祀，祀爰居：三不知也。」杜解「作虛器」說，「謂居蔡、山節、藻梲也。有其器而無其位，故曰虛。」孔疏：「鄭玄云，節，栭也；刻之為山。梲，梁上楹也；畫以藻文。蔡，謂國君之守龜；山節藻梲，天子之廟飾。皆非文仲所當有之。」按：鄭以「居蔡」和「山節藻梲」為二事（集解所引包注同）；朱子當因包、鄭說不妥，所以把二事合為一。但集注下一「蓋」字，亦是存疑的意思。）㊃知音智。

【今譯】孔子說：「臧文仲保藏大龜的房子，柱頭刻成山形，梁上的短柱畫為藻文：做這樣的事還可稱為智麼！」

子張問曰：「令尹子文㈠，三仕為令尹，無喜色；三已之㈡，無慍色；舊令尹之政，必以告新令尹：何如？」子曰：「忠矣！」曰，「仁矣乎？」曰：「未知，焉得仁㈢！」「崔子弒齊君㈣，陳文子有馬十乘㈤，棄而違之；至於他邦，則曰：『猶吾大夫崔子也！』違之；之一邦，則又曰：『猶吾大夫崔子也！』違之：何如？」子曰：「清矣！」曰，「仁矣乎？」曰，「未知，焉得仁！」

【今註】㈠令尹，楚國執政的官。子文，楚令尹鬬（ㄉㄡˋ）穀於菟（見左宣四年傳）。㈡已，是罷黜的意思。㈢知音智。焉，於虔切。㈣崔子，齊大夫崔杼。（釋文：「崔子：鄭注云，魯讀崔為高；今從古。」論衡別通篇：「將相長史，猶我大夫高子也；安能別之！」王充當是用魯論的。陳立句溪雜著：「以左傳崔杼事證之，則魯論信為誤字。然下兩言『猶吾大夫崔子』，似以魯論作高子為長。蓋弒君之逆，法所必討。高子為齊當政世臣，未聞聲罪致討，宜與崔子同惡矣。其首句自當作『崔子』；魯論涉下高子而誤。』按：陳說似可取。）說文：「弒，臣殺君也。」齊君，指齊莊公。（崔子弒齊君的事，見左襄二十五年傳。）㈤陳文子，齊大夫，名須無。（劉疏：「文子出奔，春秋經傳皆無之。」）乘，實證切。

【今譯】　子張問道：「令尹子文這個人，三次出任令尹，都沒有高興的樣子；三次被免職，也沒有怨恨的樣子；他辦移交的時候，一定把他任內的事情清清楚楚的告訴接他任的人：這種人你看怎樣？」孔子說：「他是忠於職守的人。」子張說：「他是不是仁呢？」孔子說：「他智還夠不上，那能談到仁！」

崔杼弒了齊莊公，陳文子放棄了他所有的四十匹馬、離開了齊國；到了別國，卻說：『這國的執政，也和我們的崔子一樣！』便離開這個國家；到了另一國，卻又說：『這國的執政，還是和我們的崔子一樣！』因又離開這個國家：這個人你看怎麼樣？」孔子說：「他是個潔身自好的人！」子張說，「他是不是仁呢？」孔子說：「他智還夠不上，那能談到仁！」

季文子三思而後行㈠。子聞之，曰：「再，斯可矣㈡！」

【今註】　㈠季文子，魯大夫季孫行父。釋文：「三，息暫反；又如字。」集注：「三去聲。」（釋文於學而篇「三省」的「三」亦讀平去二音，但集注只讀平聲。）季文子凡事能預先多加思慮，故在當時有「三思而後行」的傳言；到孔子時，或還有人稱道，所以孔子得以聽到。㈡「再」，是對「三」而說；因「三」下有「思」字，所以「再」下便不必有「思」字了。孔子所以說「再，斯可矣！」並不是批評季文子三思的不對，似是孔子故意說的戲言。行事雖貴多思，但當因事而不同。有一思而即決的；有須十思百思而後得的。孔子當然明白這種道理。大概當時傳說季文子故事的人或有神奇「三思」的語意，所以孔子便說了這句戲言。（唐石經斯作思；斯字似較合。）

【今譯】季文子每件事都要想過三遍才做。孔子聽到這話，說：「兩遍亦就夠了！」

子曰：「甯武子㈠，邦有道則知㈡；邦無道則愚。其知、可及也；其愚、不可及也！」

【今註】㈠甯武子，衛大夫甯（ㄋㄧㄥˊ）俞。㈡知音智。孔子所提及的「有道、無道」，和甯武子「知、愚」的事情，我們現在已難考了。（這個「愚不可及」的愚，是稱讚、不是取笑的話！）

【今譯】孔子說：「甯武子這個人，在國政清平的時候，他就顯得聰明；在國政昏亂的時候，他就顯得愚笨。他的聰明，別人可以及得；他的愚笨，乃是別人所不可及的！」

子在陳曰：「歸與歸與㈠！吾黨之小子，狂，簡㈡；斐然成章㈢，不知所以裁之㈣。」

【今註】㈠與音餘。吳英說：「『歸與』之歎，必在魯哀六年、楚又不用而自楚反陳之後，自陳反衛之前也。」崔述說：「世家載此語於哀公三年；明年孔子如蔡；又明年如葉，反乎蔡；居蔡三歲如楚；楚昭王卒，然後孔子反乎衛。夫孔子既思歸矣，乃反南轅而適蔡適楚，又四五年而始反衛；何為耶？然則此歎當在反衛之前一二年中。」㈡集注：「吾黨小子，指門人之在魯者；狂簡，志大而略於事也。」㈢禮記大學鄭注：「斐，有文章貌也。」㈣說文：「裁，制衣也。」制衣，剪裁布帛以成衣。

【今譯】孔子在陳國，說：「回去吧！我們那些年輕的弟子，志大而行簡；他們的質地都很美，但不知道怎樣來裁製。」

子曰：「伯夷、叔齊㈠，不念舊惡，怨是用希㈡！」

【今註】㈠述而篇有一段記子貢和孔子關於伯夷叔齊的問答：「〔子貢問：〕伯夷叔齊何人也？曰，

古之賢人也。曰，怨乎？曰，求仁而得仁，又何怨！」述而篇所記孔子對子貢的話，不知和現在這章的話說時的先後。史記伯夷列傳：「孔子曰，『伯夷、叔齊，不念舊惡，怨是用希。求仁得仁，又何怨乎！』余悲伯夷之意，睹軼詩可異焉。其傳曰：『伯夷、叔齊，孤竹君之二子也。父欲立叔齊；及父卒，叔齊讓伯夷。伯夷曰，父命也。遂逃去。叔齊亦不肯立而逃之。國人立其中子。於是伯夷、叔齊聞西伯昌善養老；「盍往歸焉！」及至，西伯卒；武王載木主號為文王、東伐紂。伯夷、叔齊叩馬而諫曰，父死不葬，爰及干戈：可謂孝乎？以臣弒君：可謂仁乎？左右欲兵之；太公曰，此義人也！扶而去之。武王已平殷亂，天下宗周。而伯夷、叔齊恥之，義不食周粟；隱於首陽山，采薇而食之。及餓且死、作歌，其辭曰：「登彼西山兮，采其薇矣；以暴易暴兮，不知其非矣。神農、虞、夏、忽焉沒兮；我安適歸矣！于嗟徂兮，命之衰矣！」遂餓死於首陽山。』由此觀之，怨耶、非耶？或曰：『天道無親，常與善人。』若伯夷、叔齊，可謂善人者非耶？積仁、潔行如此而餓死！……」按：太史公所記，容有孔子所沒有聽見過的。（大概都是孔子以後積累起來的傳言！）而「伯夷、叔齊不念舊惡」的事實，史記裏卻一句也沒有。㈡皇疏：「此美夷齊之德也。念，識錄也；舊惡，故憾也；希，少也。人若錄於故憾，則怨恨更多。唯豁然忘懷；人有犯己，己不怨錄之：所以與人怨少也。」邢疏：「不念舊時之惡而欲報復，故希為人所怨恨也。」按：兩疏都可通；譯文從皇疏。

【今譯】孔子說：「伯夷、叔齊，不常記人家舊時的過失，所以對人家的怨恨亦很少。」

子曰：「孰謂微生高直㈠！或乞醯焉㈡，乞諸其鄰而與之。」

【今註】㈠孔曰：「微生，姓；名高。魯人也。」㈡集解：「醯（ㄒㄧ），醋也。」

【今譯】孔子說：「誰說微生高直！有人向他討一點醋，他不直說自己沒有，卻向鄰居要來以給這個人！」

子曰：「巧言，令色，足恭㈠；左丘明恥之㈡；丘亦恥之。匿怨而友其人；左丘明恥之；丘亦恥之。」

【今註】㈠足（ㄐㄩˋ），將樹切。皇疏引繆協曰：「足恭者，以恭足於人意而不合於禮度。」集注：「足，過也。」㈡漢以後的人以為左丘明是左傳的作者，並且說國語也是他作的。（司馬遷在報任安書裏，有「左丘失明，厥有國語。」的話。）我們現在知道：國語和左傳的作者當不是同一人；而左傳的作者，亦未必是這章所說的左丘明。（「魯君子左丘明成左氏春秋」，見史記十二諸侯年表序。）

【今譯】孔子說：「一個人話說得好聽，顏色裝得好看，態度做得過恭；這種樣子，左丘明以為可恥；我也以為可恥。心裏怨恨一個人，表面卻和他友善；這種事情，左丘明以為可恥；我也以為可恥。」

顏淵季路侍。子曰：「盍各言爾志㊀！」子路曰：「願車、馬、衣、裘㊁，與朋友共；敝之而無憾㊂。」顏淵曰：「願無伐善㊃；無施勞㊄。」子路曰：「願聞子之志！」子曰：「老者，安之。朋友，信之。少者，懷之㊅。」

【今註】㊀鄭注：「盍（ㄏㄜˊ），何不也。」㊁裘，皮衣。「衣裘」，各本作「衣輕裘」；輕字誤衍。㊂敝，意同「壞」；「之」，指車馬衣裘；憾，意同恨。㊃伐，是自誇的意思。無伐善，意為不自己說自己的好處。㊄無施勞，意為不把煩難的事推到別人身上。（孔曰：「無施勞，不以勞事置施於人。」）㊅「老者、安之」等三句的「之」字，分別指「老者、朋友、少者」；這三句的意思是：使老者安；使朋友信；使少者懷。（鄭注：「懷，來也。」）少，詩照切，意為年幼。（少訓「年幼」去聲，訓「不多」上聲。）

【今譯】顏淵和子路陪侍孔子。孔子說：「你們何不各說說心裏想做的事！」子路說：「我願意把我的車、馬、衣、裘和朋友共同享用；就是用壞了，我也不怨恨。」顏淵說：「我希望能不矜誇自己的好處；能不把煩難的事推到別人身上。」子路說：「希望知道老師的意思。」孔子說：「我要使年老的人覺得安穩；使朋友對我信賴；使年輕的人對我懷念。」

子曰：「已矣乎！吾未見能見其過而內自訟者也㊀！」

【今註】㊀包曰：「訟，猶責也。」（訟本訓爭，引申而有「責」義。廣雅釋詁一：「訟，責也。」）

【今譯】孔子說：「算了罷！我還沒有見到一個知道自己的過失而能夠自責的人！」

子曰：「十室之邑㊀，必有忠信如丘者焉；不如丘之好學也㊁。」

【今註】㊀十室之邑，是指很小的一個地方。（大戴禮曾子制言：「禹過十室之邑必下，為秉德之士存焉。」）㊁劉疏：「忠信者，質之至美者也。然有美質必濟之以學，斯可祛其所蔽而進於知仁之道。」好，呼報切。按：「好學」，指不懈於求知而能以學修德言。

【今譯】孔子說：「就是一個很小的地方，也必有像我一樣忠信的人；（如果他有不及我的地方，那是因為）他不像我那麼好學。」

卷六　雍　也

子曰：「雍也可使南面㊀。」

【今註】㊀面，意同向。「南面」，是南向的意思。說苑修文篇：「南面者，天子也。」包曰：「可使南面者，言任諸侯治。」集注：「南面者，人君聽治之位；言仲弓寬洪簡重、有人君之度也。」按：「南面」自兼天子、諸侯言：朱子釋為「有人君之度」，較通。（中國古代的人君，位都向南。）

【今譯】孔子說：「冉雍這個人，實在可以居君長的位子。」

仲弓問子桑伯子㊀；子曰：「可也；簡。」仲弓曰：「居敬而行簡以臨其民，不亦可乎！居簡而行簡，無乃大簡乎㊁！」子曰：「雍之言然。」

【今註】㊀王曰：「伯子，書傳無見焉。」我們沒有法子查明子桑伯子這個人。鄭玄因秦公孫枝字子桑而以子桑伯子為秦大夫；宋胡寅以莊子大宗師篇的子桑戶為子桑伯子：這都可以說是很勉強的傅會。（按：莊子山木篇有子桑雽。諸子平議：「疑即子桑戶。」）㊁大音泰。簡，簡易；簡略。

【今譯】　仲弓問到子桑伯子。孔子說：「可以；他很簡略。」仲弓說：「守己敬肅而以簡略臨民，那當然可以！守己不能敬肅而行事亦簡略，那就太簡了。」孔子說：「你這話很對。」

哀公問：「弟子孰為好學㊀？」孔子對曰：「有顏回者好學：不遷怒；不貳過㊁。不幸短命死矣㊂！今也則未聞好學者也㊃。」

【今註】　㊀好，呼報切。下同。㊁遷有遷延的意思；貳有重複的意思。（易繫辭下：「子曰，顏氏之子、其殆庶幾乎！有不善、未嘗不知；知之、未嘗復行也。」）㊂顏子死時年約四十一歲。㊃現行論語版本「則」下有「亡」字。羣經平議：「此與先進篇語有詳略；因涉彼文而誤衍『亡』字。既云『亡』，又云『未聞好學』：於辭複矣！釋文云：『本或無亡字。』當據以訂正。」（集注：「遷，移也。怒於甲者不移於乙。」按：集注說亦可通。但解「不遷」為「發而便止」更可證明「好學」。）

【今譯】　哀公問孔子：「你的弟子中誰最好學？」孔子說道：「有個叫顏回的最為好學：他若發怒，便會立刻化解；他犯了過，決不會再犯。可惜短命死了！現在就沒有聽見這樣好學的人。」

子華使於齊㊀；冉子為其母請粟㊁。子曰：「與之釜㊂！」請益。曰：「與之庾㊃。」冉子與之粟五秉㊄。子曰：「赤之適齊也，乘肥馬，衣輕裘㊅。吾聞之也：君子周急不繼富。」

【今註】 ㊀子華，公西赤的字。（公西赤見上篇「孟武伯問」章。）㊁為，于偽切。「其母」，指子華的母親。㊂釜（ㄈㄨˇ），六斗四升。㊃戴震補注：「二斗四升曰庾（ㄩˇ）。『與之庾』，謂於釜外更益二斗四升。」㊄秉（ㄅㄧㄥˇ），十六斛（ㄏㄨˊ）；五秉，八十斛。㊅衣（ㄧˋ），於既切。（衣訓著衣，去聲；衣服的衣，平聲，注中不音。）

【今譯】 子華出使齊國；冉有替子華母親向孔子要穀子。孔子說，「給他一釜吧！」冉有請孔子添加一些。孔子說，「再給他一庾！」冉有自己給了他五秉。孔子說，「公西赤往齊國去的時候，坐著肥馬拉的車；穿了輕暖的裘。我聽說：一個君子人、周濟人的急難而不增添人的富厚。」

原思為之宰㊀。與之粟九百㊁；辭。子曰：「毋㊂！以與爾鄰里鄉黨乎㊃！」

【今註】㈠仲尼弟子列傳：「原憲，字子思。」包曰：「孔子為魯司寇，以原憲為家邑宰。」㈡之，指原思。「九百」，孔注說為「九百斗」。（有以「九百」為「九百斛」的。）㈢毋音無，禁止的語詞。㈣鄰里鄉黨，指鄉裏中的窮人。（上章有「君子周急」的話。）

【今譯】原思做孔子的家臣。孔子給他穀子九百；原思推辭。孔子說：「不要推辭吧！不是可以分給你鄰里鄉黨中的窮人的麼！」

子謂仲弓曰㈠：「犁牛之子騂且角㈡；雖欲勿用，山川其舍諸㈢！」

【今註】㈠這章乃是孔子和仲弓談論政治上用人的道理；「犁牛之子」，乃是指一切平民人家的子弟；並不是專指仲弓講。㈡犁（ㄌㄧˊ），郎奚切。犁牛，指耕牛。（論語駢枝：「祭義曰，『古者，天子諸侯，必有養獸之官；犧牷祭牲必於是取之。』民間耕牛，非所以待祭祀；故欲勿用。然有時公牛不足則耕牛之犢亦在所取。周禮羊人職云，『若牧人無牲，則受布於司馬使其賈買牲而共之。』遂人所謂野牲、曲禮所謂索牛是也。」）漢代儒者，以犁牛為雜文的牛；自漢至宋，由「雜文」一義而演變成「仲弓父賤而行惡」的傳說：這未免冤枉古人！騂，赤色；犧用赤色，是周代的禮制。角，是牛角長得端正：這亦是犧牛所要有的體材。㈢這裏的「其」字，和我們現在用的「豈」字相像。舍音捨（ㄕㄜˇ）。（舍訓息或釋，上聲；訓屋，去聲。）諸，是「之乎」二字的合聲。當孔子的時候，職位世襲的制度還盛行。孔子是反對這種制度的。他以為政治的好壞在乎人，所以為政應以舉賢才為主。他對仲弓的話，以「犂牛」比平民；以「騂（ㄒㄧㄥ）且角」比賢：平民而賢，便可居高位。世祿制度，似是孔子所深惡的！這章的意思是：出自平民的賢才，雖然因世俗尚存有世祿的觀念而不被重視，但實是政治上所需要的。這章雖像孔子對仲弓的閒談，實可見孔子對政治的一個重要思想。

【今譯】孔子對仲弓說：「耕牛所生的小牛，長得全身純赤，而且頭角也長得很端正：這樣的牛，人們雖然會有顧忌而不想用來作祭品，難道山川的神會因牠是耕牛所生而放棄了牠嗎！」

子曰：「回也，其心三月不違仁㊀；其餘，則日月至焉而已矣㊁！」

【今註】㊀集注：「三月，言其久。」按：孔子讚美顏回、擇身所行而能依乎仁，經過長時間而心志不移。（中庸：「子曰，回之為人也，擇乎中庸，得一善則拳拳服膺而弗失之矣！」得善而服膺弗失，即心不違仁的情況。）㊁集解：「餘人暫有至仁時；唯回移時而不變。」

【今譯】孔子說：「顏回能夠長時間依仁而行，心志不移；別的人就只能偶然達到仁的境界罷了。」

季康子問：「仲由，可使從政也與㈠？」子曰：「由也果㈡，於從政乎何有！」曰：「賜也，可使從政也與？」曰：「賜也達㈢，於從政乎何有！」曰：「求也，可使從政也與？」曰：「求也藝㈣，於從政乎何有！」

【今註】㈠與音餘。下同。㈡包曰：「果，謂果敢決斷。」㈢達，通達事理。㈣藝，本是樹藝的意思；引申有藝業、藝文、技藝的意思。這裏當指「熟識事務」講。（說文只有「埶」字：訓「種也」，引詩「我埶黍稷」。現在經典裏，「種」的意思多用「藝」「蓺」二形；這二形都是說文所沒有的。但古書中藝文、藝能、樹藝、六藝多作藝；即說文所引的「我埶黍稷」，現在毛詩亦用藝用蓺而不用埶。禮運：「在埶者去。」注：「埶，埶位也。」釋文：「埶音世；本亦作勢。」考工記弓人：「射遠者用埶。」鄭司農注：「埶，謂形埶。」埶位、形埶的「埶」，我們現在作「勢」。徐鉉本說文新附有「勢」字；注云：「盛力權也；經典通用埶。」朱駿聲以埶有勢義乃種義的引申。）

【今譯】季康子問道：「仲由，可不可以讓他幹政治？」孔子說：「仲由有果斷，幹政治對他有什麼不可以呢？」季康子又問：「端木賜怎樣？」孔子說：「端木賜性通達，幹政治對他有什麼不可以呢？」季康子又問：「冉求怎麼樣？」孔子道：「冉求多才藝，幹政治對他有什麼不可以呢！」

季氏使閔子騫為費宰㈠。閔子騫曰：「善為我辭焉㈡。如有復我者，則吾必在汶上矣㈢。」

【今註】㈠仲尼弟子列傳：「閔（ㄇㄧㄣˇ）損，字子騫（ㄑㄧㄢ）；少孔子十五歲。」（閔子騫以德行稱。）費，是魯季氏的私邑。（左僖元年傳：「公賜季友汶陽之田及費。」）㈡為，于偽切。㈢汶，水名。（漢地理志有二汶。閔子騫所說的，當是源出泰山郡萊蕪原山而入濟的那條汶水。考工記：貉踰汶則死。注：汶水在魯北。）

【今譯】季氏叫閔子騫做費邑的宰。閔子騫說：「請好好替我推辭了！如有人再來找我，那我就要渡過汶水到齊國去了。」

伯牛有疾㈠。子問之；自牖執其手㈡，曰：「亡之㈢！命矣夫㈣！斯人也而有斯疾也！斯人也而有斯疾也！」

【今註】㈠仲尼弟子列傳：「冉耕，字伯牛；孔子以為有德行。伯牛有惡疾。」（淮南子精神訓：子夏失明；冉伯牛為厲。按：厲，借用為癩。古稱癩為惡疾。）㈡包曰：「牛有惡疾、不欲見人，故孔子從牖（ㄧㄡˇ）執其手也。」㊂亡音無。吳英（經句說）讀亡為無，說：「春秋傳公子曰『無之』，謂無其事也；此『無之』，謂無其理也。有斯疾必有致斯疾者；而斯人無之也。」按：吳說可通。㊃夫音符。（夫為語助都音符；夫訓丈夫則音膚，但注中不音。）

【今譯】伯牛有病。孔子去看他；從窗口握著他的手，說：「哪有這個道理！這是命吧！這樣的人會得這種病！這樣的人會得這種病！」

子曰：「賢哉回也㊀！一簞食㊁；一瓢飲㊂；在陋巷：人不堪其憂；回也不改其樂㊃。賢哉回也！」

【今註】㊀賈子道術：「行道者謂之賢。」這裏賢字，似含有這個意思。㊁簞（ㄉㄢ），竹器，可用以盛飯。食（ㄙˋ），義同飯。㊂瓢（ㄆㄧㄠˊ），義同瓠，可用以盛水。㊃樂音洛。

【今譯】孔子說：「顏回真賢！一碗飯；一杯水；住在一條很狹窄的巷子裏：這種生活，在別人必將憂愁得難以忍受了；顏回還是自得其樂。顏回真賢！」

冉求曰：「非不說子之道㊀；力不足也。」子曰：「力不足

者，中道而廢：今女畫㊁！」

【今註】㊀說音悅。㊁女音汝。畫，有「畫地自限」的意思。（孔曰，畫，止也。劉疏：「說文，畫，界也。引申之，凡有所界限而不能前進者，亦曰畫；故此注訓止。法言學行篇：是故惡夫畫也。」禮記中庸：半途而廢。注：廢，猶罷止也。按：「中道」、「半途」，都指在工作中。）

【今譯】冉求說：「不是不喜歡老師的道理，只是能力不夠。」孔子說：「能力不夠的人，應是在做的時候力盡而停止的；你現在乃是自己停止不做。」

子謂子夏曰：「女為君子儒㊀！無為小人儒㊁！」

【今註】㊀女音汝。㊁說文：「儒，術士也。」術士，意為有道術的士。周禮太宰：儒以道得民。注：儒，有六藝以教民者。說文的「術士」，亦只能講作以道藝為教的人。至於孔子心裏「君子」「小人」的分別，他自己沒有說明。但論語裏「君子上達，小人下達」、「君子喻於義，小人喻於利」、「君子求諸己，小人求諸人」等等的話，我們當然可以用來解釋這章的意義。在孔子時，儒有君子小人的分別，可見「儒」這個名詞，在孔子以前就有了。（周禮這部書，我們自然難以說孔子以前便有；不過從論語這章，我們可以知道，「儒」這個名詞不是孔子所創，似亦不是孔子時才有。）

【今譯】孔子對子夏說：「你要做一個『君子儒』！不要做一個『小人儒』！」

子游為武城宰㈠。子曰：「女得人焉爾乎㈡？」曰：「有澹臺滅明者㈢，行不由徑㈣；非公事、未嘗至於偃之室也。」

【今註】㈠武城，魯國的城邑。㈡女音汝。「爾」字，唐石經、盱郡重刻廖氏本、正平本、都作「耳」；張栻論語解、呂祖謙論語說、趙順孫四書纂疏、吳刻集注本、及太平御覽一百七十四、二百六十六引、都作「爾」。「焉爾」，義同「於此」；「此」，指武城。（本阮元校勘記。）㈢澹，徒甘切。史記弟子傳：「澹臺滅明，武城人，字子羽；少孔子三十九歲。」㈣徑，小路。（祭義：道而不徑。老子：大道甚夷，而民好徑。）不走小路，是不違正道的意思。

【今譯】子游做武城的邑宰。孔子說，「你在這裏發現人才沒有？」子游說，「有個叫澹臺滅明的，做人循規蹈矩；如果不是為了公事，他從不到我這裏來。」

子曰：「孟之反不伐㈠：奔而殿㈡；將入門，策其馬㈢，曰：『非敢後也；馬不進也！』」

【今註】㊀孔曰：「魯大夫孟之側也。」劉疏：古人名多用「之」為語助。（左哀十一年傳：「師及齊師戰於郊。右師奔；齊人從之。孟之側後入，以為殿；抽矢策其馬，曰，馬不進也！」）伐，是自誇功勞的意思。㊁殿，都練切。軍退時斷後的軍叫做殿。㊂古時馬鞭叫做策；以策擊馬亦曰策。

【今譯】孔子說：「孟之反這個人不願意表示自己的功勞。有一次軍敗逃奔，他在後做殿軍；將進入國門的時候，他鞭了他的馬，說：『並不是我膽大留在後面；乃是我的馬跑不到前面去。』」

子曰：「不有祝鮀之佞，而有宋朝之美㊀，難乎免於今之世矣！」

【今註】㊀不有，意為「沒有」。祝鮀（ㄊㄨㄛˊ）（集韻：鮀，唐何切。），衛大夫；佞，口才。宋朝，宋公子朝；以美貌著名。「而」有相反和相承兩種意義：我們用相承義。

【今譯】孔子說：「沒有祝鮀的口才和宋朝那樣的美：這種人在現在這個世界上，恐怕難以免於患難！」

子曰：「誰能出不由戶者㊀？何莫由斯道也㊁！」

【今註】㊀這個者字，依皇本正平本；他本無。㊁在孔子意中，道理對我們的做人，正和門戶對我們的出入一樣。（「道」說做「斯道」，當如「文」叫做「斯文」一樣。）

【今譯】孔子說：「誰能出入不經過門戶呢？為什麼沒有人依著正當的道理做人呀！」

子曰：「質勝文則野；文勝質則史。文質彬彬㊀，然後君子。」

【今註】㊀包曰：彬彬，文質相半之貌。（說文：「份，文質備也。論語曰：『文質份份。』彬，古文份。」按：文是文飾、文采、文華；質是質地、實質、質樸。在人，才華為文，德性為質。）

【今譯】孔子說：「一個人如果實質勝過文采，那麼，他就顯得樸野；如果文采勝過實質，那麼，他就顯得虛飾。一個人能夠將實質和文采配合適中，才成為一個君子。」

子曰：「人之生也直㊀；罔之生也㊁，幸而免！」

【今註】㊀直，意為正直。㊁爾雅釋言：「罔（ㄨㄤˇ），無也。」之，指正直。（韓詩外傳七：「正直者，順道而行，順理而言；公平無私；不為安肆志，不為危激行。」）

【今譯】孔子說：「一個人的生存，全靠正直。如果沒有正直而生存，這可以說是僥倖的。」

子曰：「知之者不如好之者；好之者不如樂之者㊀。」

【今註】㊀好，呼報切；樂音洛。包曰：「學問：知之者、不如好之者篤；好之者、又不如樂之者深也。」包氏是以「之」字指「學問」講的。集注引尹氏說，以「之」指「道」言。「道」，可以包括在學問裏面；譯文用包義。

【今譯】孔子說：「對於一種學問，知道它的人不如愛好它的人；愛好它的人不如以它為悅樂的人。」

子曰：「中人（以上）㊀，可以語上也㊁；中人以下，不可以語上也。」

【今註】㊀現在傳世的論語版本，在上句「人」字下都有「以上」二字。這兩個字，當不是原始經文所有的。不知在什麼時代，有個不通文理的人加上這二字以和下句「中人以下」相對稱。孔子似把人的資質分為上、中、下三等。把大多數的人作為中等；則上等和下等的人（所謂「上知」和「下愚」）便很少很少了。中等的人如果教育得好，可以移向上等；至於在中等以下的人（就是下等人），是不能移到上等的。因為照孔子的意思，「上知」和「下愚」，都是不可移（不受環境和教育的影響）的。（陽貨篇：「唯上知與下愚不移。」）㈡這裏的「語」，魚據切，有誘導的意思。「語上」，就是教導中等的人進入上等。（語，本意為談論、講說；引申而有啟示、誘導的意思。）

【今譯】　孔子說：「中等資質的人，可以受教導而進入上等；至於資質在中等以下的人，是不能受教導而進入上等的。」

樊遲問知㈠。子曰：「務民之義㈡；敬鬼神而遠之㈢：可謂知矣。」問仁。曰：「仁者、先難而後獲：可謂仁矣㈣。」

【今註】　㈠知音智；下同。㈡義，指「應當做的事情」講；富和教都包括在裏面。㈢孔子似乎是不信鬼神的。他對鬼神的「敬」，完全是因為習俗上「神道設教」的關係。「遠」，于願切，是不親近的意思。㈣這句經文頗可疑。如果保留「仁者」二字，則「可謂仁矣」四字便成為多餘的；若經文有「可謂仁矣」四字，則「仁者」二字是多餘的。如果「仁者」和「可謂仁矣」都是原來的經文，則「先難而後獲」五字似應重複一次，使文理得以連貫通順。「先難而後獲」句譯文，大致用皇疏所引的范寧義。

【今譯】　樊遲問，怎樣才叫「知」？孔子說：「專心做好對人民教養上所應做的事情；對於鬼神，照例尊敬，而不要信賴。這樣，便可以叫做『知』了。」樊遲問，怎樣才叫「仁」？孔子說：「一個人於艱難的事情，則搶先去做；於獲功享樂的事情，則退在人後：這樣，便可以叫做『仁』了。」

子曰：「知者樂水；仁者樂山㈠。知者動；仁者靜。知者樂；仁者壽㈡。」

【今註】㈠知音智。集注：「樂（ㄧㄠˋ）；上二字並五教反；下一字音洛。」（廣韻三十六效：樂，五教切，好也。十九鐸：樂，盧各切，喜樂。）「知者樂水」：當是因為知者識解通達、心思靈活，和水相像，所以欣賞水。「仁者樂山」：當是因為仁者道德崇高、品節堅定，和山相像，所以欣賞山。㈡「知者動；仁者靜」：這兩句是說明「樂水」「樂山」的原因或影響的。「知者樂；仁者壽」：似綜括從知、仁所得的效驗而言。這雖是閒談的話，但孔子似亦有指示一種修養方法的意思。動靜樂壽，不過說個大概。仁者自然可以常樂；知者亦可以得長壽！（皇疏：「樂水樂山，為智仁之性；動靜為智仁之用；壽樂為智仁之功。」）

【今譯】孔子說：「知者欣賞水；仁者欣賞山。知者好動；仁者好靜。知者能夠樂觀；仁者常得高年。」

子曰：「齊一變，至於魯；魯一變，至於道㈠。」

【今註】㊀道，就是「朝聞道、夕死可矣」的「道」，「天下有道」的意思。（齊和魯，是周代初年所封的國。齊地在現在山東的北部；魯地在山東的南部和江蘇的北部。）

【今譯】孔子說：「齊國的政治改變一下，就可以趕上魯國的政治；魯國的政治改變一下，就可以達到太平的境界。」

子曰：「觚不觚㊀：觚哉！觚哉㊁！」

【今註】㊀觚音孤（ㄍㄨ）。馬曰：「觚，禮器。一升曰爵，三升曰觚。」㊁集解：「觚哉觚哉，言非觚也。以喻為政不得其道則不成。」（按：這章義難曉。）譯文闕。

宰我問曰：「仁者雖告之曰『井有仁焉』，其從之也㊀？」子曰：「何為其然也！君子、可逝也，不可陷也㊁：可欺也，不可罔也㊂。」

【今註】㊀集注：「劉聘君曰：『有仁之仁當作人。』今從之。從，謂隨之於井而救之也。」羣經平議：「宰我蓋謂：仁者勇於為仁；設也於井中而有仁焉，其亦從之否乎？」按：俞說似較合經意。㊁包曰：「逝，往也。言君子可使往視之耳；不肯自投從之。」㊂馬曰：「可欺者，可使往也；不可罔者，不可得誣罔令自投下也。」（孟子萬章篇上：「……故君子可欺以其方；難罔以非其道。」孟子所用的「欺、罔」二字，意當同孔子所用的「欺、罔」二字。）

【今譯】　宰我問道：「一個好仁的人，萬一有人告訴他『井裏有仁』，他會不會下井求仁？」孔子說：「怎麼會這樣呢！一個君子人，人家可以用合理的事情欺騙他，卻不能用毫沒有理由的事情惑亂他。」

子曰：「君子博學於文㈠，約之以禮㈡，亦可以弗畔矣夫㈢！」

【今註】　㈠文，即「則以學文」和「文、行、忠、信」的文。凡用文字箸於竹帛而流傳人間的，大都可以學而得益。㈡在孔子的時代，文籍固然不很多；但如汎覽而沒有主旨，則亦不能得到什麼益處。在孔子意中，禮應是求學的主旨，所以他以為一個人讀書固須博，但應以禮為心志所專務。不管得到什麼知識，若對禮沒有關係的，便不必注意。「約」，本有約束的意思。「約之以禮」意為用「禮」作綱維，使所得的知識有所係。（儒家所謂「禮」，實在包括現代倫理學、法律學、政治學等等所討論的各種道理；至於揖讓應對、玉帛酬酢，乃是禮的末節。）㈢夫音符。鄭曰：「弗畔（ㄈㄨˊ ㄆㄢˋ），不違道。」修德必由學問。為學能時時以正大的道理為主旨，則誦讀雖多，是非有準，能得益而不為邪說所惑。一個人到了這個地步，便終身不會違離道德了！（按：這章亦可證、孔子相信道德原於知識。他雖主張「約之以禮」，但亦不反對「博學於文」。）

【今譯】孔子說：「能從書本上廣求知識，而以世間最正大的道理為綱維，行為便不會有過失了！」

子見南子㈠；子路不說㈡。夫子矢之曰㈢：「予所否者㈣，天厭之㈤！天厭之！」

【今註】㈠史記孔子世家：「孔子反乎衛，主蘧伯玉家。靈公夫人有南子者，使人謂孔子曰：『四方之君子不辱、欲與寡君為兄弟者，必見寡小君。寡小君願見！』孔子辭謝；不得已，見之。子路不說。孔子矢之曰：『予所不者，天厭之！天厭之！』」按：呂氏春秋貴因篇曾有「孔子道彌子瑕見釐夫人」一語。釐夫人即南子。漢世述這事的更多。魏晉以後，儒者才對這事懷疑。㈡說音悅。㈢鄭注：「矢，誓也。」我們以為，孔子因要行治道而見南子，不見得是一件壞事。子路雖野，孔子亦可曉以做人的大道理，似不必對世俗鄙陋的意見而發誓。論語這章所記，疑出於附會的傳說。㈣否（ㄆㄧˇ），同「不」。「所不……者」，是古人誓詞的格式。（臧琳經義雜記：「子云『予所不者』，此記者約略之辭。『所不』下當日更有誓辭。」）㈤「天厭之」當亦是古代誓詞的成語。（闕疑、不譯。）

子曰：「中庸之為德也㈠，其至矣乎㈡！民鮮久矣㈢！」

【今註】㊀庸，可訓常、訓用。（鄭玄釋中庸為「記中和之為用」，或「用中為常道」，文理上似都有點牽強。程子「不偏之謂中、不易之謂庸」的說法，以兩字並列而以庸訓常，文理上似較順；但不知合於孔子的意思沒有。）㊁至，意同極。㊂鮮，仙善切。集解：「民鮮能行此道久矣，非適今也。」禮記中庸：「子曰：中庸，其至矣乎！民鮮能久矣。」按：論語「民鮮」下應補一「能」字。

【今譯】孔子說：「中庸這種德行，是最高的吧！很久以來，人們少能做到。」

子貢曰：「如有博施於民而能濟眾㊀，何如？可謂仁乎？」子曰：「何事於仁！必也聖乎！堯舜其猶病諸。夫仁者㊁，己欲立而立人；己欲達而達人。能近取譬，可謂仁之方也已㊂。」

【今註】㊀施，始智切。「能濟眾」下，皇本、正平本都有「者」字。㊁夫音符。㊂鄭注：「方，猶道也。」

【今譯】子貢說：「如果有人廣施恩惠給人民，而且能夠利益大眾；你看怎麼樣？可以稱得仁嗎？」孔子說：「那何止仁！實在應稱為聖！做到這個地步，恐怕堯舜也以為難。一個仁人，自己要立，便讓別人也立；自己要達，便讓別人也達。能從己身去了解別人，那就可以說是行仁的道理了。」

卷七　述而

子曰：「述而不作㊀；信而好古㊁；竊比於我老彭㊂。」

【今註】 ㊀漢書儒林傳：「周道既衰，陵夷二百餘年而孔子興；究觀古今之篇籍，因近聖之事以立先王之教。故曰，述而不作，信而好古。」按：儒林傳以孔子修六經為「述」，自是漢人的說法，未必合於孔子的意思。我們似可信孔子以詩書禮樂為教；後世所謂六經，不關孔子事。㊁好，呼報切。㊂廣雅釋詁四：「竊，私也。」廣雅疏證：「竊比，謂私比也。」按，竊字含有謙意。（孟子公孫丑：「昔者竊聞之。」）包曰：「老彭，殷賢大夫。」鄭注：「老，老聃（ㄉㄢ）；彭，彭祖。」從孔子語氣來推斷，包注似較合。（劉疏：「大戴禮虞戴德云：『昔商老彭及仲傀。』漢書古今人表列老彭於仲虺下。仲虺（ㄏㄨㄟˇ）即仲傀；是老彭為殷初人。包注當即本戴記也。」按，據禮記檀弓，孔子自稱「殷人」；這裏「老彭」上安「我」字，和檀弓所記合。）

【今譯】 孔子說：「循述古人的遺法而不自己創作；信服古人，並且喜愛古人：在這些事情上，我敢私自比於我的老彭。」

子曰：「默而識之；學而不厭；誨人不倦：何有於我哉㈠！」

【今註】㈠識音志。集注：「識，記也。默識，謂不言而存諸心也。」按論語識字，陸無音；朱除多識外，皆音志。集注：「何有於我，言何者能有於我也。」劉疏：「何有於我，言三者之外我無所有也。」按：兩說似都不安。「何有於我哉」意似說：「這些事我雖能做到，但都是不足稱道的。」

【今譯】孔子說：「把聽到的、見到的、牢記在心裏；孜孜的勤求學問而不厭；諄諄的教誨他人而不倦：這些事情，實在都是很平常的！」

子曰：「德之不脩；學之不講㈠；聞義不能徙㈡；不善不能改㈢：是吾憂也！」

【今註】㈠周語一注：「講，習也。」左莊三十二年傳注：「講，肄也。」左昭七年傳注：「講，習也。」（易兌象傳：「君子以朋友講習。」）㈡顏淵篇：「主忠信；徙（ㄒㄧˇ）義：崇德也。」㈢學而篇：「過則勿憚改。」衛靈公篇：「過而不改，是為過矣。」都是孔子重視改過的話。（易文言傳：「君子以進德修業。」進德即修德；修業即講學。易益象傳：「君子以見善則遷、有過則改。」

遷善，即徙義。）仁者所憂，只在修己！

【今譯】孔子說：「德行不脩明；學業不講習；聽到好的事情，不能取以改進自己；發覺自己不好的事，不能革除：這些是我的憂慮！」

子之燕居㊀，申申如也；夭夭如也㊁。

【今註】㊀釋文：「燕，鄭本作宴。」按：宴，說文訓安；宴居，義同閒居。作「燕居」，乃是借燕為宴。（禮記裏有仲尼燕居、孔子閒居二篇。據釋文及正義所引鄭說：「退朝而處曰燕居；退燕避人曰閒居。」宴安和閒暇，義得相通；這種分別，恐只是經師的臆說。）㊁「申申、夭夭」，馬融訓為「和舒之貌」。胡紹勳四書拾義：「申申言其敬；夭夭言其和。」說文通訓定聲：「申者腰之直；夭者頭之曲。論語『申申如也、夭夭如也』雖重言形況，實本字本義。」

【今譯】孔子閒居的時候，體態是舒適的；神氣是安和的。

子曰：「甚矣、吾衰也！久矣、吾不復夢見周公㊀！」

【今註】㊀復，扶又切。從「久」和「不復」等字，可見孔子在盛年時是常夢見周公的。常人的夢，多由平日積思所致。孔子因愛人類的緣故，只希望有個太平世界，所以常常想到周室太平的時候，因而也常常夢見周公。現在孔子覺得，他所以好久沒有夢見周公，當由於年老力衰、志道不篤的緣故。因此，他發出這個感歎。不過我們從他這個感歎可以看出，他到老年時、所最關心的是天下太平！

【今譯】 孔子說：「我真衰老得厲害；我已好久沒有夢見到周公了！」

子曰：「志於道；據於德；依於仁；游於藝㊀。」

【今註】 ㊀這裏的「道」，和「朝聞道」的「道」意思相同，是指「天下有道」講。「天下有道」，即所謂「天下太平」。德是「為政以德」「道之以德」的「德」，和武力或詐謀是相反的。仁是孔子所以為最高的德行的。游是熟習的意思；「藝」和「求也藝」的「藝」相同，是處理事務的技能。這四句話的關係，似是相承而不是並列的。孔子以為：人生求學致用，當以天下太平為目的；要達到這個目的，必須用德行而不用詐力；德行多端，應以仁為主體；一個人要用仁德以致太平，必須熟悉政治的事務。 「仁」是「愛人」；和仁字同語根的恕字，意為「己所不欲，勿施於人！」

【今譯】 孔子說：「一個人應該以天下太平為職志；求天下太平，只須用德行；德行當以仁為主；據德依仁以外，還須熟習政事的處理。」

子曰：「自行束脩以上㈠，吾未嘗無誨焉。」

【今註】㈠脩（ㄒㄧㄡ），乾肉。古人以十脡（ㄊㄧㄥˇ）為一束；束脩，是十脡乾肉。（五條乾肉做一束，每條於中間受束處屈為兩脡。）古人行相見禮的時候，束脩是一種很普通的禮物。（或以束脩為「束帶脩飾」；或以束脩為「年十五以上」：這些都是後起的意義。）

【今譯】孔子說：「凡能用束脩來求教的人，我都有所教誨。」

子曰：「不憤，不啟㈠；不悱，不發㈡；舉一隅而示之㈢、不以三隅反，則不復也㈣。」

【今註】㈠說文：「憤，懣（ㄇㄣˋ）也。啟，教也。」㈡說文沒有悱字；徐鉉收入「新附」。說文通訓定聲以悱為悲字的或體，並說：「按論語不悱不發，悱（ㄈㄟˇ）亦悵恨之意。憤近於怒；悱近於怨（「自怨自艾」）也。」皇疏：「發，發明也。」㈢「舉一隅（ㄩˊ）而示之」：皇本、正平本同；唐石經、集注本、盱郡本沒有「而示之」三字。㈣復，扶又切。皇本、正平本「則」下有「吾」字。

【今譯】孔子說：「一個人沒有到了因求知而煩懣的時候，我是不會去開導他的；沒有到了因求知而悵恨的時候，我是不會去啟發他的。我告訴他一種道理、他不能用以推出類似的道理，那我就不再教他了。」

子食於有喪者之側，未嘗飽也㈠。

【今註】㈠這是一個有同情心的人所自然而然的事。（禮記檀弓：「食於有喪者之側，未嘗飽也。」大概孔子這種行為，後來便成為通行的禮文了！）

【今譯】孔子和一個有喪事的人在一起吃飯，從沒有吃飽過。

子於是日也，哭則不歌㈠。

【今註】㈠禮記曲禮上：「哭日不歌。」疏：哭日，謂弔人日也。檀弓下：「弔於人，是日不樂。」注：君子哀樂不同日。論衡感類篇引作「是日也」；皇本正平本亦都有「也」字。今據增。

【今譯】孔子在一天內，哭過，就不唱歌了。

子謂顏淵曰：「用之則行；舍之則藏㈠；唯我與爾有是夫㈡！」

子路曰：「子行三軍則誰『與』㊂？」子曰：「暴虎馮河㊃、死而無悔者，吾不『與』也；必也，臨事而懼、好謀而成者也㊄。」

【今註】㊀釋文：「舍音赦，止也；一音捨，放也。」集注：舍上聲。按：廣韻去聲舍只訓屋；似音赦訓止的舍宋世已不行。劉疏：「新語慎微篇引此文說之云：『言顏淵道施於世而莫之用。』是行藏皆指道言。」按：之，指人言；行藏，指出處。㊁夫音符。㊂魯襄公十一年「作三軍」，見春秋三傳。定、哀時代，魯久已是三軍的國家了，所以孔門師弟子講到軍事多言「三軍」。「誰與」，意為「與誰」；因用在問句裏，所以次序顛倒。孔曰：「子路見孔子獨美顏淵，以為己有勇，至夫子為三軍將，亦當唯與己俱，故發此問。」（皇疏已依孔注解與字，又引一說云：「與，許也；唯我許汝如此也。」按：以許解與，義亦可通。）㊃馮（ㄆㄧㄥˊ），皮冰切。詩小雅小旻：「不敢暴虎；不敢馮河。」傳：「徒涉曰馮河；徒搏曰暴虎。」㊄好，呼報切。按：孔子平常也很相信子路在軍事方面的能力；現在因為子路這一問不免有點自矜，孔子便乘這個機會向他說幾句告誡的話。

【今譯】孔子對顏淵說：「人家要用我，我就出來做事；人家不用我，我就不出來：這種樂天任命的態度，只有我和你罷！」子路說：「如果老師行軍用兵，又和誰呢？」孔子說：「凡是恃力逞勇、至死不悟的，我是不贊成的。我所贊成的，只有那種能夠臨事戒慎、善用計謀而可成功的人。」

子曰：「富而可求也㊀，雖執鞭之士吾亦為之㊁；如不可求㊂，從吾所好㊃！」

【今註】㊀「而」，意同「如」。四書考異：「史記伯夷傳引作『富貴如可求』。韓詩外傳卷一、說苑立節篇、周禮條狼氏注、引此皆無『也』字。文選注引凡數處，亦皆無『也』字。」㊁鹽鐵論貧富章「士」作「事」。釋文：「吾亦為之：一本作吾為之矣。」㊂四書考異：「說苑立節篇引作『富而不可求』。」皇本、正平本「求」下有「者」字。㊃好，呼報切。孔子自言「好學」，也重「好德」「好仁」。按：孔子並沒有以為富是必不可求的。富的可求不可求，只問那個富合於義沒有；如合於義，便可求。能用合義的方法以求，便可去求。求富的方法，不外勞心和勞力。無論勞心或勞力，只要做的是正當的事，便算合於義。做事能合於義，則無論社會所貴的或所賤的，我們都不必介意；就是執鞭，也可泰然去做。這是「執鞭亦為」的正解。至於不合於義的富，乃是不可求的富，我們自不應去求。在這種情形下，我們只好樂道安貧，「從吾所好」！鄭注：「富貴不可求而得者也；當修德以得之。」集注：「設言：富若可求，則雖身為執鞭賤役以求之，亦所不辭；然有命焉，非求之可得也，則安於義理而已矣！」兩解立論都很正大；都合於儒者修己的道理：但都有在經意以外的。

【今譯】孔子說：「財富如可求，就是執鞭的職務我也去做；如果是不可求的，那我只有篤守我自己立身的志願！」

子之所慎：齊；戰；疾㊀。

【今註】㊀齊，側皆切，借為齋。說文：「齋，戒絜也。從示、齊省聲。」（古齋、齊同音，所以古書裏多借「齊」為「齋」。）慎齋，是潔己致敬；慎戰，是愛惜人民；慎疾，是尊重生命。

【今譯】孔子所謹慎小心的有三件事：齋戒；戰爭；疾病。

子在齊聞韶，三月不知肉味㊀。曰：「不圖為樂之至於斯也㊁！」

【今註】㊀孔子世家：「孔子適齊，與齊太師語樂。聞韶音，學之三月，不知肉味。齊人稱之。」按，太史公所見的論語或本有「學之」二字。（劉氏正義謂「即安國故」。）但不管魯論原文怎樣，這章「三月」上究以有「學之」二字為合。㊁圖，計劃；豫先想到。（譯文參用史記。）

【今譯】孔子在齊國聽了韶樂，學了三個月，吃飯時連肉味都不覺到了。他說：「我沒有想到學音樂會使人到這個地步！」

冉有曰：「夫子為衛君乎㈠？」子貢曰：「諾，吾將問之。」入曰：「伯夷、叔齊何人也？」曰：「古之賢人也。」曰：「怨乎？」曰：「求仁而得仁，又何怨㈡！」出曰：「夫子不為也㈢。」

【今註】㈠為，于偽切。鄭曰：「為，猶助也。」衛君，出公輒；衛靈公的孫子，太子蒯聵的兒子。蒯聵得罪於靈公，逃往晉國。靈公薨，衛人立輒為君；晉國卻要把蒯聵送回衛國。衛人抗拒晉兵；演成父子爭國的局面。那時孔子適在衛，所以冉求有「老師會不會幫助衛君」的疑問。㈡皇本正平本「怨」下有「乎」字。左傳疏、文選注、史記索隱引同。㈢以前的學者多這樣想：蒯聵和輒的父子爭國，和伯夷、叔齊的兄弟讓國乃是明顯的相反。孔子既稱贊伯夷叔齊的「求仁得仁」，自然不贊成輒的拒父。（但孔子的意見是不是這樣，似是一問題。孔子所知道的伯夷叔齊的事蹟是不是和太史公伯夷列傳所記的相同，我們也難以知道得清楚。）

【今譯】冉有說：「老師會不會幫助衛君？」子貢說：「好，我要去問一問。」子貢進見孔子，說：「伯夷、叔齊是怎樣的人？」孔子說：「是古代的賢人。」子貢說：「他們怨嗎？」孔子說：「他們求仁而得仁，又有什麼可怨呢！」子貢出來說：「老師不會幫助衛君的。」

子曰：「飯疏食㈠、飲水，曲肱而枕之㈡；樂亦在其中矣㈢。不義而富且貴，於我如浮雲！」

【今註】㈠飯，扶晚切，意為吃。疏，義同粗；食音嗣，意為飯食。疏食，粗米飯。（詩大雅「彼疏斯粺」箋：「疏，麤也；謂糲米也。」麤，同粗。）㈡說文：「臂，手上也。肱，臂上也。」但說文雖有「手上」、「臂上」的分別，而古來臂、肱（ㄍㄨㄥ）多通用。（詩小雅無羊傳：「肱，臂也。」）枕，之任切；「曲肱而枕之」，謂臥時用肱作枕。㈢樂音洛。莊子讓王篇：「古之得道者，窮亦樂，通亦樂。所樂非窮通也；道得於此，則窮通為寒暑風雨之序矣。」（呂覽慎人篇略同。）

【今譯】孔子說：「吃粗米飯，喝水，彎起手臂當枕頭：在這樣的生活裏，亦自有樂趣。不是義所應得的富貴，像天上的浮雲一樣，我是毫不關心的！」

子曰：「加我數年㈠——五，十，——以學㈡，亦可以無大過矣㈢！」

【今註】㈠史記孔子世家作「假我數年」。㈡龔元玠十三經客難：「先儒句讀未明。當『五』一讀，

『十』一讀，言或五或十：以所加年言。」（按：自來學者對這句話的注釋，只龔氏的說法可通。孔子說這話，當在六十、或竟在七十以後。弟子記這話，只是記孔子「學不厭」的心情。老年人希望延年，五不算少，十亦不算太多。五、十兩字，乃為「數年」舉實例：「以學」，上承「加我數年」而成句。讀論語的人不懂五、十兩字的讀法，將兩字講作「五十而知天命」的五十；許多錯誤的說法便從這個歲數生出。朱子則因五十難通而想用卒字。）㊂句首亦字，今各本論語都作易。釋文：「學易，如字。魯讀『易』為『亦』；今從古。」惠棟九經古義：「外黃令高彪碑：恬虛守約，五十以斅。此從魯論、亦字連下讀也。」按：魯論亦字，當是論語元文；古論作易，乃由後人意改。論語裏「亦可以……矣」型的句子凡五六見，並不少於「可以……矣」型的句子。就事理而論，自應作亦而不應作易！

【今譯】孔子說：「讓我多活幾年（或五或十）以從事學問，那我就不會有什麼大過失了！」

子所雅言㊀，詩，書；執禮，皆雅言也㊁。

【今註】㊀鄭曰：「讀先王典法，必正言其音然後義全。」㊁羣經平議：「此當以『詩書』斷句；言孔子誦詩讀書、無不正言其音也。『執禮』二字，自為句屬下讀。孔子執禮時苟有所言，皆正言其音，不雜以方言俗語；故曰『執禮、皆雅言也』。」）

【今譯】孔子在誦詩讀書的時候，用正音而不用方言；贊禮的時候，亦都用正音。

葉公問孔子於子路㈠；子路不對。子曰：「女奚不曰㈡，『其為人也，發憤忘食，樂以忘憂㈢，不知老之將至云爾』㈣！」

【今註】㈠葉，音攝（ㄕㄜˋ），楚縣名。孔曰：「葉公，名諸梁，楚大夫；食采於葉，僭稱公。」（按：楚國君稱王；縣尹稱公：這是楚國的制度。用諸夏的制度來衡量，所以說為「僭稱」。）㈡奚，義同何。㈢樂音洛。㈣「云爾」二字沒有確解；在這章意似略同現代語「好像……似的」。

【今譯】葉公向子路問孔子的做人；子路沒有回答他。孔子對子路說：「你為什麼不對他這樣說呢！他的做人，用起功來連飯也忘記吃；時常高興得使一切憂愁都消失了：他好像不知道老年就快到臨似的。」

子曰：「我非生而知之者；好古㈠、敏以求之者也㈡。」

【今註】㈠好，呼報切。㈡季氏篇：「孔子曰，生而知之者，上也；學而知之者，次也。」孔子以知識是可求而得的。

【今譯】孔子說：「我並不是生下來就什麼都知道的；我只是喜好古代聖哲留下來的知識而勉力學得來。」

子不語：怪，力，亂，神㊀。

【今註】㊀怪異、勇力、悖亂、鬼神，講起來或長人迷信，或啟人惡性。若不是為借鑑或辨惑的關係，自以不講到為好。（這個「不語」，並不是絕對不說到；意義和「罕言」相近。）

【今譯】孔子所不講說的：怪異，猛力，悖亂，鬼神。

子曰：「三人行，必有我師焉。擇其善者而從之；其不善者而改之㊀。」

【今註】㊀這章的「三人」，可能因為用「三人占則從二人之言」的原則而講的。在孔子意中，三人當然都是指善人言。錢坫論語後錄：「子產曰：『其所善者吾則行之；其所惡者吾則改之：是吾師也。』此云善、不善，當作是解；非謂三人中有善不善也。」按：子產的話，見左襄三十一年傳。這是子產為不毀鄉校而說的。鄭國那個鄉校，可以說是現代議會的萌芽。孔子因子產不毀鄉校而信子產為仁人，可見孔子是贊成民主政治的制度的。（子張篇：子貢曰，「夫子焉不學！而亦何常師之有！」）

【今譯】 孔子說：「三個人在路上，我就可以得到我的老師。他們以為好的事，我就照做；他們以為不好的事，我就改正。」

子曰：「天生德於予；桓魋其如予何㊀！」

【今註】 ㊀史記孔子世家：「定公十四年，孔子年五十六。……孔子遂適衛。居十月，去衛。將適陳；過匡。匡人止孔子；孔子使從者為甯武子臣於衛，然後得去。去即過蒲；月餘反乎衛。居衛月餘，去衛過曹。是歲魯定公卒。孔子去曹適宋；與弟子習禮大樹下。宋司馬桓魋欲殺孔子，拔其樹。孔子去。弟子曰：可以速矣。孔子曰，天生德於予，桓魋其如予何！……孔子遂至陳；主於司城貞子家。」魋（ㄊㄨㄟˊ），杜回切。按：史記十二諸侯年表，孔子以魯定公十二年去魯，十三年適衛，十四年適陳，哀公三年過宋。（年表和魯世家、衛世家、陳世家、宋世家所記相合。）孔子世家，則以去魯適衛在十四年，以去衛、適曹、過宋在十五年。近代學者，多以孔子去魯為在定公十二年多或十三年春，而以過宋在定公十五年，即定公卒那一年。孔子困阨陳蔡的事情，古代沒有很明確的記載傳下來；後儒頗有疑「桓魋其如予何」和子罕篇「匡人其如予何」兩語是一事的。我們節錄崔述的考信錄兩段以作思辨方法的一例。洙泗考信錄三：「子罕篇畏匡章其詞婉；此章之詞誇。蓋聖人言之，聖人原未嘗自書之；弟子以口相傳，其意不失，而詞氣之間不能不小有增減移易以失其真者。學者不可以詞害志也。」又：「二章語意正同，亦似一時一事之言。而記者各記所聞，是以其詞小異。未必孔子生平每遇患難即為是言也。畏匡之與過宋，絕似一事；然於經傳皆無明文，故今不敢遽合為一。姑兩存之，以俟夫博古之士正之。」按：孔子蓋以為、他已好是懿德，守死善道，便什麼都不怕了！

【今譯】 孔子說：「天給我以德性；桓魋怎奈我何！」

子曰：「二三子以我為隱乎㊀？吾無隱乎爾㊁！吾無行而不與二三子者㊂；是丘也。」

【今註】 ㊀學記：「教人不盡其材。」注：「謂師有所隱也。」論語這個「隱」字，似亦指教者有所隱匿講。㊁趙佑論語溫故錄：「乎爾，與詩之俟我于著『乎而』、孟子然而無有『乎爾』、則亦無有『乎爾』，俱齊魯間語辭。」按：趙解可備一說。㊂這句話的意思難以十分明白。集注：「諸弟子以夫子之道高深不可幾及，故疑其有隱；而不知聖人作止語默無非教也。故夫子以此言曉之。與，猶示也。」（這章的意義，不能十分明白；譯文闕。）

子以四教：文；行；忠；信㊀。

【今註】㊀文是「博學於文」的文；行是「德行」的行；忠信是「主忠信」的忠信。忠信似應該包括在行的範圍裏；但孔子平常教誨學生時重視忠信的實行，所以記的人把忠信特別提出和「文行」並立。這個「四教」，當是出於記者個人的見解，似不是孔門設教有這種分科。

【今譯】孔子以這四件事教學生：古代傳下來的典籍；德行；忠誠；信實。

子曰：「聖人，吾不得而見之矣；得見君子者斯可矣！㊀」

【今註】㊀這章和下章，是孔子評論世人修養所至的話。這章就高的講，下章講次一等的。孔子重視仁，故有「君子去仁，惡乎成名；君子無終食之間違仁」的話。君子當是能夠依於仁以修德的人。

【今譯】孔子說：「聖人，我不能見到了；能見到君子人，我也就很滿意了。」

子曰：「善人，吾不得而見之矣；得見有恆者斯可矣㊀！亡而為有㊁；虛而為盈；約而為泰：難乎有恆矣！」

【今註】㊀爾雅釋詁：「恆，常也。」有恆，是誠實可靠的意思。有恆的人，可以成德；但比起已成德的善人，在孔子意中要差一點。㊁亡音無。釋文：「亡如字，一音無。此舊為別章；今宜與前章合。」按：皇疏似本合為一章；邢疏則又上合「聖人」為一章。

【今譯】孔子說：「善人，我是見不到了；能見到誠實可靠的人，我也就滿意了。沒有，卻裝出好像有；空虛，卻裝出好像充實；窮困，卻裝出好像富裕：這樣的人，就很難做到有恆了。」

子、釣而不綱㈠；弋㈡，不射宿㈢。

【今註】㈠綱字依鳴沙石室佚書本。今各本論語都作綱。經義述聞：「綱乃網之譌。」按：王說極正確。說文通訓定聲以論語借綱為網，實不如說論語網誤作綱。（御覽八三四引鄭注：「綱，謂為大索橫流屬釣。」則後漢時已誤。）㈡弋音翼（一丶），本義為木樁，因音同假為惟。說文：「惟，繳射飛鳥也。」（繳，生絲縷。）㈢射，食亦切。宿，息六切；指宿在鳥巢的鳥而言。

【今譯】孔子釣魚，但不用網罟去捕魚；孔子繳射飛鳥，但不射宿在鳥窠裏的鳥。

子曰：「蓋有不知而作之者㈠；我無是也。多聞、（擇其善者而從之㈡；）多見而識之：知之次也。」

【今註】㈠不，義同無。作，應解作「裝作」。（這個「作」字，和前章「亡而為有、虛而為盈、約而為泰」的「為」字用法相同。）㈢「擇其善者而從之」七個字，乃是上文「三人行」章的文句而錯入這章裏的。這個測議，出於龍宇純君學生時代的讀書報告裏；很合理，亦很有意義。這章必須刪去這七個字，全章的文理才會完全通順。我們在譯文裏沒有把這七個字譯出。

【今譯】孔子說：「世上似有一些人，自己並沒有什麼知識，卻裝作有知識的；我沒有這個毛病。一個人能夠多聞、多見而牢記在心裏，亦就極近於『知』了！」

互鄉難與言㈠。童子見㈡；門人惑。子曰：「與其進也，不與其退也。唯，何甚！人絜己以進㈢，與其絜也，不保其往也㈣。」

【今註】㈠鄭曰：「互鄉，鄉名也。」「互鄉難與言」，是說互鄉的人難與說話。㈡見，賢遍切。㈢絜，從唐石經。廣韻十六屑：「潔，清也。經典用絜。」今本多作潔。㈣集注：「疑此章有錯簡。『人潔』至『往也』十四字當在『與其進也』之前。往，前日也。」按：朱校亦可取；但若把「與其進也不與其退也」九字移到「不保其往也」的後邊，則更合理。這一節的文字句讀似應如下方：

子曰：「唯，何甚！人絜己以進：與其絜也，不保其往也；與其進也，不與其退也。」

「唯」，是孔子對這些疑惑的門人作解釋前的應聲；「何甚」，意為「何必太過呢！」

【今譯】互鄉的人，是著名的難說話。孔子接見了一個從互鄉來的少年；弟子們覺得很不解。孔子說：「唯！我們何必拒人太甚呢！一個人以向善的心來見我們，我們只應贊成他的向善，不必管他以前的行為怎樣；我們要鼓勵他上進，而不應該讓他有甘於自棄的趨向。」

子曰：「仁，遠乎哉？我欲仁，斯仁至矣㊀！」

【今註】㊀欲是歆（ㄒㄧㄣ）羨或喜悅的意思，因而有想要得到的意思。參讀里仁篇：「有能一日用其力於仁矣乎？我未見力不足者！」顏淵篇：「克己復禮為仁；一日克己復禮，天下歸仁焉！」

【今譯】孔子說：「仁是高遠不可及的嗎？我要仁，仁就來到了！」

陳司敗問㊀：「昭公知禮乎㊁？」孔子曰：「知禮！」孔子退；揖巫馬期而進之㊂，曰：「吾聞君子不黨；君子亦黨乎？君取於吳；為同姓㊃，謂之吳孟子㊄。君而知禮㊅，孰不知禮！」巫馬期以告。子曰：「丘也幸！苟有過，人必知之。」

【今註】㊀左文十年傳杜注：「陳楚名司寇為司敗。」㊁昭公，指魯昭公。左昭五年傳：「公如晉；自郊勞至于贈賄，無失禮。晉侯謂女叔齊曰：魯侯不亦善於禮乎？」魯昭公在當時被稱為「知禮」，所以陳司敗有這個問話。㊂仲尼弟子列傳：「巫馬施，字子旗；少孔子三十歲。」（鄭玄曰：魯人。）論語作「期」，假借。劉疏：「夫子見陳司敗，期為介，入俟於庭。及夫子退，期當隨行；而司敗仍欲與語，故揖而進之也。」㊃取音娶。為，于偽切。魯是周公的後代，吳是太伯的後代，都為姬姓。㊄魯君娶的吳女，應稱「吳姬」；但這個稱呼明示昭公違反同姓不婚的禮制，所以改稱為「吳孟子」。㊅「君而知禮」的而，義同如。

【今譯】 陳司敗問道：「昭公懂禮嗎？」孔子說：「懂禮。」孔子離開以後，陳司敗請巫馬期上前，對他說，「我聽說君子是不阿私的；難道君子也阿私嗎！魯君娶了吳女；因為魯和吳是同姓，所以避開『吳姬』的稱號而叫為『吳孟子』。魯君如可算懂得禮，還有誰不懂得禮！」巫馬期把陳司敗的話轉告孔子。孔子說：「丘真幸運！如果我犯了過失，人家一定會知道的。」

子與人歌而善之㊀，必使反之㊁，而後和之㊂。

【今註】 ㊀上虞羅氏鳴沙石室佚書本論語鄭氏注殘卷善字下有之字，似勝於現行各本。㊁反，覆也；這裏意為「再唱一遍」。㊂說文：「咊（ㄏㄜˊ），相應也。」今字作和。和本唱和正字；今亦借用為和平字。唱和字戶臥切，和平字則戶戈切。（孔子世家：使人歌；善，則使復之，然后和之。）

【今譯】 孔子跟人唱歌，如別人唱得好，一定請他再唱一遍，然後自己和他。

子曰：「文莫㈠，吾猶人也；躬行君子，則吾未之有得。」

【今註】㈠論語駢枝：「楊慎丹鉛錄引晉欒肇論語駁曰，燕齊謂勉強為文莫。又方言曰，侔莫，強也；北燕之北郊凡勞而相勉若言努力者謂之侔莫。案說文：忞，強也；慔，勉也。文莫，即忞慔叚借字也。黽勉、密勿、蠠沒、文莫，皆一聲之轉。」按：文莫，指求知言；躬行，則指修德言。

【今譯】孔子說：「黽勉求知，我還趕得上人家；至於做一個身體力行的君子，我自覺還沒有什麼成就。」

子曰：「若聖與仁，則吾豈敢。抑為之不厭，誨人不倦，則可謂云爾已矣㈠。」公西華曰：「正唯弟子不能學也㈡。」

【今註】㈠胡紹勳論語拾義：「云爾，即『有此』。」（廣雅釋詁一：云，有也。）孟子公孫丑篇上：「昔者，子貢問於孔子曰，夫子聖矣乎？孔子曰，聖，則吾不能；我學不厭而教不倦也。子貢曰，學不厭，智也；教不倦，仁也：仁且智，夫子既聖矣！」㈡釋文：「魯讀正為誠；今從古。」

【今譯】孔子說：「說到『聖』和『仁』，那我怎麼敢當。我不過是努力不倦的去做；又不停止的把這事教導別人：這好像是可以說的！」公西華說：「這一點也就是我們弟子所不能做到的。」

子疾，病㈠；子路請禱㈡。子曰：「有諸？」子路對曰：「有之。誄曰㈢：禱爾于上下神祇㈣。……」子曰：「丘之禱久矣。」

【今註】㈠釋文：「一本云『子疾病。』皇本同。鄭本無病字。案集解於子罕篇始釋病，則此有病字非。」按：正平本有病字。㈡包曰，「禱，禱請於鬼神。」（說文：「禱，告事求福也。」）㈢誄（ㄌㄟˇ），禱詞。（說文：「讄，禱也；累功德以求福也。論語云，讄曰，禱爾于上下神祇。」徐灝說文注箋：「讄即誄之異文。」）㈣「禱爾于上下神祇」，當是那時流行的禱詞的首句。（「爾于」似當作「于爾」。）子路禱詞的下文，記論語的人沒有記錄。當是孔子不等子路背完禱詞便說話了。

【今譯】孔子生病；病得很重了。子路問孔子是不是可以祈禱求福。孔子說：「有這樣以祈禱求福的事情嗎？」子路回答說：「有的。誄詞說，向您上下神祇祈求。……」孔子說：「那我的祈禱已很久了。」

子曰：「奢則不孫，儉則固㈠：與其不孫也，寧固！」

【今註】㈠孫（ㄒㄩㄣˋ）音遜。（孫本訓為「子之子」；讀為遜則有恭遜的意義。）固，是固陋的意思。

【今譯】孔子說：「一個人太奢侈就缺少謙遜；太省儉就顯得固陋：與其缺少謙遜，寧可顯得固陋。」

子曰：「君子坦蕩蕩㊀，小人長戚戚㊁。」

【今註】㊀說文：「坦，安也。」㊁說文：「慼，憂也。戚，戉也；戉，大斧也。」戚本為古代一種兵器的名字；古書裏多借用戚為慼。

【今譯】孔子說：「君子心裏坦然平易；小人心裏老是憂愁。」

子、溫而厲㊀；威而不猛；恭而安㊁。

【今註】㊀厲，嚴正。㊁學而篇：「恭近於禮，遠恥辱也。」泰伯篇：「恭而無禮則勞。」恭敬自是美德，但應該用禮來節制；恭能合禮，心自安和。

【今譯】老師、待人溫和而處事嚴正；威儀莊重而性情平易；外貌敬肅而心境舒泰。

卷八　泰　伯

子曰：「泰伯㈠，其可謂至德也已矣！三以天下讓㈡，民無得而稱焉㈢。」

【今註】㈠史記吳太伯世家：「吳太伯，太伯弟仲雍，皆周太王之子，而王季歷之兄也。季歷賢而有聖子昌；太王欲立季歷以及昌。於是太伯、仲雍二人乃奔荊蠻，文身斷髮、示不可用，以避季歷。季歷果立，是為王季；而昌為文王。」㈡集注：「三讓，謂固遜也。」（「三」，是「多」的意思；「三以天下讓」，是說泰伯怎麼也不繼承太王的位。）㈢王曰：「其讓隱，故無得而稱言之者；所以為至德也。」（從「民無得而稱」的話，可知「三以天下讓」是沒有明顯的事實的；亦可知後世經師競解「三讓」的無謂。至於「以天下讓」或「以國讓」的問題，似亦值不得後人的爭論。大概春秋時有太伯讓國的傳說；孔子崇讓，所以稱為「至德」以勵世人。）

【今譯】孔子說：「泰伯，當可以說是有最高德行的人了！他決心把天下讓給別人，而人民卻不知道怎樣稱揚他。」

子曰：「恭而無禮則勞㊀；慎而無禮則葸㊁；勇而無禮則亂；直而無禮則絞㊂。」

【今註】㊀這章的「禮」，指合理的行為規範而言。㊁葸（ㄒㄧˇ），絲里切。集解：「葸，畏懼貌。」㊂絞，古卯切。馬曰：「絞，絞刺也。」鄭曰：「絞，急也。」禮記仲尼燕居：「敬而不中禮謂之野；恭而不中禮謂之給；勇而不中禮謂之逆。」陽貨篇：「好直不好學，其蔽也絞；好勇不好學，其蔽也亂。」（從這章亦可見在孔子意中學問對德行的重要。）

【今譯】孔子說：「一個人、恭敬而不合禮，結果是徒勞而失儀；謹慎而不合禮，往往因過分小心而害事；勇敢而不合禮，便近於暴亂；率直而不合禮，就顯得狠戾。」

「君子篤於親㊀，則民興於仁；故舊不遺，則民不偷㊁。」

【今註】㊀這裏的君子是指在位的人而言的。這和上文講的不同為一事；意義上亦不相關聯。舊時把這章和上章合為一章，當因這章的兩句和上章的四句都用則字引出結論的緣故。集注：「吳氏曰，『君子以下，當自為一章；乃曾子之言也。』愚按此一節與上文不相蒙，而與首篇『慎終追遠』之意相類，吳說近是。」按：集注中所稱的吳氏為吳棫（ㄩˋ），為朱子同時的學者。吳氏這個說法，是有很好的理據的。㊂偷，涼薄。

【今譯】「一個在位的人，能夠對自己的親人厚道，人民就都起而向仁了；能夠不忘記故舊，人民就不至於刻薄了。」

曾子有疾；召門弟子曰：「啟予足㊀！啟予手！詩云㊁：『戰戰兢兢；如臨深淵；如履薄冰。』而今而後，吾知免夫㊂！小子！」

【今註】㊀說文：「瞽（ㄑㄧˋ），省視也。」廣雅釋詁一：「瞽，視也。」王念孫以為論語這章的「啟」是「瞽」的通用字，應訓作視。㊁這裏所引的詩在小雅小旻篇。戰戰兢兢，是恐懼戒慎的意思。（孝經開宗明義章：「身體髮膚，受之父母，不敢毀傷，孝之始也；立身行道，揚名於後世，以顯父母，孝之終也。」）㊂夫音符。

【今譯】曾子病了；召集了他的門人，說：「你們看看我的腳！看看我的手！詩經上說：『戰戰兢兢；好像立在深潭的旁邊；好像踏在薄冰的上面。』現在，我想，我的身體總可以免於毀傷了吧！」

曾子有疾；孟敬子問之㈠。曾子言曰㈡：「鳥之將死，其鳴也哀；人之將死，其言也善。君子所貴乎道者三㈢：動容貌、斯遠暴慢矣；正顏色、斯近信矣㈣；出辭氣、斯遠鄙倍矣㈤。籩豆之事㈥，則有司存㈦。」

【今註】㈠孟敬子，魯大夫仲孫捷；孟武伯的兒子。㈡大概是記這件事情的人，重視曾子臨終時提起精神說話，所以特下一「言」字，以便讀者可以想見力衰聲微的情景。㈢鄭曰：「此『道』，謂禮也。」㈣遠、近都去聲。㈤鄙，鄙陋；倍，借為誖，補妹切。㈥「籩（ㄅㄧㄢ）豆」，是古代盛食物的器皿；「籩豆之事」，是指一切禮制上有定例的事情講。㈦經傳釋詞三：「有，語助也。一字不成詞，則加有字以配之。若虞、夏、殷、周皆國名，而曰『有虞』、『有夏』、『有殷』、『有周』是也。推之他類，亦多有此；故邦曰『有邦』，家曰『有家』，帝曰『有帝』，王曰『有王』，司曰『有司』，正曰『有正』，民曰『有民』，眾曰『有眾』。說經者往往訓為有無之『有』，失之！」有司，指主管的官吏。詩鄭風傳：「司，主也。」說文：「司，臣司事於外者。」士冠禮注：「有司，羣吏有事者。」廣雅釋詁一：「有司，臣也。」

【今譯】曾子病了；孟敬子來看他。曾子言道：「鳥將死的時候，牠的鳴聲是悲哀的；人將死的時候，他說的話是好的。〔我現在告訴你〕一個君子人應該注意到禮在三件事情上的重要：動容貌以禮，便不會暴慢了！正顏色以禮，便可使人信服了！出辭氣以禮，便不會鄙陋誖亂了！至於一切禮節上的定例，那是各有主管的。」

曾子曰：「以能問於不能㈠，以多問於寡；有若無，實若虛；犯而不校㈡：昔者吾友嘗從事於斯矣㈢！」

【今註】㈠「以能問於不能」四句，都是一個有修養的人應有的謙德，不是作偽。㈡校，古孝切，意同計較。劉疏：「韓詩外傳引顏子曰：『人不善我，我亦善之。』即不校之德。」㈢馬曰：「友，謂顏淵。」按：馬注似亦有據。劉疏：「大戴禮曾子疾病篇：曾子謂曾元、曾華曰，『吾無夫顏氏之言，吾何以語女哉！』知顏淵為曾子所甚服也。」

【今譯】曾子說：「自己能力高而向能力低的人請教；自己多聞多見而向聞見不及他的人請教；雖有充實的心得，自覺好像空虛；有人冒犯他，他也不計較：從前我的朋友曾有過這種修養的工夫。」

曾子曰：「可以託六尺之孤㈠；可以寄百里之命㈡；臨大節而不可奪也㈢：君子人與？君子人也㈣！」

【今註】㈠孔曰：「六尺之孤，謂幼小之君也。」㈡孔曰：「寄命，攝君之政令也。」（劉疏：「或謂，『百里之命』，謂民命也：『六尺之孤』謂幼君，『百里之命』謂民命，猶秦誓言『子孫、黎民』也。此義亦通。」）㈢大節，指「見利思義、見危授命」的德操言。㈣與音餘。集注：「設為問答，所以深著其必然也。」

【今譯】曾子說：「可以把幼小的君付託給他；可以把國家的政事交給他；遇到重要的關頭不會改變他的心志的：這是君子人嗎？這是君子人！」

曾子曰：「士，不可以不弘毅㈠；任重而道遠。仁以為己任，不亦重乎！死而後已，不亦遠乎！」

【今註】㈠包曰：「弘，大也。毅，強而能斷也。士弘毅，然後能負重任、致遠路。」按：弘，志量弘大；毅，有毅力。（左宣二年傳：「致果為毅。」）

【今譯】曾子說：「一個志於道的人，不可以沒有弘大而強毅的德性；因為他的責任重大而道途長遠。他把行仁當作自己的職務：這不是最重大的責任麼！他以仁為終身的事情：這不是最長遠的道途麼！」

子曰：「興於詩㈠；立於禮㈡；成於樂㈢。」

【今註】㈠參：陽貨篇「小子何莫學夫詩章」和「子謂伯魚曰章」。㈡參季氏篇「陳亢問於伯魚曰章」和堯曰篇「不知禮無以立也」句。㈢集注：「樂可以養人之性情而蕩滌其邪穢、消融其查滓；學者至於義精仁熟而自和順於道德者，必於此而得之。是學之成也。」

【今譯】孔子說：「詩可以使我們的志氣奮發；禮可以使我們的德操堅定；樂可以使我們的性情和平。」

子曰：「民，可使由之㈠；不可使知之。」

【今註】㈠「可」字意同「能」。（呂氏春秋樂成：「民不可與慮化舉始，而可以樂成功。」）

【今譯】孔子說：「我們能夠使人民照著我們的方法去做，卻很難使他們懂得所以這樣做的道理。」

子曰：「好勇、疾貧；亂也。人而不仁，疾之已甚；亂也㈠。」

【今註】㈠好，呼報切。這章兩節，都是說社會的亂源的。人世的亂源很多，孔子只是偶然想起這兩事而向學生說。（參衛靈公篇：「巧言亂德，小不忍則亂大謀。」）

【今譯】孔子說，「一個人依恃勇力而不能安於貧窮，是容易作亂的。對於一個沒有道德的人，我們如果太過分的厭惡他，亦會招致禍亂。」

子曰：「如有周公之才之美，使驕且吝㈠，其餘不足觀也已㈡。」

【今註】㈠集注：「才美，謂智能技藝之美。驕，矜夸；吝，鄙嗇也。」㈡孔子以為，才能不管怎樣好，設使驕而且吝，則才能亦便毫沒有價值了。（吝於財可鄙；吝於行善則可惡！）

【今譯】孔子說：「一個人就算有周公那樣好的才能，設使犯了驕傲和吝嗇的毛病，那麼，他的一切才能也就不足觀了。」

子曰：「三年學不至於穀㈠，不易得也㈡。」

【今註】㈠釋文引鄭注：穀，祿也。（皇疏：「孫綽曰，穀，祿也。」這個說法，似比以善訓穀為合。）集注：「至，疑當作志。為學之久，而不求祿：如此之人，不易得也。」㈡易，以豉切。

【今譯】孔子說：「一個人求學三年而不想到利祿，是不容易見到的！」

子曰㈠：「篤信好學㈡；守死善道㈢。危邦不入；亂邦不居。天下有道則見㈣；無道則隱。」

【今註】㈠這章當是孔子平時告誡門人的話。㈡好，呼報切。㈢「善道」的善，舊注多以為動詞，固可通，我們以善為形容詞，讀守死為「死守」，則擇善固執的意義似更顯。㈣見，賢遍切。

【今譯】孔子說：「對於學問，要有誠篤的信心，又須勤勉的去求；對於好的道理，一直服膺到死。不進入一個將亂的國家；不留在一個已亂的國家。天下太平的時候，就出來做事；天下不太平，就隱而不出。」

「邦有道，貧且賤焉、恥也；邦無道，富且貴焉、恥也㈠。」

【今註】㈠各本這段合前段為一章。但細審文義，前段六句，可以說都是告門人的格言；而這十八個字則用議論的口氣；似應各自為一章。（「顏淵問為邦」章的「鄭聲淫、佞人殆」兩句，文例和這段相同，乃以解釋前面兩句的。可能孔子怕人不明瞭上文「見、隱」兩句的意義而補說這段的。）

【今譯】「國家政治清明的時候，一個人如果貧窮而且卑賤，是可恥的；國家政治昏亂的時候，一個人如果富有而且居高位，也是可恥的。」

子曰：「不在其位，不謀其政㊀。」

【今註】㊀孔曰：「欲各專一於其職。」（這章文見憲問篇。這「政」似只指各人職務上專管的事言。）

【今譯】孔子說：「不在那個職位上，就不議謀那個職位所管的事。」

子曰：「師摯之始㊀，關雎之亂㊁，洋洋乎盈耳哉㊂！」

【今註】㊀摯音至。鄭曰：「師摯，魯太師之名。」（微子篇：太師摯適齊。）㊁雎（ㄐㄩ），七余切。劉台拱論語駢枝：「始者，樂之始；亂者，樂之終。樂記曰：始奏以文，復亂以武。又曰：再始以著往，復亂以飭歸。皆以『始』『亂』對舉，其義可見。凡樂之大節，有歌；有笙；有閒；有合：是謂一成。始於升歌，終於合樂。是故，升歌謂之始；合樂謂之亂。周禮太師職：大祭祀，帥瞽登歌。儀禮燕及大射皆太師升歌。摯為太師，是以云『師摯之始』也。合樂，周南關雎、葛覃、卷耳，召南鵲巢、采蘩、采蘋，凡六篇；而謂之『關雎之亂』者，舉上以該下，猶之言『文王之三』『鹿鳴之三』云爾。升歌言人；合樂言詩：互相備也。『洋洋盈耳』，總歎之也。自始至終咸得其條理，而後聲之美盛可見。言始、亂，則笙、閒在其中矣。」按：古代奏樂的情形，今難審知。劉說似頗明晰，因詳錄以備學者參考。（參八佾篇「子語魯太師樂」章。）㊂鄭曰：「洋洋盈耳：聽而美之。」

【今譯】孔子說：「太師摯的升歌，關雎的合樂，聲音茂美得很！」

子曰：「狂而不直；侗而不愿㊀；悾悾而不信㊁：吾不知之矣！」

【今註】㊀侗音同（ㄊㄨㄥˊ），義近僮。說文：「僮，未冠也。」引伸為僮蒙、僮昏。愿（ㄩㄢˋ），是謹慎、恭順的意思。㊁鄭注：悾悾（ㄎㄨㄥ），誠慤（ㄑㄩㄝˋ）也。（狂而直，侗而愿，悾悾而信，乃是常情。如果不然，使人更失望！）

【今譯】孔子說：「狂而不能率直；僮蒙而不能恭順；外貌誠懇而言行不可信：這種人真使我失望！」

子曰：「學如不及，猶恐失之㊀！」

【今註】㊀「學如不及」，是說「求學時勤勉用功、好像來不及的樣子」；「猶恐失之」，是說「儘管這樣，還怕學得不好、有所遺失」。（這句話似是用「追逐逃亡的人」作比喻的。）

【今譯】孔子說：「孜孜求學，好像來不及的樣子，還怕有所遺失。」

子曰：「巍巍乎㊀、舜禹之有天下也而不與焉㊁！」

【今註】㊀巍巍，高大的樣子。㊁與音預。毛奇齡論語稽求篇：「漢王莽傳：『太后詔曰，選忠賢，立四輔，羣下勸職：孔子曰，舜禹之有天下也而不與焉。』王充論衡云：『舜承安繼治，任賢使能，恭己無為而天下治：故孔子曰，巍巍乎舜禹之有天下也而不與焉。』此直指任賢使能為無為而治之本。」（孟子滕文公上：孔子曰：「大哉堯之為君！惟天為大；惟堯則之。蕩蕩乎、民無能名焉。君哉舜也！巍巍乎、有天下而不與焉。」）

【今譯】孔子說：「舜禹雖有天下，但是他們任用賢才，自己卻不與治天下：這種行為，真是高得很！」

子曰：「大哉堯之為君也！唯天為大㊀；唯堯則之！蕩蕩乎、民無能名焉；巍巍乎、其有成功也；煥乎、其有文章㊁。」

【今註】㊀「唯天為大」上，各本有「巍巍乎」三字；今依孟子所引刪。㊁劉疏：「煥與奐同。詩卷阿毛傳：『伴奐，廣大有文章也。』廣大釋伴；文章釋奐。」按：「文章」，意同「光明和條理」。

【今譯】孔子說：「堯真是一位偉大的君王！天是最大的了；堯的做人就像天！他的恩德廣遠，百姓都不知道怎樣來讚美；他的功業大；他啟發光大的文明。」

舜有臣五人而天下治㊀；武王曰：「予有亂臣十人㊁。」孔子曰：「才難，不其然乎！唐虞之際㊂，於斯為盛；有婦人焉，九人而已！」

【今註】㊀孔曰：「禹、稷、契、皋陶、伯益也。」治，直利切。㊁這個「亂」字義同「治」。左昭二十四年傳、萇弘引太誓曰，「余有亂十人。」至於「亂臣十人」是那些人，我們現在似難以確知了。（馬融曰，「亂，治也。治官者十人：謂周公旦，召公奭，太公望，畢公，榮公，大顛，閎夭，散宜生，南宮适；其一人謂文母。」按：「舜有臣五人」，我們還可以從堯典取證；武王的「亂臣十人」，左襄二十八年傳正義所引鄭注全同馬注。但沒有先秦書可徵；應闕疑！）㊂際字頗難講。劉疏：「際，猶下也，後也。」這在文理上雖可以說得通，而訓詁的根據則極薄弱。（譯文姑用劉疏說；實則以闕疑為合。）

【今譯】舜有五個臣子而天下太平。武王說：「我有治理政事的十人。」孔子說：「『人才難得』，難道不是嗎！唐堯虞舜以後，武王的時候人才算是最多的了。可是武王的十人裏邊、有一位是婦人；實際上只有九個人！」

「三分天下有其二以服事殷；周之德，其可謂至德也已矣㊀！」

【今註】㊀這二十二字和上章似不相連。舊合上為一章，文理上頗難通。今分出獨自為一章。按：論語這篇的開頭有「泰伯，其可謂至德也已矣！」而在篇末又有「周之德，其可謂至德也已矣！」：這是否編論語的人有意作成這個呼應？實是一疑問。但上章記武王的亂臣和孔子的議論，文意已完。這章二十二字，雖亦可能為孔子的話，但說得突然，又沒有說明誰「服事殷」，顯然有脫落的字句。左襄四年傳：「文王帥商之畔國以事紂。」包咸注論語以這個服事殷的人為文王，當是據左傳的。（周書程典解：「文王合六州之眾奉勤於商。」這恐出於後人的傅會；似難置信。）譯文闕。

子曰：「禹，吾無閒然矣㊀！菲飲食而致孝乎鬼神㊁；惡衣服而致美乎黻冕㊂；卑宮室而盡力乎溝洫㊃。禹，吾無閒然矣！」

【今註】㊀釋文：「閒，閒側之閒。」孟子離婁上：「政不足閒也。」趙注訓閒為非。經傳釋詞：

「然，猶焉也。禮記檀弓曰，穆公召縣子而問然。（鄭注：然之言焉也。）祭義曰，國人稱願然。論語泰伯篇曰，禹，吾無閒然矣。先進篇曰，若由也、不得其死然。孟子公孫丑篇曰，今時則易然也。然字並與焉同義。」㈡菲音斐。㈢黻（ㄈㄨˊ），祭祀時所著的衣；冕，祭祀時所戴的帽。㈣溝洫（ㄒㄩˋ），田間的水道。（古時的溝洫，可以說是對人民生計最重要的工事。）

【今譯】 孔子說：「對於禹，我沒有什麼不滿意的地方了！他自己的飲食菲薄，而對於鬼神的享祀卻很豐厚；他平常穿的衣服很壞，而祭祀時的禮服卻很考究；他自己住的房屋很簡陋，而對於人民農田水利的工程卻能夠不惜費用去做。對於禹，我沒有什麼不滿意的地方了！」

卷九　子罕

子罕言：利，與命，與仁㊀。

【今註】㊀罕，呼旱切。詩大叔于田傳：「罕，希也。」（罕本為網名；因希罕雙聲，故罕有希義。）史記外戚世家：「孔子罕言命者，難言之也。非通幽明之變，烏足識乎性命哉！」論語集解：「利者、義之和也；命者、天之命也；仁者、行之盛也：寡能及之，故希言也。」按：論語裏孔子講利和命固然少，講仁的地方則很多。阮元論語論仁篇：「孔子言仁者詳矣。曷為曰『罕言』也？所謂『罕言』者，孔子每謙不敢自居於仁，亦不輕以仁許人也。」阮說似可供參考。（經文連用兩「與」字，似是古代一種通行的用法。左昭元年傳：「夫弗及而憂，與可憂而樂，與憂弗害：皆取憂之道也。」國語十五：「夫以回鬻國之中，與絕親以買直，與非司寇而擅殺：其罪一也。」又十六：「夏后卜殺之，與去之，與止之：莫吉。」都疊用與字。但本篇裏「子見齊衰者，冕衣裳者，與瞽者。」則只用一與字。）

【今譯】孔子很少講到的：利，和命，和仁。

達巷黨人曰㊀：「大哉孔子！博學而無所成名。」子聞之，謂門弟子曰：「吾何執？執御乎？執射乎？吾執御矣㊁！」

【今註】㊀鄭曰：「達巷者，黨名也。五百家為黨。」㊁鄭曰：「聞人美之，承之以謙。『吾執御』者，欲名六藝之卑也。」（劉疏：「御為六藝之卑，故曲禮、少儀皆言，『問大夫之子：長，曰能御矣；幼，曰未能御也。』子長以『能御』許之；又不及他藝：是御於六藝為卑。」）

【今譯】達巷黨的人說：「孔子真是偉大得很！他博學道藝而不專一名。」孔子聽到這話，對弟子們說：「我要專什麼呢？專駕車呢？專射箭呢？我專駕車罷！」

子曰：「麻冕㊀，禮也；今也純㊁，儉。吾從眾！拜下，禮也；今拜乎上，泰也㊂。雖違眾，吾從下！」

【今註】㊀說文：「冕，大夫以上冠也。」白虎通紼冕篇：「麻冕者何，周宗廟之冠也。冕所以用麻為之者，女工之始，示不忘本也。」孔曰，「冕，緇布冠也；古者績麻三十升布以為之。」（按：八十縷為升；三十升是二千四百縷。古布幅廣二尺二寸。以古尺二尺二寸的廣容二千四百縷，工作的勞費可知。）㊁說文：「純，絲也。論語曰：今也純，儉。」按：絲繒比於三十升的麻布，質雖較麗，工則易成，所以為儉。㊂皇疏：「下，謂堂下也。禮，君與臣燕，臣得君賜酒，皆下堂而再拜：故云，『拜下，禮也。』周末，臣得君賜酒，但於堂上而拜：故云，『今拜乎上，泰也。』」能省民力，便可舍禮從眾；禮不可廢，即違眾亦必守禮！（這可以說是孔子中和意見最嚴正的表示！）

【今譯】孔子說：「用麻布製冕，乃是向來的成例；現在的人用絲繒製冕，可以節省民力；對於這件事，我不從舊禮而從眾。國君賜酒而臣子拜於堂下，乃是正禮；現在的臣子都只在堂上拜謝，實是不恭。我寧可違背眾人，還是堅守拜於堂下的禮！」

子絕四：毋意㊀；毋必㊁；毋固㊂；毋我㊃。

【今註】㊀古書裏無毋二字多通用。史記孔子世家逑文作「無意、無必、無固、無我」。無意，是不空憑意想測度。釋文：「意如字；或於力反，非。」㊁集注：「必，期必也。」㊂固，固執。（一個人能夠不固執，便能從善服義；大舜的「善與人同」，可以說是無固（無我）的好榜樣。不過，「得一善則拳拳服膺而弗失之」，並不算是固執；因為那是說，凡是我們心裏明知的善事，我們切不可放棄。）㊃我，集注訓為「私己」；很對。一個人不可有私心；不可專事利己。「己所不欲，勿施於人。」「人之有技，若己有之；人之彥聖，其心好之、不啻若自其口出。」能夠這樣，才是「無我」！

【今譯】孔子斷絕了四種毛病：他沒有任意測度的毛病；他沒有期必於人的毛病；他沒有固執成見的毛病；他沒有自私自利的毛病。

子畏於匡㈠；曰：「文王既沒，文不在茲乎㈡！天之將喪斯文也㈢，後死者不得與於斯文也㈣！天之未喪斯文也，匡人其如予何！」

【今註】㈠畏，受危難的意思。孔子世家：「孔子適衛。或譖孔子於衛靈公；孔子去衛。過匡，匡人聞之，以為魯之陽虎。陽虎嘗暴匡人；匡人於是遂止孔子，拘焉、五日。弟子懼；孔子曰：『文王既沒，……匡人其如予何！』孔子使從者為甯武子臣於衛，然後得去。」（孔子世家的記載，崔述以為不足信；他在他的洙泗考信錄卷三說：「甯武子之卒，至是已百餘年；甯氏之亡亦數十年：從者將欲為誰臣乎？」莊子秋水篇：「孔子遊於匡；宋人圍之數帀，而弦歌不輟。……無幾何，將甲者進辭，曰：『以為陽虎也，故圍之；今非也，請辭而退。』」這當然亦是戰國時代的傳說。韓詩外傳則以圍孔子的人為匡簡子；說苑雜言篇同。）㈡「斯文」，猶今人所說的「文化」。茲，同此。「此」，似孔子以指他自己的志懷而言。㈢喪，息浪切。㈣後死者，孔子自謂。與音預。

【今譯】孔子在匡的地方受了危難；說：「文王死了以後，文化的傳統不都在我的身上嗎？天如果要斷絕這文化，就不應使我有這個抱負；天如果不想斷絕這文化，我決不怕匡人！」

大宰問於子貢曰㈠：「夫子聖者與㈡？何其多能也！」子貢曰：「固天縱之將聖㈢；又多能也。」子聞之，曰：「大宰知我乎㈣！吾少也賤㈤，故多能鄙事。君子多乎哉？不多也！」

【今註】㈠大音泰。春秋時宋和吳都有大宰的官。鄭玄以為這章的大宰是吳大宰嚭；蓋因左傳屢記吳大宰和子貢談話、而說苑善說篇且有大宰嚭向子貢問「孔子何如」一段的緣故。㈡與音餘。㈢爾雅釋詁：「將，大也。」㈣「知我」下皇本、正平本有「者」字。㈤少，詩照切。

【今譯】大宰向子貢問道：「你的老師是位聖人吧？他為什麼那麼多能呢！」子貢說：「天讓他成為大聖人；並且又讓他多能的！」孔子聽到這回事，說：「大宰真是了解我的人！我因為年輕時貧窮，所以會做許多粗事。一個君子人會需要多能粗事麼？不會的！」

牢曰：「子云：『吾不試，故藝。』㈠」

【今註】㈠鄭曰：「牢，弟子子牢也。試，用也。言孔子自云：『我不見用，故多技藝。』」劉疏：

「此引弟子述孔子語，與前章『少賤、多能』語同。莊子則陽篇『長梧封人問子牢』：子牢名僅見此。漢書古今人表有琴牢；王氏念孫讀書雜志以琴牢為琴張之誤。其說良然。史記仲尼弟子列傳無牢名，當是偶闕。」

【今譯】牢說：「老師說過：『我因為沒有見用於世，所以會通達許多事務。』」

子曰：「吾有知乎哉？無知也！有鄙夫問於我，空空如也㈠；我叩其兩端而竭焉㈡。」

【今註】㈠釋文：「空空，如字。鄭或作『悾悾』，同。」（泰伯篇鄭注：「悾悾，誠愨（ㄑㄩㄝˋ）也。」）㈡劉疏：「叩者，反問之也。」「其」，指鄙夫所問的事理；兩端，意同頭尾。竭，言詳盡的告訴他。

【今譯】孔子說：「我是無所不知的嗎？不是的！如有一個鄙陋的人誠懇的向我請教，我就從他所提出的問題的各方面反問到底而詳盡的告訴他。」

子曰：「鳳鳥不至，河不出圖㈠，吾已矣夫㈡！」

【今註】㈠孔子時或已有鳳鳥和河圖的傳說了。國語周語上：「內史過曰，周之興也，鸑鷟鳴于岐山。」韋解：「三君云，鸑鷟，鳳之別名也。」墨子非攻下：「赤鳥銜珪降周之岐社；曰，天命文王，伐殷有國；泰顛來賓，河出綠圖。」內史過在孔子前；墨子稍後於孔子。他們所稱的傳說，孔子未必會相信；他如果講這話，不過藉世俗的見解以發一時的感歎罷了。（可能孔子這話是在戰國時代這種傳說盛行以後好事者所造出來的！）㈡夫音符。禮運：「河出馬圖，鳳皇麒麟、皆在郊棷。」

【今譯】孔子說：「鳳鳥不來，河也不出圖，我的太平的希望怕就完了罷！」

子見齊衰者㈠、冕衣裳者㈡、與瞽者㈢；見之，雖少、必作㈣；過之，必趨㈤。

【今註】㈠「齊衰」的齊，音資，義同緝，乃是借用為「齎」字的。「齊衰」的衰，七雷切，義為「喪服衣」，乃是借用為「縗」字的。齊衰，是績下邊的喪服。㈡冕是大夫以上的冠。衣是上服；裳是下服。「冕衣裳」，是在尊位的人的盛服。㈢瞽（ㄍㄨˇ）者，瞎子。㈣少，詩照切。包曰：「作，起也。」㈤包曰：「趨，疾行也。」（古時人走路經過別人的面前，趨是一種禮貌。）包曰：「此夫子哀有喪、尊在位、恤不成人也。」

【今譯】孔子對於有喪服的人，在高位的人和眼睛瞎的人；見到他們時，即使他們年紀很輕，孔子也一定站起來；如果經過他們的前面，一定快步示敬。

顏淵喟然歎曰㈠：「仰之、彌高；鑽之、彌堅㈡；瞻之在前，忽焉在後。夫子循循然善誘人㈢，博我以文，約我以禮。欲罷不能㈣，既竭吾才。如有所立卓爾，雖欲從之㈤，末由也已！」

【今註】㈠釋文：「喟，苦位反；又苦怪反。」說文：「喟，大息也。」段注：「論語兩云『喟然歎曰』，謂大息而吟歎也。」㈡鑽，子官切。㈢「循循然」，善誘貌。（循借作誦。說文以誦同誘；實則誦當為訹的或體。）㈣罷，皮買切；義同休、止。㈤前面三個「之」字，指「孔子的道理」講；這個「之」字，似又指「孔子」講。（這章有若干語句我們實難明瞭。）

【今譯】顏淵長歎道：「老師的道理，我仰慕越久，越覺得它的崇高；我鑽研越深，越覺得它的堅實。好像看見它在前面；一下子卻又在後面了！老師循循然的誘導人進善，他使我廣求學識，他使我以禮為主旨。我雖想停止，已是不可能的了；我只得盡了我的力量去做。那高絕的人格好像在那邊；我雖想跟著他，卻沒有方法！」

子疾，病㈠；子路使門人為臣㈡。病閒㈢，曰：「久矣哉由之行詐也！無臣而為有臣㊃！吾誰欺？欺天乎？且予與其死於臣之手也，無寧死於二三子之手乎㊄！且予縱不得大葬，予死於道路乎？」

【今註】㊀包曰，「疾甚曰病。」（說文：「疾，病也。病，疾加也。」按：依許慎的意思，「病」的本來的意思為「疾加」；但後來「疾」「病」二字亦可通用，所以他又用「病」字釋「疾」字。論語這章的「病」字，乃是用它的本義「疾加」的。在我們現在，則「疾」「病」二字完全是同意詞。）㊁使門人為臣，是使門人用家臣的名義預備治喪的事務。㊂方言：南楚、病癒者謂之差，或謂之間。廣雅釋詁一：間，癒也。㊃「久」似應讀作疚。鄭曰：「孔子嘗為大夫，故子路使弟子行其臣之禮。」劉疏：「為即是偽；無臣而偽有臣也。」按：孔子這時並沒有官位，因以子路為行詐。㊄馬曰：「無寧，寧也。」（「二三子之手乎」的「乎」，似應作「也」。）

【今譯】孔子病了；病得一天一天的厲害起來。子路使門人用家臣的名義以預備喪事。後來孔子的病好一點了，說：「仲由的詐偽真使人痛心！我根本沒有家臣，卻要裝做有家臣的樣子！我騙誰？我騙天嗎？我死的時候，與其有什麼臣在身邊送終，我還是願意有我的學生在身邊送終！就算我不得用大官的喪禮，難道就沒有人來料理我的喪事嗎！」

子貢曰：「有美玉於斯，韞匵而藏諸㈠？求善賈而沽諸㈡？」
子曰：「沽之哉！沽之哉！我待賈者也㈢！」

【今註】㈠馬曰：韞（ㄩㄣˋ），藏也；匵（ㄉㄨˊ），匱也：謂藏諸匵中。（鄭注：「韞，裹也。」按：鄭以下面經文出藏字，所以訓韞為裹。「韞匵而藏」，是說「包裹起來藏於匵內。」但這句經文，文理上實不能有這個解釋。所以我們還是用馬注。當然，說「藏在匵裏藏起來」，實犯了言詞重複的毛病。不過這種毛病，比較常見。（我們在譯文中，用一藏字當經文的韞、藏兩字，乃是要使語句比較簡明的緣故。）㈡賈音嫁。善賈，意為高價。價字在漢代似已有，但說文不錄，當是由於沒有盛行的緣故。說文：「賈，市也。」說文這裏的「市」，義同「買」或「賣」。（買和賣都可稱賈。買賣中最要的事情是定貨物所值，因而貨物所值亦稱賈。經典釋文周禮音義於地官司市將「以商賈阜貨」的賈音古，將「以度量成賈」和鄭注「物有定賈」的賈音嫁。並說：「聶氏及沈云，成賈、定賈、奠賈、物賈、其賈、平賈、大賈、小賈、賈賤、恆賈、而賈、故賈，凡十二，音嫁；餘音古。」（釋文的音，雖出自漢魏以後經師，但我們可以說，經師定音，不是承襲舊讀，亦必斟酌語言的聲音，必不會任意杜造。賈有價音，或先秦既然。這在語言本身，似是一種進步。）㈢馬曰：「沽，賣也。」四書考異：「漢石經『沽諸』『沽之哉』的沽、俱作賈。」（按：依說文，則賈字的本義當為「買、賣」；而用於商賈或物賈，實是引申的用法。不過在今本論語裏，商賈和物賈，倒仍用賈字，而買賣兩個意義，則不用本字賈而借用同音字沽。馬本作「沽」，或出古論；而漢石經作賈，當是魯論舊文。經典中賈字用於買或賣的意義的，周禮外左傳國語都有。）皇疏引王弼說：「重言『沽之哉』，賣之不疑也。」（按：重言「沽之哉」，好像現在人說「賣！賣」語急而意決。配合後面一緩句，活畫出孔子對子貢講話的神氣，也寫出孔子隨時可為人世服務的衷誠。）「待賈」的「賈」，作賈人或物價講都可。譯文依朱注。

【今譯】子貢說：「這裏有一塊美玉，我們還是把它藏在匱子裏不讓人見到呢？還是尋一個高價賣了它呢？」孔子說：「賣了它！賣了它！我是在等待一個高價的！」

子欲居九夷㈠。或曰：「陋，如之何？」子曰：「君子居之，何陋之有㈡？」

【今註】㈠「夷」，是指文化較低的民族言。「九夷」，當是夷人所住的地方。（孔子時，魯國境內或有地方名「九夷」的。戰國策秦策有「楚包九夷」的話；魏策有「楚破南陽九夷」的話。也許當時夷人雜居的地方叫「九夷」。宋呂祖謙作大事記，以為孔子曾居陳蔡，去楚地的九夷不遠，所以有意移居。這雖屬臆測，還合情理。至馬融「東方之夷有九種」的話，當是經師的傅會！）㈡「欲居九夷」，或是孔子一時的幻想；「何陋之有！」，則是一個君子人所應有的存心。（孟子盡心篇：「夫君子所過者化；所存者神。」）

【今譯】孔子想要到九夷去住。有人說：「那地方陋得很；怎麼可以住呢！」孔子說：「得有君子住在那裏，便不會陋了！」

子曰：「吾自衛反魯㊀，然後樂正，雅頌各得其所㊁。」

【今註】㊀孔子自衛反魯，據左傳是在魯哀公十一年的冬天。㊁鄭曰：「是時道衰樂廢，孔子來還乃正之，故雅頌各得其所。」（劉疏：「二鄭皆以雅頌得所為整理其篇第。」按劉氏這話，是據鄭玄鄉飲酒禮注和周官大師先鄭注而言的。但從這兩注似亦難斷定二鄭都以「雅頌得所為整理其篇第」。）自來學者都重在孔子的正樂；「樂正」則雅頌便「得其所」了。至於怎樣正樂，怎樣得其所，說不全同。毛奇齡四書改錯：「正樂，正樂章也；正雅頌之入樂部者也。部者所也。」包慎言敏甫文鈔：「論語雅頌以音言；非以詩言也。樂正而律與度協、聲與律諧，鄭衛不得而亂之，故曰得所。」（毛包兩說，劉疏都詳錄。）黃式三論語後案：「各得其所，定其體之分、辨其用之異而已。」（黃氏詳論詩的分體和異用；文長不錄。）這三家可能都有說對的話。不過關於古代的樂制，在不能十分明白的地方，應以闕疑為是。史記孔子世家：「三百五篇，孔子皆弦歌之，以求合韶武雅頌之音。」這便是「樂正」，亦便是「得其所」。我們用司馬遷的話以了解論語這章，或不失經旨。孔子對於音樂教育，十分注意。可惜文獻不足！論語中講到音樂處，現已難全懂了。

【今譯】孔子說：「我從衛國回到魯國，才把音樂教育上不合的地方修正，使雅頌都能用得適當。」

子曰：「出則事公卿；入則事父兄；喪事不敢不勉；不為酒困㈠：何有於我哉㈡！」

【今註】㈠馬曰：「困，亂也。」鄉黨篇：唯酒無量不及亂。㈡意為：「這些事不足自多！」

【今譯】孔子說：「在外能服事長上，在家能侍奉父兄；喪事能盡心力去做；飲酒適量，不及於亂：我雖然能做到這些事，但這又算什麼呢！」

子在川上曰：「逝者如斯夫㈠！不舍晝夜㈡！」

【今註】㈠夫音符。㈡孔子這話，當是把歲月的遷流比作流水的。他說這話，自然有使人愛日、惜陰的功效。但奔流的水，也容易使人想到君子進德修業、自強不息的道理。編論語的人存錄這章，或亦由於這個意思。孟子離婁篇：徐子曰：「仲尼亟稱於水曰，『水哉！水哉！』何取於水也？」孟子曰：「源泉混混，不舍晝夜；盈科而後進，放乎四海：有本者如是。是之取爾！」孟子的話，亦可能是演論語這章的話的。荀子宥坐篇：「孔子觀於東流之水」章，講君子取法自然的修養，亦很有趣；值得一讀。程朱提出「道體」為說，恐反失之太高！

【今譯】 孔子在一條流水的旁邊說：「人世一切的消逝也就是這樣的吧！晝夜一息不停！」

子曰：「吾未見好德如好色者也㊀！」

【今註】 ㊀好，呼報切。孔子這話，是歎世人不能好德像好色一樣。（孔子以為，一個人應當好德如好色；乃竟不見這樣的人，所以興歎。這當是孔子常有的感歎。史記把孔子這話記在「衛靈公與夫人同車」以後，似出於傅會。）衛靈公篇亦記孔子這句話，句首有「已矣乎」三字。

【今譯】 孔子說：「我沒有看見一個喜歡德行像喜歡美色一樣的人！」

子曰：「譬如為山：未成一簣㊀，止；吾止也！（譬如平地）雖覆一簣㊁，進；吾往也！」

【今註】 ㊀包曰：「簣（ㄎㄨㄟˋ），土籠也。此勸人進於道德。」「譬如為山」句，乃全章的總冒；

這章是用「造山」來比進德修業的事情的。「未成一簣」，是說只差一簣土便把預期的山造成了。㈡「雖覆一簣」，是說開始造山、才倒下一簣土的時候。（「雖」，義同「唯」。）「雖覆一簣」，和上面的「未成一簣」相對成文。「譬如平地」四字，在這章裏一點意義也沒有，當是後人所妄加的。不過現在各種版本的論語都有這四字，所以我們加括弧記出。荀子宥坐篇：孔子曰：「如垤而進，吾與之！如丘而止，吾已矣！」這當是荀子約舉論語的大意而成的。荀子雖沒有說「譬如為山」四字，但他這幾句話的意義，純是以「為山」作比喻的。（經文「往」字當是「進」字的形誤。）

【今譯】 孔子說：「人的進德修業，可用堆土造山來作比喻。在只差一簣土一座預期的山便造成的時候，如果這個造山的人卻停止工作而不加上這一簣土：對這樣一個人，我只能算他不會成功了！在剛開始在平地上倒下一簣土的時候，如果這個造山的人立定主意，繼續進行堆土的工作：對這樣一個人，我相信他一定會成功的！」

子曰：「語之而不惰者㈠，其回也與㈡！」

【今註】 ㈠語，魚據切。不惰，指語者講。集解：「顏淵解，故語之而不惰；餘人不解，故有惰語之時也。」㈡與音餘。

【今譯】 孔子說：「不使講的人會覺到疲倦的聽者，只有顏回吧！」

子謂顏淵㊀，曰：「惜乎！吾見其進也；未見其止也。」

【今註】㊀皇疏：「顏淵死後，孔子有此歎也。」（這章的「進」字「止」字，似和「譬如為山」章的「進」「止」字有關。）

【今譯】孔子講到顏淵，說：「他真可惜！我只見他不停的進步；從沒有見他中止不前。」

子曰：「苗而不秀者有矣夫㊀！秀而不實者有矣夫㊁！」

【今註】㊀夫音符。㊁孔子這話，是說一個人才的成就並不是很容易的。（解者有以孔子這話亦是為顏淵而發的。這很可能；孔子對於顏淵的早死，當然有許多痛惜的話。）

【今譯】孔子說：「人像禾一樣：有長了苗而不結穗的！有結了穗而不成實的！」

子曰：「後生可畏；焉知來者之不如今也㊀！四十五十而無聞焉，斯亦不足畏也已！」

【今註】㊀焉，於虔切。這章的話，亦可以說為警戒壯年人而發的。

【今譯】孔子說：「年輕人是不可以小看的；我們怎麼能說下一輩不及我們這一輩呢！不過一個人到了四十五十還沒有什麼可以稱道，那也不會有什麼了不起了！」

子曰：「法語之言㊀，能無從乎？改之為貴！巽與之言㊁，能無說乎㊂？繹之為貴㊃！說而不繹；從而不改：吾末如之何也已矣！」

【今註】㊀法，嚴正貌。語，魚據切。㊁巽（ㄒㄩㄣˋ），柔順貌。㊂說音悅。㊃繹（ㄧˋ），尋繹；仔細理會。

【今譯】孔子說：「嚴正的對一個人說話，他能不聽麼！最要緊的是，他能用這種話改正他的行為。委婉的對一個人說話，他能不喜歡麼！最要緊的是，他能尋繹這種話真正的意思。如果對說得委婉的話只是喜歡而不去了解；如果對說得嚴正的話只是外表聽從而不用來改正自己：對這種人，我實在沒有辦法！」

子曰：「主忠信；毋友不如己者；過則勿憚改㊀。」

【今註】㊀這幾句話已見學而篇「君子不重則不威」章。

子曰：「三軍，可奪帥也；匹夫，不可奪志也㊀。」

【今註】㊀從這章可以看出孔子是能夠尊重個人獨立的人格的。孟子所謂「富貴不能淫、貧賤不能移、威武不能屈」的「大丈夫」，亦就是有不可奪的意志的人。

【今譯】孔子說：「三軍的力量雖大，但敵人可以奪去他們的主帥；匹夫如果有堅定的意志，是不會被任何強力所改變的。」

子曰：「衣敝縕袍、與衣狐貉者立而不恥者㊀，其由也與㊁！」

【今註】㊀衣，於既切。縕（ㄩㄣˋ），亂麻；縕袍，如現在的綿袍。狐貉（ㄏㄜˊ），狐裘貉裘（用狐貉的皮製成的）。說文：「貈（ㄏㄜˊ），似狐，善睡獸也。論語曰，狐貈之厚以居。」廣韻貉同貈，音下各切。㊁與音餘。

【今譯】孔子說：「穿了破袍子和穿了狐裘貉裘的人站在一起而不覺得難為情的，只有仲由吧！」

「不忮不求，何用不臧㈠！」子路終身誦之。子曰：「是道也，何足以『臧』㈡！」

【今註】㈠這一段，當自為一章；皇邢朱三家都以合於上章。（劉疏本依孔廣森經學卮言說分出獨自為一章。）「不忮不求，何用不臧！」見詩邶風雄雉篇。毛傳：「忮（ㄓˋ），害；臧，善也。」「不忮不求、何用不臧」，是說一個人能夠不嫉妒、不貪求，是不會不好的。㈡「不忮不求，何用不臧！」：這兩句詩實在是值得終身常誦的！孔子決不會以子路常誦這兩句詩為不對而批評他。孔子所以說「是道也，何足以臧！」完全是對子路的戲言。子路常誦這兩句詩，孔子聽到，心裏必很喜悅。心裏喜悅而發戲言，這和孔子對子游說「割雞焉用牛刀」是一樣的情形。「何足以臧」的「臧」字，不可再訓為「善」。因為孔子說的是戲言，我們應當從戲言的情形來講「臧」字。一個講法，是把臧字作為臧匿的臧。孔子說，「這是道理呀，怎麼可以藏呢！」孔子故意把訓「善」的臧認作訓「匿」的臧以發一笑。又一個講法是把用在「何足以臧」的臧字看作沒有意義的，只是取它的聲。子路時常唸這兩句詩。而這兩句詩的末字為「臧」。可能子路唸這句詩時，把「臧」字讀得比較重，拉得比較長，所以別人好像只聽見子路老在那邊唱個「臧」字。孔子所說的「何足以臧」的「臧」字，乃是模擬子路所唸的「何用不臧」的「臧」字。孔子說，「這個道理，平常得很，怎麼值得老是這樣

『臧』下去呢！」自然，孔子並不是真的說值不得；他只模擬子路唸「臧」字的聲音，表明這是向子路講笑話。（譯文用前一義。）

【今譯】「不忮不求，何用不臧！」子路常常唸這兩句詩。孔子說：「這是道理呀，怎麼可以『藏』呢！」

子曰：「歲寒，然後知松柏之後彫也㈠！」

【今註】㈠釋文：「彫，依字當作凋。」說文：「凋，半傷也。」論語各本都作彫，唯皇疏除文明本作彫外，諸本俱作凋。後凋，凋落比別的樹木為後；松柏耐寒而不容易凋落。（荀子大略篇：「歲不寒無以知松柏；事不難無以知君子。」）

【今譯】孔子說：「到了天氣寒冷的時候，我們才知道松柏的不容易凋落！」

子曰：「知者不惑㈠；仁者不憂；勇者不懼㈡。」

【今註】㈠知音智。㈡這三句又見憲問篇。申鑒卷五雜言下：「君子樂天知命故不憂；審物明辨故不惑；定心致公故不懼。」（「樂天知命故不憂」，見易繫辭上。）

【今譯】孔子說：「有智慧的人不會疑惑；有仁德的人不會憂慮；有勇的人不會恐懼。」

子曰：「可與共學㈠，未可與適道㈡；可與適道，未可與立；可與立，未可與權。」

【今註】㈠與，義同「以」。共學，指共同講習。（淮南子氾論訓：孔子曰：「可以共學矣，而未可與適道也；可與適道，未可以立也。可以立，未可與權！」）㈡適，義同「之」，有「達到」的意思。這章的意思，不十分清楚；「立」和「權」兩字，意義尤難明白。（譯文實不應有！）

【今譯】孔子說：「可以讓一個人共同講習，他未必就可以學到好的道理；可以學到好的道理，未必就能有所立；可以有所立，未必就能權衡得當。」

「唐棣之華，偏其反而。豈不爾思，室是遠而㈠！」子曰：「未之思也夫㈡！何遠之有㈢！」

【今註】㈠這四句當是孔子弟子當時所誦的詩。（現在詩經上沒有這四句；集解集注都以為逸詩。）唐棣（ㄉㄧˋ），見爾雅釋木。華，同花。「偏其反而」，意義不很可懂。譯文姑依集注。集注說：

「上兩句無意義，但以起下兩句之辭耳。」㊁夫音符。㊂孔子評詩的話，乃是戲言！他聽見學生誦這四句詩，一時高興，便作了這個批評。記錄的弟子，當然亦知道老師的話是戲言；但因為這個戲言亦有幾分意思，所以便記錄下來而流傳到現在。這雖是一種臆測，但或許符合當時的情形。皇疏和邢疏竟把這章合上章為一章，使讀者更為惑亂。

【今譯】「唐棣的花，翩然在搖動。我難道不想念你；但是你的家實在太遠了！」孔子說，「恐怕並沒有想念吧！〔要是真的想念，〕那〔還會〕有什麼遠！」

卷十　鄉黨

孔子於鄉黨，恂恂如也㊀，似不能言者。其在宗廟朝廷㊁，便便言㊂，唯謹爾！

【今註】㊀釋文：「恂音荀，又音旬。」鄭注：「恂恂，恭慎貌。」集注：「似不能言者，謙卑遜順、不以賢知先人也。鄉黨，父兄宗族之所在；故孔子居之，其容貌辭氣如此。」㊁朝，直遙切。下同。㊂便，旁連切。鄭曰：「便便，辯也。雖辯而敬謹。」（按：孔子世家作「辯辯言」。集注：「宗廟，禮法之所在；朝廷，政事之所出：言不可以不明辨，故必詳問而極言之；但謹而不放爾。」集注：「此一節，記孔子在鄉黨、宗廟、朝廷言貌之不同。」按：鄉黨篇舊不分章。（釋文：「此篇凡一章。」）邢疏分為二十一節；集注分為十七節。我們現在的分節，全從集注。　鄉黨篇大致是記孔子生平的行為的；但篇中有許多地方恐怕是出於傳說，或雜記當時的儀文的。

【今譯】孔子在家鄉，態度恭慎，好像不能說話的樣子。他在宗廟和朝廷中，言詞明辨；不過說話的態度是很謹慎的。

朝，與下大夫言，侃侃如也㈠；與上大夫言，誾誾如也㈡。君在，踧踖如也；與與如也㈢。

【今註】㈠侃（ㄎㄢˇ），苦旦切。孔曰：「侃侃，和樂之貌。」劉疏：「爾雅釋詁：衎（ㄎㄢˋ），樂也。侃衎古通，故注訓侃為和樂。」㈡誾（ㄧㄣˊ），魚巾切。孔曰：「誾誾，中正之貌。」（說文：「誾，和說而諍也。」）㈢踧（ㄘㄨˋ），子六切；踖（ㄐㄧˊ），子亦切。與音餘。馬曰：「踧踖，恭敬之貌；與與，威儀中適之貌。」（皇疏：「與與，猶徐徐也。」）集注：「此一節、記孔子在朝廷事上接下之不同也。」

【今譯】在朝中，孔子和下大夫談話，顯得非常和樂的樣子；和上大夫談話，顯得很嚴正的樣子；國君在場，便保持著恭敬而安和的樣子。

君召使擯㈠，色，勃如也㈡；足，躩如也㈢。揖所與立，左右手；衣前後、襜如也㈣。趨進，翼如也㈤。賓退；必復命曰：「賓不顧矣㈥！」

【今註】㈠釋文：「擯（ㄅㄧㄣˋ），必刃反。本又作儐；亦作賓。」（說文：「儐，導也。擯，儐或從手。」）周禮司儀注：「出接賓曰擯；入詔禮曰相。」㈡鄭注：「勃，謹莊貌也。」按：勃，借為孛。說文：「孛，孛也。人色也，故從子。論語曰，色，孛如也。」孛含有壯盛意。㈢躩（ㄐㄩㄝˊ），丘縛切。包曰：「足躩如，盤辟貌。」（皇疏：「盤辟，即是足轉速也。」段說文注：「盤，當作般。般辟，漢人語，謂退縮旋轉之貌也。」）㈣襜（ㄔㄢ），赤占切。鄉黨圖考：「襜襜，動搖之貌。」說文通訓定聲：「襜如也：按開張之貌。」㈤孔曰：「言端好。」㈥「賓不顧矣」，即是「賓已經去了！」集注：「此一節、記孔子為君擯相之容。」

【今譯】君上命令孔子招待國賓，孔子顏色勃勃有神的，腳步很輕快的。他向兩旁的人作揖：向左、手左，向右、手右；他的衣服也前後擺動，很開張的樣子。快步向前時，儀容是端正的。國賓已退，便向君上報告說：「賓不回顧了！」

入公門，鞠躬如也；如不容㈠。立不中門；行不履閾㈡。過位，色、勃如也；足、躩如也；其言似不足者。攝齊升堂㈢，鞠躬如也；屏氣似不息者。出，降一等，逞顏色，怡怡如也。沒階㈣，趨進㈤，翼如也。復其位，踧踖如也。

【今註】㈠公門，君門；鞠躬，謹敬的樣子。集注：「公門高大、而若不容，敬之至也。」㈡釋文：閾（ㄩˋ），于逼反，一音況逼反；門限也。㈢說文：「攝，引持也。」段注：「凡云『攝』者，皆整飭之意。」齊，借作齎（ㄗ）。釋文：「齊音資，裳下也。篇末皆同。」孔曰，「衣下曰齊。攝齊者，摳衣也。」（論語駢枝：「攝，斂也，整也。舉足登階，齎易發揚，故以收斂整飭為難。傳記言攝衣，未有解為摳衣者。」按，駢枝以孔說為誤；而論語補疏則說：「升堂上加攝齊二字，所以別於執圭之升堂也。孔氏以摳衣解之，精不可言。」焦似是以匡正劉說的。）㈣皇疏：「沒，猶盡也；盡階，謂下階級盡，至平地時也。」㈤釋文：「沒階趨；一本作『沒階趨進』，誤。」唐石經、正平本、皇本、元翻廖本，都有進字；朱依陸氏說刪去。臧琳經義雜記：「史記孔子世家作沒階趨進；儀禮聘禮注引論語同。趨進者，趨前之謂也。進字不作入字解；舊有此字，非誤。」按：進字似誤衍。集注：「此一節、記孔子在朝之容。」（這節以前，記「君召使擯」；這節以後，記「執圭」的容儀；而鄭玄注儀禮聘禮記，又引這節的文作說明。所以清代學者（如劉端臨）便以這節和下節都是記孔子為聘賓的事的。因而解上文的「公門」為「所聘之國」的公門；解「復其位」為「復聘賓」的位。按：孔子做過聘賓沒有，是一問題。我們若以這節為在本國朝君的禮，以下節為在他國做聘賓的禮，於理亦可通。人臣見君，無論在己國或在他國，有許多儀容是相同的。鄭君用這節注聘禮記，並不足證這節為聘禮。）

【今譯】孔子入君門時，態度謹敬；好像國君的門容不下他的樣子。他不站在門中央；他不踏上門限。經過君位的前面，容色很莊敬，腳步也迅速；說話好像不能說的樣子。提起下裳登上堂階的時候，很謹敬；閉住鼻息，好像沒有呼吸似的。出堂降階一級，容色便不緊張；顯得和悅的樣子。下完了臺階，便恭敬的疾向前走。到了自己原來的位子，保持著敬慎的樣子。

執圭㊀，鞠躬如也；如不勝㊁。上如揖，下如授㊂；勃如戰色㊃；足蹜蹜、如有循㊄。享禮㊅，有容色；私覿㊆，愉愉如也。

【今註】㊀說文：「圭，瑞玉也。」包曰：「為君使聘問鄰國，執持君之圭。」㊁勝音升。說文：「勝，任也。」（勝任平聲；勝負去聲。）執圭而「如不勝」，乃極言執圭人的謹敬。（聘禮記：「執圭，入門、鞠躬焉，如恐失之。」曲禮：「凡執主器，執輕如不克。」）㊂集注：「上如揖；下如授：謂執圭高不過揖、卑不過授也。」（這兩句異解多；我們取集注為例。）㊃勃如，壯盛的樣子。鄭曰：「戰色，敬也。」㊄鄭曰：「足蹜蹜（ㄙㄨˋ）如有循：舉前曳踵行也。」（皇疏：「循，猶緣循也。」）㊅鄭曰：「享，獻也。聘禮：既聘而享；享用圭璧，有庭實。」（皇疏：「享者，聘後之禮也。諸侯朝天子為朝；使臣禮主國之君為聘。聘，問也：使臣來問『安否』也。其禮質敬，唯有瑞玉表至誠而已。朝聘既竟，次行享禮。享者獻物也。亦各有玉，不與聘同。又皆有物將之；或用皮馬，或用錦綉。又獻土地所生；羅列滿庭，謂之庭實。」劉疏：「聘記云，及享，發氣焉盈容。注云：『發氣，舍氣也。孔子之於享禮有容色。』按舍與舒同，謂顏色舒解。」㈦鄭曰：「覿，見也。既享乃以私禮見。愉愉，顏色和。」（覿，ㄉㄧˊ）（皇疏：「聘享公禮已竟，別日使臣私齎己物以見於主君，故謂為私覿也。」）集注：「此一節，記孔子為君聘於鄰國之禮也。」（按：這或是當時禮文；未必是孔子一人的儀容。）

【今譯】拿著圭，很謹慎；好像拿不起的樣子。拿得高的時候，好像作揖；拿得低的時候，就好像給人家東西一樣：容色莊而敬。移步時腳尖稍起而後跟不離地，好像是循著什麼走的。到了聘畢行享禮時，容色舒暢；享後行私見禮，容色便顯得和悅了。

君子不以紺緅飾㈠；紅紫不以為褻服㈡。當暑，袗絺綌㈢；必表而出㈣。緇衣羔裘；素衣麑裘，黃衣狐裘㈤。褻裘長，短右袂㈥。必有寢衣，長一身有半㈦。狐貉之厚以居㈧。去喪㈨，無所不佩。非帷裳，必殺之㈩。羔裘玄冠不以弔⑪。吉月⑫，必朝服而朝。

【今註】㈠邢疏：「君子，謂孔子也。」（按：禮運記言偃當面問孔子「君子何歎」。孟子盡心下：「君子之厄於陳蔡之閒。」趙注：「君子，孔子也。」）紺，古暗切。說文：「紺（ㄍㄢˋ），帛深青而揚赤色也。」（段注：「今之天青。亦謂之紅青。」）緅，音鄒（ㄗㄡ）。說文：「纔，帛雀頭色也。一曰，微黑色，如紺。」（段注：「今經典緅字，許無；纔即緅字也。」）鄭注：「飾，謂純緣也。」（爾雅釋器：「純謂之緣。」郭注：「衣緣飾也。」按：衣服邊飾叫做純，亦叫做緣。）㊁說文：「褻（ㄅㄧㄝˋ），私服。」王曰，「褻服，私居服，非公會之服。」（這兩個「不以」的原因，或為當時的風氣；或為個人的嗜好：後人似不必勉強推測。）㊂袗，邢、朱、廖本同；釋文、唐石經作袗；正平本、皇本作縝。曲禮「袗絺綌」：玉藻袗作振。袗（ㄓㄣˇ），單。絺（ㄔ），細葛；綌（ㄒㄧˋ），粗葛。㊃表，上衣。皇疏：「當暑絺綌可單；若出，則必加上衣。」「必表而出」依正平本、皇本；唐石經、邢、朱、廖本出下有「之」字。㊄孔曰，「服皆中外之色相稱也。」（古禮，衣裘必加裼衣。這三句裏的「衣」，都指裼衣說。）緇，帛黑色；羔，小羊。劉疏：「經傳凡言羔裘，皆謂黑裘。」素，白色的細繒；麛，小鹿；麛音迷。（各本麛作麑；今據玉藻注和聘禮注所引論語訂。依說文，鹿子字當作麛。）劉疏：麛裘之色，當亦近白。狐，色黃。㊅褻裘，家居常穿的裘。胡紹勳拾義：「說文：又，手也。單言手不言右手，明又為兩手之統詞。右袂（ㄇㄟˋ）之右，即又之同音借字。袂獨短者，或較禮服之裘稍短，或因褻裘之長而適形其短。」（夏炘亦說：「右袂，即世俗所謂手袖也。」按：「右袂」當存疑。）㊆鄭注：「寢衣，今小臥被是也。」說文：「被，寢衣也；長一身又半。」宋程子以為「必有寢衣長一身有半」九字，應當在後文「齊必有明衣布」下。㊇這裏的「居」，和「居、吾語汝」的「居」同，義為「坐」。「狐貉之厚以居」，是說，把狐貉皮厚的部份做坐褥。（狐貉，說文引作狐貈。段注：凡狐貉連文，貉當作貈。）㊈去，起呂切。

⑩殺，所拜切。鄭注：「帷裳，謂朝祭之服、其制正幅如帷也。非帷裳者，謂餘衣也。殺之者、削其幅使縫齊倍腰也。」（皇疏引。「縫齊倍腰」，是說下擺為腰圍的一倍。禮記深衣「要縫半下」，即「縫齊倍腰」。按：「非帷裳、必殺之」，當是那時服制普通的式樣。）⑪孔曰：「喪主素，吉主玄：吉凶異服。」⑫「吉月」，集解集注都釋為「月朔」；但王引之以「吉月」為「告月」的譌文。（按：王說極有理。但告月（視朔）亦應在月朔，所以我們的譯文裏仍用「月朔」。）集注：「此一節、記孔子衣服之制。蘇氏曰：此孔氏遺書雜記曲禮，非特孔子事也。」

【今譯】 君子不用紺色和緅色做衣服的緣邊；不用紅紫做私居的衣服。在熱天，可穿單的細葛衣或粗葛衣；但出門時必須加上外衣。黑裼衣配紫羔皮裘；白裼衣配小鹿皮裘；黃裼衣配狐皮裘。家居常穿的皮衣很長，不過手袖比較短。（必須有小臥被；比人要長半身。）用狐貉的厚皮當坐褥。喪服已除，什麼都可以佩帶。除了帷裳，別的衣服要有殺縫。不用紫羔皮裘和黑禮帽去弔喪。月朔，必穿朝服朝君。

齊㈠，必有明衣㈡；布㈢。齊，必變食㈣；居、必遷坐。

【今註】 ㈠齊（ㄓㄞ），側皆切。這個齊字，借用作齋字。說文：「齋，戒絜也。」（古人要接於神明（如行祭祀禮）時，須先齋戒。禮記祭統：「君子之齊也，專致其精明之德也。」古書裏用齊字為齋字的地方很多。最初當只有齊字，後乃加偏旁而成齋字；因筆畫重複而減去兩畫。）㊁明衣，是齋戒時沐浴後所穿的親身衣。㊂宋程子以為「布」字下應有「必有寢衣，長一身有半。」一句。㊃集注：「變食，謂不飲酒、不茹葷。遷坐，易常處也。」按：「不飲酒、不茹葷」為「祭祀之齋」，見莊子人間世。（禮記玉藻注：「葷者，薑及辛菜也。」後世以茹葷為食肉，而於薑薤（ㄒㄧㄝˋ）反不禁；又，後世齋時不食肉，而古代則齋時食肉或更多；這是古今的不同。）集注：「此一節、記孔子謹齊之事。」

【今譯】齋戒時，必須有沐浴後所穿的親身衣，用布做的。（必須有小臥被，比人要長半身。）齋戒時，必須改變平常吃的東西；必須改變平常坐息的地方。

食不厭精㊀，膾不厭細㊁。食饐而餲㊂、魚餒而肉敗㊃，不食；色惡，不食；臭惡㊄，不食；失飪㊅，不食；不時㊆，不食；割不正㊇，不食；不得其醬㊈，不食。肉雖多，不使勝食氣㊉。唯酒無量；不及亂(一一)。沽酒、市脯(一二)，不食。不撤薑食(一三)；不多食。祭於公，不宿肉：祭肉，不出三日；出三日，不食之矣(一四)！食不語；寢不言(一五)。雖疏食、菜羹，必祭(一六)；必齊如也(一七)。

【今註】㈠食音嗣；義同飯。（下文「食饐」的食同。）厭有飽義，因而有厭足、厭惡的意義。精，上等米；引申有精緻的意義。㈡膾（ㄎㄨㄞˋ），細切的肉。集注：「食精則能養人；膾麤則能害人。不厭，言以是為善，非謂必欲如是也。」㈢皇疏：「饐（ㄧˋ），謂飲食經久而腐臭也；餲，謂經久而味惡也。」餲，烏邁切；一音遏。㈣集解：「魚敗曰餒（ㄋㄟˇ）。」㈤集注：「色惡、臭惡、未敗而色臭變也。」（色臭，指烹前的色臭講。）㈥方言：「飪（ㄖㄣˋ），熟也。」失飪，是不熟或過熟的意思。（禮記文王世子鄭注：「飪，生熟之節。」）㈦鄭注：「不時，非朝、夕、日中時。」一日裏邊，吃東西應有定時；不到定時不食。（禮記王制：「五穀不時，果食未熟，不粥於市。」這是「不時不食」的另一種解釋。）㈧集注以方正釋正，似不妥。「割不正」，當是說「割的方法不正當」。不過怎麼是割的正當方法，我們也只得闕疑。㈨設食必有醯（ㄒㄧ）醬，自古已然。曲禮：「膾炙處外；醯醬處內。」凡魚肉各有氣味相宜的醬。馬曰，「魚膾非芥醬不食。」只舉一例講。「其醬」的「其」，指相配的食物。㈩「食氣」的食，釋文「如字」；集注「音嗣」。按：集注是。劉疏：「周官瘍醫五氣，即五穀之氣。人食肉多則食氣為肉所勝而或以傷人。」⑪亂，醉。⑫沽酒市脯，從市上買來的酒脯。「不食」，當是怕這種市上出賣的酒脯有害身體健康的緣故。⑬古人以薑為禦風濕的菜，有去臭氣、通神明的功效，所以不撤。⑭祭肉，指家祭的肉。⑮大雅公劉傳：「直言曰言；論難曰語。」（說文同。）食時寢時本不應有言語。若不得已，則食時尚可作簡單的說話，寢時則什麼都不應有。（當然，若有危急，則寢亦可言！）⑯疏食（音嗣），粗飯。「必」，

【今譯】坐席若不端正，不坐。

鄉人飲酒，杖者出㊀，斯出矣！鄉人儺㊁，朝服而立於阼階㊂。

【今註】㊀「杖者」，老年人。（王制：「五十杖於家；六十杖於鄉；七十杖於國；八十杖於朝。」）㊁儺（ㄋㄨㄛˊ），諾何切；古代一種驅逐疫鬼的舉動。㊂阼（ㄗㄨㄛˋ）階，東階；是主人上下的階。孔曰：「恐驚先祖，故朝服而立於廟之阼階。」集注：「此一節、記孔子居鄉之事。」

【今譯】行鄉飲酒禮的時候，老年人走了，就應該走了。鄉人驅逐疫鬼的時候，便穿著朝服立在祖廟的東階上。

問人於他邦㊀，再拜而送之㊁。康子饋藥㊂，拜而受之；曰：「丘未達，不敢嘗。」

【今註】㊀問，有問訊、問候、慰問等意義，又有饋遺的意義。周禮大宗伯：「時聘曰問」；儀禮聘禮：「小聘曰問。」禮記曲禮：「凡以弓劍、苞苴、簞笥問人者。」注：「問，猶遺也。」詩女曰雞鳴：襍（ㄗㄚˊ）佩以問之。左成十六傳：問之以弓。哀十一傳：使問弦多以琴。這些問字，都應訓

「贈送」。㊁「之」，指使者。拜送使者，乃是向所問的人示敬。㊂饋（ㄎㄨㄟˋ），饋遺。（說文段注：「饋之言歸也；故饋多假歸為之。論語『詠而饋』、『饋孔子豚』、『齊人饋女樂』：古文皆作饋；魯皆作歸。鄭皆從古文。今本集解陽貨、微子篇作歸：依集解引孔安國語，則當作饋也。今字以餽為饋；此乃假借。其義本不相通也。孟子『餽孔子豚』，漢禮樂志『齊人餽魯而孔子行』，已作此字。」）集注：「此一節、記孔子與人交之誠意。」

【今譯】使人到別國去問候（或饋贈）朋友時，送使人時行再拜禮。季康子贈藥給孔子，孔子拜而收藥；並說：「我對這藥的用法，還沒有知道清楚，所以不敢嘗試。」

廄焚㊀。子退朝；曰：「傷人乎？」不問馬㊁。

【今註】㊀廄，馬房。（廄，ㄐㄧㄡˋ）㊁禮記雜記：「廄焚，孔子拜鄉人之為火來者。」據雜記，則廄是孔子的家廄；鄭玄亦以「退朝」為「自魯君之朝來歸」。但鹽鐵論刑德篇：「魯廄焚；孔子罷朝，問人不問馬：賤畜而重人也。」是漢世學者有以廄為國廄的。譯文從鄭注。集注以這十二字為一節。弟子所以記這事，當然是要明孔子重人輕物的意思。禮記檀弓記孔子的話：「吾聞之也：敝帷不棄，為埋馬也。」仁人愛物，孔子自亦當然。孔子的不問馬，必有不須問的理由；當不是故意不問的。

【今譯】馬房失火了。孔子從朝中回來，說：「傷了人麼？」沒有問馬。

君賜食，必正席先嘗之㈠；君賜腥㈡，必孰而薦之㈢；君賜生，必畜之㈣。侍食於君，君祭、先飯㈤。疾、君視之，東首㈥，加朝服，拖紳㈦。君命召，不俟駕行矣㈧。

【今註】㈠食，煮熟的食物。先嘗，表示對君的敬意；嘗過乃以分賜。㈡腥音星，沒有經過烹調的肉。㈢生孰字古書多作孰；熟字始見於顧野王玉篇。薦，祭於祖先。㈣生，活的畜牲。畜，養。集注：「畜之者，仁君之惠，無故不敢殺也。」㈤祭，指食時的祭。皇疏：「禮，食必先取食、種種出片子、置俎豆邊地，名為祭。祭者，報昔初造此食者也。君子得惠不忘報，故將食而先出報也。當君正祭食之時，而臣先取飯食之，故云『先飯』。飯，食也。所以然者，亦為君先嘗食，先知調和之是非也。」（「祭食」，已詳於上文「食不厭精」節注中。這裏引皇疏，是要使讀者略知六朝時疏講文字的大概。）飯，扶晚切。㈥東首，頭向東方。首，手又切。（首訓頭，上聲；含有動意，去聲。）㈦拖，同拕。紳（ㄕㄣ），大帶。㈧俟（ㄙˋ），等待。鄭曰：「急趨君命，出行而車駕隨之。」（孟子公孫丑篇：「禮曰：君命召，不俟駕。」）集注：「此一節、記孔子事君之禮。」

【今譯】君上賜熟食，必正席坐下先嘗，再以分賜；君上賜生肉，必煮熟而薦於祖先；君上賜活物，必把牠養在那裏，等祭祀時再用。陪君上吃飯，君上祭，便先替君上嘗飯。孔子生病時如君上來探視，孔子頭向東臥，上加朝服，拖著大帶。君上召見，不等車駕便行了。

入大廟，每事問㊀。

【今註】㊀大音泰。這一句亦見八佾篇。鄭曰：「為君助祭也。大廟，周公廟也。」（皇疏：「舊通云，前是記孔子對或人之時，此是錄平生常行之事。故兩出也。」）

【今譯】進入大廟，對每件不明白的事都要向人請教。

朋友死、無所歸㊀。曰：「於我殯！」朋友之饋，雖車馬，非祭肉不拜㊁。

【今註】㊀孔曰：「無所歸，無親昵也。」「於我殯（ㄅㄧㄣˋ）」句，包括喪事的一切責任講。㊁孔曰：「不拜者，有通財之義也。」集注：「此一節，記孔子交朋友之義。」

【今譯】朋友死了，若沒有親近的人主喪，孔子就說：「我來主喪！」朋友有所饋遺，除了祭肉以外，即使是車馬，也不行拜禮。

寢不尸㈠；居不客㈡。見齊衰者㈢，雖狎必變。見冕者與瞽者，雖褻必以貌。凶服者式之；式負版者㈣。有盛饌，必變色而作。迅雷、風烈，必變㈤。

【今註】㈠包曰：「不偃臥四體、布展手足、似死人也。」㈡「客」字依陸德明經典釋文和唐石經。邢本、朱本、廖本、正平本、皇本都作「居不容」。段玉裁說：「論語『寢不尸、居不客』，謂生不可似死；主不可似客也。今本誤作『不容』。」（按：臧琳己主張從陸氏作「客」字；但段說較明晰。）㈢齊音資；衰，七雷切。㈣式是古代乘車的人一種禮貌。皇疏：「古人乘露車，皆於車中倚立。倚立難久，故於車箱上安一橫木以手隱憑之，謂之為較。又於較之下未至車床半許安一橫木，名為軾。若在車上應為敬時，則落手憑軾。憑軾則身俯僂，故云『式之』。」邢疏：「式者，車上之橫木。男子立乘；有所敬則俯而憑式，遂以式為敬名。」負版者，舊注以為是「持邦國之圖籍」的人。武億和朱彬都以為「版當讀如曲禮『雖負販者必有尊也』之販」。俞樾羣經平議也說：「式負版者，與上句『凶服者式之』共為一事；言，子見凶服者必式；雖負販者亦式之也。」㈤禮記玉藻：「若有疾風、迅雷、甚雨，則必變：雖夜必興；衣服冠而坐。」集注：「此一節、記孔子容貌之變。」

【今譯】孔子睡時、不布展手足像一個死人；居家，不矜持威儀像一個客人。見著有喪服的人，即使平日很熟的也一定改容相見。見著穿禮服的人和瞎子，即使是常相見的，也一定以禮貌相待。在車上見著有喪服的人，必行式禮；即使這人是一個小販，也是一樣。食時主人上美盛的食物，必整容起立。遇了急雷，狂風，必莊敬慎備。

升車，必正立、執綏㈠；車中，不內顧㈡，不疾言，不親指㈢。

【今註】㈠綏，牽以上車的索。㈡皇疏：「內，猶後也；顧，迴顧也。升在車中，不迴頭內顧也。所以然者，掩人不備，非大德之所為也。」㈢劉疏：「案親字義不可解。曲禮云：『車上不妄指。』親，疑即妄字之誤。（鄭彼注云，『為惑眾。』）」集注：「此一節、記孔子升車之容。」

【今譯】上車時，必須站定、拉著上車的繩索。在車上，不回頭後顧；不急疾說話；不隨便舉手有所指。

色，斯舉矣㈠！翔而後集㈡。曰：「山梁雌雉，時哉！時哉！」子路共之；三嗅而作㈢。

【今註】㈠馬曰：「見顏色不善則去之也。」（皇疏：「謂孔子在處觀人顏色而舉動也。」）㈡周曰：「迴翔審慎而後下止也。」（皇疏：「謂孔子所至之處必迴翔審觀之後乃下集也。」）集注：

「言鳥見人之顏色不善，則飛去；回翔審視而後下止。人之見幾而作，審擇所處，亦當如此。然此上下必有闕文矣！」㊂釋文：「共，本又作供；九用反，又音恭。」集解：「言山梁雌雉得其時、而人不得其時，故歎之。子路以其時物故共具之；非其本意、不苟食，故三嗅而作。作，起也。」（皇疏：「梁者，以木架水上、可渡水之處也。孔子從山梁閒見有此雌雉也。時哉者，言雉逍遙得時也。言人遭亂世、翔集不得其所，而不如梁閒之雉、十步一啄、百步一飲、是得其時，故嘆之也。獨云『雌』者，因所見而言矣。子路不達孔子『時哉時哉』之嘆，而謂嘆雌雉是時月之味，故馳逐驅拍遂得雌雉、煮熟而進以供養孔子，乖孔子本心。孔子若直爾不食者，則恐子路生怨，故先三歎氣而後乃起。」）集注：「邢氏曰：『梁，橋也。時哉，言雉之飲啄得其時。子路不達，以為時物而共具之。孔子不食；三嗅其氣而起。』晁氏曰：『石經嗅作戞；謂雉鳴也。』劉聘君曰：『嗅，當作臭；古闃反，張兩翅也。見爾雅。』愚按如後兩說，則共字當為拱執之義。然此必有闕文，不可強為之說；姑記所聞以俟知者。」按：從「色斯舉矣」到篇末，文義難曉。呂氏春秋審己篇：「故子路揜雉而復釋之。」子路揜雉復釋的故事，在戰國時當已流行，所以呂氏著書引以為說。論語這段文字，是根據這個寓言式的故事而撰的呢？或這個故事是為解釋論語這段文字而造的呢？我們現在已難斷定了。但這二十五個字不是當時隨從孔子的人所記的原文，則是沒有疑問的。這章的列在鄉黨篇末，當亦由於後加的緣故。朱子既錄邢疏，又存晁劉二說，且在這章前後二節注中都說「必有闕文」；於使讀者多識前哲的義訓以外，又啟示以蓋闕的識度。在這一點上，朱子對後學的益處很大。（譯文從闕。）

卷十一　先　進

子曰：「先進於禮樂，野人也；後進於禮樂，君子也。如用之，則吾從先進㊀。」

【今註】㊀包曰：「先進後進，謂仕先後輩。」集注：「野人，謂郊外之民；君子，謂賢士大夫也。」這章舊解，都很難叫人滿意。傅斯年在「周東封與殷遺民」一文裏解釋論語這章說：「野人，即農夫。論語中君子有二義：一謂卿大夫階級，即統治階級；二謂合於此階級之禮度者。此處所謂君子者，自當是本義。先進、後進，自是先到、後到之義。禮、樂，自是泛指文化，不專就玉帛鐘鼓而言。名詞既定，試翻做現代的話如下：『那些先到了開化的程度的，是鄉下人；那些後到了開化程度的，是上等人。如問我何所取，則我是站在先開化的鄉下人一邊的。』先開化的鄉下人，自然是殷遺；後開化的上等人，自然是周宗姓婚姻了。」傅先生這個說法，比起以前許多學者關於這章的解釋實較為講得通。（江永亦以「先進」為指殷人言；但他釋君子野人和傅不同。）所以我們的翻譯用傅說。（按：傅說自有難通的地方。一，論語先進篇除第一章外，都是關於孔子弟子的記載；編論語的人似不應把一章和孔子弟子沒有關係的話放在這篇的頭上。二，孔子嘗有「吾從周」的話，亦似和

「吾從先進」的意思不合。但對於第一點，則編論語的人也許有誤解孔子的地方；至於第二點從殷從周的不同，當因說話時期的不同而生的。當然，我們並不能說傳說是這章不可變易的定論。對古聖的遺言，我們見到較通達的解釋，我們便應採取。）

【今譯】孔子說：「那些先到了開化的程度的，是野人；那些後到了開化的程度的，是君子。如果問我何所從，則我是站在先到了開化程度的人那一邊的。」

子曰：「從我於陳蔡者，皆不及門者也㊀。」

【今註】㊀從，才用切。門下者字，依皇本、正平本。鄭曰：「言弟子之從我而厄於陳蔡者，皆不及仕進之門而失其所也。」集注：「孔子嘗厄於陳、蔡之間；弟子多從之者。此時皆不在門，故孔子思之。」這章文意難以十分明瞭；譯文從闕。

德行：顏淵，閔子騫，冉伯牛，仲弓；言語：宰我，子貢；政事：冉有，季路；文學：子游，子夏㊀。

【今註】㊀行，下孟切。釋文：「鄭氏以合前章。」（按：宋世程朱二氏亦同鄭氏。）但皇本和邢本都把這三十字自為一章。今從皇邢本。皇疏：「此章初無『子曰』者，是記者所書，並從孔子印可而錄在論中也。王弼云，此四科者，各舉其才長也。」按：四科的名目，可能孔子在世時便有了。（「四科」這個名字，當起於漢代。後漢文苑傳下酈炎傳：「安得孔仲尼，為世陳四科！」孔子似沒有分立這四科以施教的意思。即述而篇所記的「子以四教：文，行，忠，信。」亦出於弟子的觀察，並不是孔子當日有這個區分。至皇疏「從孔子印可」的話，自出於皇氏的意測。這章當是孔子的門人從孔門中平日的談論而撰成的。我們從皇疏分章，是以為這樣較合，並不是說鄭、朱一定不對。編論語的人，可能以為這十人是從孔子於陳蔡的。不過文獻不足，我們難判定這個疑案罷了。

【今譯】 德行方面可稱道的：顏淵，閔子騫，冉伯牛，仲弓；言語方面可稱道的：宰我，子貢；政事方面可稱道的：冉有，季路；文學方面可稱道的：子游，子夏。

子曰：「回也，非助我者也；於吾言無所不說㈠。」

【今註】 ㈠孔曰：「助，猶益也。言回聞言即解，無可起發增益於己也。」說音悅。按：禮記學記篇裏有「教學相長」的話；道理是很明白的。若教者因學者的發問而更深思，那就是學者有益於教者。顏回於孔子所講，沒有不明瞭的，不再問難，所以對孔子沒有幫助。

【今譯】 孔子說：「顏回，並不是有益於我的；他對我的話沒有不悅懌的！」

子曰：「孝哉閔子騫！人不閒於其父母昆弟之言㈠。」

【今註】㈠釋文：「閒，閒廁之閒。」陳曰：「言閔子騫為人，上事父母，下順兄弟，動靜盡善，故人不得有非閒之言也。」焦循論語補疏：「循按、漢書杜鄴傳：舉方正；對曰：『昔曾子問從令之義；孔子曰：是何言與！善閔子騫守禮，不苟從親，所行無非禮者，故無可閒也。』後漢范升傳：升奏記王邑曰：『升聞子以人不閒於其父母為孝；臣以下不非其君上為忠。』又云：『知而從令，則過大矣！』二者皆引為從令之證。蓋以從令而致親於不義，則人必有非閒其父母昆弟之言；唯不苟於從令，務使親所行均合於義，人乃無非閒其親之言，是乃得為孝。然則閔子之孝，在人無閒於其父母昆弟之言；人所以無閒於其父母昆弟之言者，以其不苟從親令也。陳注『動靜盡善』，或即指此。不字作無字解，自明。人無非閒之言，不是無非閒閔子之言，乃無非閒其父母昆弟之言也。」按：這章可疑的地方很多。我們這裏選錄集解所用的陳注，乃是因為集注比陳注更不妥當。焦氏補疏雖未必合注意，但這個說法，根據漢世經師的引用，意義很好，而且也勉強說得通，所以錄存以備讀者的思考。這當然不能便作為定解的！焦氏補疏並取證於藝文類聚孝部所引的說苑和太平御覽所引的孝子傳：這些似都是不足取信的。（朱子論語或問裏所稱的吳氏說所引用的韓詩外傳，亦當是這樣的！）

【今譯】孔子說：「閔子騫真孝！使人沒有非閒他父母兄弟的話。」

南容三復白圭㈠；孔子以其兄之子妻之㈡。

【今註】㈠南容已見公冶長篇。釋文：「三，息暫反，又如字。」詩大雅抑篇：「白圭之玷，尚可磨也；斯言之玷，不可為也。」（傳：「玷（ㄉㄧㄢˋ），缺也。」）孔曰：「南容讀詩至此，三反覆之；是其心慎言也。」按：「三復」，只是「常誦」的意思。㈡妻，七細切。（大戴禮衛將軍文子篇：「獨居思仁，公言言義；其聞詩也，一日三復『白圭之玷』：是南宮縚之行也。夫子信其仁，以為異姓。」）

【今譯】南容常常諷誦「白圭之玷」的詩句；孔子把他哥哥的女兒嫁給他。

季康子問：「弟子孰為好學㈠？」孔子對曰：「有顏回者，好學。不幸短命死矣！今也則亡㈡。」

【今註】㈠好（ㄏㄠˋ），呼報切。㈡亡音無。

【今譯】季康子問道：「你的弟子裏邊誰最好學？」孔子回答說：「有個叫顏回的最好學。不幸短命死了！現在實沒有那樣好學的人了。」

顏淵死；顏路請子之車以為之椁㈠。子曰：「才、不才，亦各言其子也㈡！鯉也死㈢，有棺而無椁。吾不徒行以為之椁；以吾從大夫之後，不可徒行也㈣。」

【今註】㈠仲尼弟子列傳：「顏無繇，字路。路者顏回父；父子嘗各異時事孔子。」集注：「椁（ㄍㄨㄛˇ），外棺也。」宦懋庸論語稽：「請車為椁，朱注從孔說、以為賣車買椁。箋注家皆無以正其誤。按：賣車買椁之說有八不可解。……今考禮經，乃知顏路請車為椁，蓋欲殯時以孔子之車菆塗為椁，非葬時之椁也。」按：這章可疑的地方很多。宦懋庸的解釋，雖不能說為盡善，實是「請車為椁」一種可通的講法。這個講法，非特免去賣車買椁的曲解，且可以使我們想到顏路所以請車和孔子所以拒絕的理由。士的殯禮，根本用不到「椁」！㈡皇疏：「言才與不才誠當有異；若各本天屬，於其父則同是其子也。」㈢孔子世家：「孔子生鯉，字伯魚；伯魚年五十，先孔子卒。」㈣說文：「徒，步行也。」（禮記王制：「君子者，老不徒行。」）

【今譯】顏淵死了；顏路請求孔子把車做顏淵殯時的椁。孔子說：「回和鯉雖有才不才的分別，但從我們兩人講，則同是兒子。鯉死的時候，只有棺而沒有椁。我並沒有把車給他做椁；因為我曾居大夫的職位，依禮是不應當步行的。」

顏淵死。子曰：「噫㈠，天喪予㈡！天喪予！」

【今註】㈠噫，痛傷的聲氣。㈡釋文：「喪，如字，亡也。舊息浪反。」集注：「悼道無傳，若天喪己也。」，按：「天喪予」，猶現在人說「我完了！」；乃是一個人絕望的話。

【今譯】顏淵死了。孔子發了痛傷的聲氣，說：「我完了！我完了！」

顏淵死；子哭之，慟㈠。從者曰㈡：「子慟矣！」曰：「有慟乎？非夫人之為慟而誰為㈢！」

【今註】㈠馬融曰：「慟（ㄊㄨㄥˋ），哀過也。」按：過哀的意思。㈡從，才用切。㈢夫音符；為，于偽切。「非夫人之為慟而誰為」：「非為這人慟而為誰慟」。

【今譯】顏淵死，孔子哭得很傷心。隨從的弟子們說：「老師哭得太傷心了！」孔子說：「太傷心了嗎？不為這樣人傷心而為誰傷心呢！」

顏淵死；門人欲厚葬之。子曰：「不可㈠！」門人厚葬之。子曰：「回也，視予猶父也；予不得視猶子也㈡。非我也；夫二三子也㈢！」

【今註】㈠集注：「喪具稱家之有無；貧而厚葬，不循理也。故夫子止之。」按：孔子以為厚葬顏淵，於禮非宜。㈡馬曰：「言回自有父；父意欲聽門人厚葬，我不得制止也。」㈢夫音符。

【今譯】顏淵死了；弟子們想要厚葬他。孔子說：「不可以！」弟子們還是厚葬了顏淵。孔子說：「顏回把我看作父親一樣；我卻不得把他看作兒子一樣。厚葬並不是我的意思；是他幾個同學的主張！」

季路問事鬼神㈠。子曰：「未能事人，焉能事鬼㈡！」「敢問死。」曰：「未知生，焉知死！」

【今註】㈠「事鬼神」，自是指祭祀的事情。但季路的意中，或尚未脫去時俗所流行的迷信。「未能事人、焉能事鬼」，和答樊遲「務民之義、敬鬼神而遠之」的話同意。從孔子對季路和樊遲的話，我們可以知道孔子對「鬼神」的意見了。（論語後案：夫子不答，猶是不語怪、神之意也。）㈡焉，於虔切；下同。

【今譯】季路問怎樣服事鬼神。孔子說：「人，我們還服事不好，怎麼能夠服事鬼神呢！」又問死後是怎樣的。孔子說：「我們對一個人活著時的道理都還沒有知道清楚，怎麼能夠知道死後的情形呢！」

閔子侍側，誾誾如也㈠；子路，行行如也㈡；冉有、子貢，侃侃如也：子樂㈢。曰：「若由也，不得其死然㈣！」

【今註】㈠誾誾、侃侃的音義已見鄉黨篇注。㈡釋文：「行，胡浪反，或戶郎反。」鄭曰：「行行，剛彊之貌也。」㈢釋文：「樂音洛。」（集注同。）孫奕示兒編：「『子樂』必當作『子曰』；聲之誤也。始以聲相近而轉『曰』為『悅』；又以義相近而轉『悅』為『樂』。知由也不得其死，則何樂之有！」按：阮氏校勘記似以孫說為是。但集解引鄭注有「樂各盡其性也」一語，則鄭時經文已作「子樂」了。劉疏：「樂字鄭注已釋之，斷非曰字之誤。夫子是樂四賢才德足用，不必專言子路。朱子集注云，『樂得英才而教育之。』亦通。」㈣「若」上「曰」字，據皇疏本。除皇疏本外，各本論語都沒有這個「曰」字；只漢書敘傳注引論語同皇疏本。「子樂」已值得保全，這個「曰」字自應有。宋蔡節的論語集說有「子樂下脫子曰二字」一語，很對。清洪頤煊在他的讀書叢錄裏說：「此句本別為一章，曰字上脫子字。文選注引皆作『子曰』。淮南子精神訓注：『季路仕于衛；衛君父子爭國，季路死。孔子曰：若由也不得其死然。言不得以壽命終也，故云然。』」按：洪氏以「曰」字下應別為一章而「曰」字上脫去「子」字，亦頗有理。編論語的人以孔子這句話和上文「子路行行如也」一語有關，所以把這兩章相次。後來因上章「子樂」的「子」而寫書的人省去「子曰」的「子」，便成了現在的皇疏本；或因「子樂」而誤脫「子曰」，便成了唐石經的本子。（輔廣論語答問曰，「子樂」，不若「子曰」之協於文勢也。）經傳釋詞七：「然，猶焉也。」

【今譯】 閔子騫在孔子的旁邊，很中正的樣子；子路，很剛強的樣子；冉有、子貢，很和樂的樣子：孔子很高興。他曾說：「仲由這樣的人，好像難以得到壽終！」

魯人為長府㈠；閔子騫曰：「仍舊貫，如之何？何必改作！」子曰：「夫人不言㈡，言必有中！」

【今註】 ㈠鄭注：「長府，藏名也。藏貨財曰府。仍，因也；貫，事也。因舊事則可，何乃復更作為！」四書釋地：「左傳昭二十五年：『公居於長府。九月戊戌，伐季氏；遂入其門。』意公微弱，將攻權臣，必先據藏貨財之府，庶可結士心。」劉疏：「周官內府職云，『掌受貨財良兵良器以待邦之大用。』魯之長府，自是在內而為兵器貨賄所藏。魯君左右，多為季氏耳目；公欲伐季氏而不敢發，故居於長府，欲藉其用以伐季氏，且以使之不疑耳。昭公伐季氏在廿五年；孔子時正居魯。則知魯人為長府，正是昭公欲有所改作以為不虞之備。但季氏得民已久，非可以力相制，故閔子言『仍舊貫，何必改作』以諷，使公無妄動也。閔子所言，辭微而婉，故夫子稱其『言必有中』也。」（這章異說很多；劉說似較合事理。）㊁夫音符。夫人，指閔子騫。經傳釋詞：「夫，猶此也。禮記檀弓：夫夫也。鄭注：夫夫，猶言此丈夫也。」中，丁仲切。

【今譯】魯人修治長府。閔子騫說：「最好仍舊不動！那還能怎麼樣？何必要修治呢！」孔子說：「這個人不輕易說話；一說話定會說對！」

子曰：「由之瑟，奚為於丘之門㊀！」門人不敬子路㊁。子曰：「由也，升堂矣！未入於室也㊂。」

【今註】㊀孔子這話當是一時的戲言；孔子當不會反對子路鼓瑟的。（說苑修文篇：「子路鼓瑟，有北鄙之聲。」馬注：「子路鼓瑟、不合雅頌。」似都是後人因論語這章而傅會的話。」）㊁王若虛滹南遺老集六：「子路之為人，門人知之亦孰矣。鼓瑟一事，雖夫子所不取，未為大過也。而遽不敬焉，何好惡之輕乎！蓋其所以不敬者，不獨在此也。當是兩章。」按：王說亦可備一解。㊂升堂、入室，比喻學問進步的次第。（古人的房屋；階上為堂；堂後為室。）

【今譯】孔子說：「仲由為什麼在我這裏鼓瑟！」孔子的門人不敬子路。孔子說：「仲由已經登上我的堂，只是還沒有進我的室罷了。」

子貢問：「師與商也孰賢？」子曰：「師也過；商也不及㈠。」曰，「然則師愈與㈡？」子曰：「過，猶不及也㈢！」

【今註】㈠集注：「子張才高意廣、而好為苟難，故常過中；子夏篤信謹守、而規模狹隘，故常不及。」㈡與音餘。㈢集注：「道以中庸為至；過雖若勝於不及，其失中則一也。」句末也字依皇本正平本。

【今譯】子貢問：「師和商，哪個好一點？」孔子說：「師太過；商不及。」子貢說：「那麼師好一點麼？」孔子說，「太過和不及，同樣的不好！」

「季氏富於周公，而求也為之聚斂而附益之㈠。」子曰：「非吾徒也！小子鳴鼓而攻之可也㈡。」

【今註】㈠為，于偽切。這兩句當亦是孔子的話；錄論語的人把這話記在「子曰」的前面，作為事由。（因為若出於記論語的人，當不會稱冉有為「求也」的。八佾篇的「三家者以雍徹」，也當是孔子的話；但因那句話裏沒有像「求也」這種字樣，所以讀者亦可以把那句話當作記論語的人的話。）周公，孔注以為指孔子時周室「天子之宰」言；集注則以為指周初封於魯的周公。孔注的講法似較合。左哀十一年傳：「季孫欲以田賦；使冉有訪諸仲尼。仲尼不對，而私於冉有曰：『君子之行也，度於禮：施取其厚；事舉其中；斂從其薄。如是，則以丘亦足矣。若不度於禮而貪冒無厭，則雖以田賦將又不足。且子季孫若欲行而法，則有周公之典在；若欲苟而行，又何訪焉！』弗聽。」（按：「丘」，指魯成公元年所作的賦制「丘甲」言。「周公之典」，指魯國第一位國君周公所制的法典。國語魯語亦載孔子關於這件事對冉有所說的話。）㈡鄭曰：「小子，門人也；鳴鼓，聲其罪以責之。」

【今譯】孔子說：「季氏的富有過於周公，而冉求卻還替他聚斂以增加他的財富。求不是我的學生；你們可以聲討他！」

「柴也愚；參也魯；師也辟；由也喭㈠。」子曰：「回也其庶乎㈡！屢空㈢！賜不受命而貨殖焉㈣；億則屢中㈤！」

【今註】㈠集注以這四句為一章、而於章末注裏說：「吳氏曰，此章之首，脫『子曰』二字。或疑下章『子曰』當在此章之首而通一章。」按，釋文：「子曰回也其庶乎：或分為別章；今所不用。」

蓋唐以前已有以首四句自為一章的。我們以為這四句實應連下文為一章。（這章「子曰」二字安置在「回也」上，記法和上章相同。「三家者以雍徹」章的「子曰」，用法亦和這兩「子曰」相同。大概春秋末年記言的人曾經用過這種方式；後來便少有人倣效了。）仲尼弟子列傳：「高柴，字子羔；少孔子三十歲。」集解：「愚，愚直之愚。」（陽貨篇：古之愚也直。）孔曰：「魯，鈍也；曾子性遲鈍。」（集注引程子曰：「曾子之學，誠篤而已。聖門學者，不為不多；而卒傳其道，乃質魯之人爾。故學以誠實為貴也！」）辟，匹亦切；弟子傳作僻，皇疏本同。馬曰：「子張才過人，失在邪僻文過。」論語後案：「辟，偏也；以其志過高而流於一偏也。馬注非。」喭（一ㄢˋ），五旦切。鄭曰：「子路之行失於吸喭。」皇疏引王弼曰：「喭，剛猛也。」邢疏：「字書：吸喭，失容也。言子路性行剛強，常吸喭失於禮容也。」㊁集解：「言回庶幾聖道。」（易繫辭傳：顏氏之子，其殆庶幾乎！）㊂集解：「雖數空匱，而樂在其中矣！一曰，屢，猶每也；空，猶虛中也：不虛心不能知道。」（劉疏：「史記伯夷列傳：然回也屢空，糟糠不厭。鹽鐵論地廣：貧不妨行；顏淵屢空，不為不賢。後漢賈逵傳：帝謂馬防曰，賈逵母病；此子無人事於外，屢空，將從孤竹之子於首陽矣。是漢人解『屢空』皆為空匱，注前說是也。」）㊃集解：「賜不受教命，惟財貨是殖。一曰：非天命而偶富。」集注：「命，謂天命。貨殖，貨財生殖也。言子貢不如顏子之安貧樂道。」（劉疏：「廣雅釋詁：殖，積也。周語：財蕃殖。韋解：殖，長也。子貢貨殖，謂居貨財以生殖也。」）㊄億，皇本、正平本都作憶；漢書貨殖傳、漢陳度碑引並作意。集解以億度是非釋億，集注以意度釋億，都就事理上講。大概都因為左傳（定十五年）有孔子的「賜不幸言而中」一句話，所以講書的人便以「窮理幸中」或「料事多中」釋「億則屢中」。中，丁仲切。近代學者，多以「屢中」指貨殖言，似較著實。（焦循論語補疏：「賜能屢中，謂如其所億度而得贏餘也。」劉疏：「貨殖傳云：『孔子譏子贛曰，賜不受命而貨殖焉；意則屢中。』班傳以賜不受命二句為孔子所譏，是意則屢中即承上貨殖言。論衡知實篇：『賜不受命而貨殖焉；億則屢中。罪子貢善居積，意貴賤之期數得其時，故貨殖多、富比陶朱。』蓋論衡以『意貴賤之期』解『億』字，『數』解『屢』字，『得其時』解『中』字：此漢人解誼之最顯然可據者。」黃式三論語後案亦以論衡知實篇的解釋為「漢師相傳舊說」。）這章我們雖然可以這樣講，但孔子說話的意旨，我們實在不十分明白。（「受命」句應闕疑！）

【今譯】孔子說：「柴，愚直；參，魯鈍；師，太偏；由，太猛。回，是比較有希望能成就的；只是常困於貧窮！賜，不受教命而經營貨殖；常能猜中物價的貴賤。」

子張問善人之道。子曰：「不踐迹，亦不入於室㈠。」

【今註】㈠孔曰：「踐，循也。言善人不但循追舊迹而已，亦少能創業；然亦不入於聖人之奧室。」集注：程子曰：「『踐迹，如言循途守轍。善人雖不必踐舊迹而自不為惡，然亦不能入聖人之室也。」四書考異：「四書釋地三續曰：『之道二字宜衍；以答不貼道字故。』按、善人生質雖美，不由實踐則亦不能造于深奧。若以答辭作如是解，庶於道字貼合。」按：集解所引孔說和集注所用程說，實是大同小異的。孔程都以為善人終不能做到聖人：但孔以為善人雖亦循舊迹，卻稍能創業；程則以為善人所以善，在不踐舊迹而自不為惡。翟灝獨出心裁，認為孔子並沒有說善人不能做到聖人；他認為孔子只說，善人若不從實踐，則亦不能達到深奧。翟氏這個解釋，亦自有他的根據的。「中人可以語上」：孔子決不會說善人必不能入聖域的！孔廣森的經學卮言裏亦有和翟氏相似的意見：「言問善人之道，則非問何如而可以為善人，乃問善人當何道以自處也。故子告以當效前言往行以成其德。譬諸入室，必踐陳除堂戶之迹而後循循然至也。善人苟踐迹，斯必入於室；若不踐迹，則亦不能入於室耳！」孔氏這裏所謂「效前言往行」，即翟氏所謂「實踐」；所謂「成其德」，即翟氏所謂「造于深奧」。「踐迹」義難確知，但翟孔的說法使兩句經文從並列而變成相關的。（譯文中更試一道字的新解。）

【今譯】子張問做善人的成就。孔子說：「善人能不循惡俗，但亦不能到至德。」

子曰㊀：「論篤是與君子者乎色莊者乎？」

【今註】㊀這章舊合前章為一章。皇疏：「此亦答善人之道也。當是異時之問，故更稱『子曰』。俱是答善，故共在一章也。」因為這章的文理難懂，我們實不能說這章亦是講「善人之道」的，並且也不能略作解釋和翻譯。（元陳天祥四書辨疑：「此與上章『不踐迹』，文皆未詳；不敢妄說。」）

子路問：「聞斯行諸㈠？」子曰：「有父兄在，如之何其聞斯行之！」冉有問，「聞斯行諸？」子曰：「聞斯行之！」公西華曰：「由也問『聞斯行諸』，子曰『有父兄在』；求也問『聞斯行諸』，子曰『聞斯行之』。赤也惑；敢問。」子曰：「求也退，故進之；由也兼人，故退之。」

【今註】㈠「聞斯行諸」的「聞」，意同聽到一種可行的道理或事情。（包注：「賑窮救乏之事。」劉疏：「義事多端；必指賑窮救乏者，舉所重言之。」按：賑窮救乏，是社會中比較常見的義舉；但子路意中，恐還有更重大的事情，例如「見危授命」，「殺身成仁」等。）

【今譯】子路問：「一個人聽到一件應當做的事是不是立刻去做？」孔子說：「有父親兄長在，怎麼可以聽到就做呢！」冉有問：「一個人聽到一件應當做的事是不是立刻去做？」孔子說：「聽到就做！」公西華說：「仲由問『是不是聽到就做』，老師說『有父兄在』；冉求問『是不是聽到就做』，老師說『聽到就做』。弟子實在不明白；敢請教老師。」孔子說：「冉求生性畏縮，所以我要催催他；仲由勇氣過人，所以我要壓壓他。」

子畏於匡㊀；顏淵後。子曰：「吾以女為死矣㊁！」曰：「子在，回何敢死！」

【今註】㊀畏字在春秋戰國時似有一種特殊的意義。呂氏春秋勸學：「曾點使曾參；過期而不至。人皆見曾點曰：『無乃畏耶？』曾點曰：『彼雖畏，我存，夫安敢畏！』孔子畏於匡；顏淵後。孔子曰：『吾以汝為死矣。』顏淵曰：『子在，回何敢死！』顏回之於孔子也，猶曾參之事父也。」這兩段裏四個畏字，似有兩種意義：第二、第四可講作「有難」；第一、第三可講作「拼命」或「死亡」。（參考子罕篇「子畏於匡」章。）㊁女音汝。

【今譯】孔子在匡被圍困；圍解後過了些時顏淵才來和他會合。孔子說：「我以為你已死了。」顏淵說：「老師在，弟子怎敢死！」

季子然問㊀：「仲由、冉求，可謂大臣與㊁？」子曰：「吾以子為異之問；曾由與求之問！所謂大臣者，以道事君；不可、則止。今由與求也，可謂具臣矣㊂」曰：「然則從之者與㊃？」子曰：「弒父與君，亦不從也！」

【今註】㈠孔曰：「子然，季氏子弟。」㈡與音餘。㈢孔曰：「言備臣數而已也。」㈣之，指季氏言。與音餘。

【今譯】季子然問：「仲由、冉求，可以算得大臣嗎？」孔子說：「我以為你有什麼特別的問；哪知道只是問仲由和冉求！凡可以稱為大臣的人，應該是這樣的：用正道來服事君上；如果行不通，就不再服事。現在仲由和冉求，只可算是備位的臣子！」季子然說：「那麼，他們什麼事都順從季氏嗎？」孔子說：「弒父弒君的事，他們也不會順從的！」

子路使子羔為費宰㈠。子曰：「賊夫人之子㈡！」子路曰：「有民人焉；有社稷焉㈢：何必讀書、然後為學㈣！」子曰：「是故惡夫佞者㈤！」

【今註】㈠費，悲位切。仲尼弟子列傳作「使子羔為費邦宰」。沈濤說：「史記費字衍文。蓋古本論語作『邦宰』不作『費宰』。（論衡藝增篇正作『邦宰』。）」㈡賊，害。夫音符。下同。㈢古代政事，除人民的教養外，祭祀亦很重要。社是土神；稷是穀神。土和穀乃是人民所賴以生存的；所以亦用「社稷」以代表「國家」和「國家的政事」。㊃書，似指一切書籍言，不專指「詩書」的「書」。（子路這個「讀書」，意同孔子說的「則以學文」的「學文」。）㊄惡（ㄨˋ），烏路切。

【今譯】子路使子羔做費宰。孔子說：「害了人家的兒子！」子路說：「（做個邑宰，）有治民的事情；有事神的事情。（儘夠他學習的！）為什麼一定要讀書才算得『學』呢！」孔子說：「這就是我一向所以討厭利口的人的緣故！」

子路，曾晳㊀，冉有，公西華，侍坐㊁。子曰：「以吾一日長乎爾㊂；毋吾以也㊃！居則曰『不吾知也』；如或知爾㊄，則何以哉㊅？」

【今註】㊀孔曰：「晳，曾參父；名點。」仲尼弟子列傳：「曾蒧，字晳。」（蒧，史記集解「音點」；索隱「音點，又其炎反」。）史記雖沒有說曾點為曾參的父，但孟子已以曾晳為曾子的父了。㊁劉疏：「上篇或言侍；或言侍側：此獨言侍坐，明四子亦坐也。」㊂長，丁丈切。㊃毋音無。孔曰：「女無以我長故難對。」㊄或，借為有。㊅說文：「以，用也。」（如有人知道你，你將用什麼表現自己？）

子路率爾而對曰㈦，「千乘之國，攝乎大國之間㈧；加之以師旅，因之以饑饉：由也為之，比及三年，可使有勇、且知方也㈨。」夫子哂之㈩。

【今註】㈦「率爾」，皇疏本作「卒爾」；注同。古多用「卒」為「猝」；似以作「卒爾」為合。孟子梁惠王上：「卒然問曰。」㈧乘，實證切。攝，義同夾。（聶音同籋。）㈨比，必利切；義同近。鄭注：「方，禮法也。」㈩哂，詩忍切。馬曰：「哂，笑也。」（三蒼：哂，小笑也。）

「求，爾何如？」對曰：「方六七十，如五六十㈡：求也為之，比及三年，可使足民㈢。如其禮樂，以俟君子。」

【今註】㈡劉疏：「方六七十里者，謂國之四竟以正方計之有此數也。」經傳釋詞七：「如，猶與也，及也。論語先進篇曰：『方六七十、如五六十。』又曰：『宗廟之事如會同。』『如』字並與『與』同義。」㈢孔曰：「求自云能足民而已；謂衣食足也。」

「赤，爾何如？」對曰：「非曰『能之』；願學焉。宗廟之事如會同㈢，端章甫、願為小相焉㈣！」

【今註】㈢ 胡紹勳四書拾義：「宗廟之事，祭祀在其中；獨此經不得指祭祀，宜主朝聘而言。」劉疏：「案胡說是也。大夫士助祭，無用端服者；則宗廟為朝聘可知。如會同者，如，猶與也。」周禮大宗伯：「時見曰會；殷見曰同。」（注：殷，猶眾也。）這指諸侯朝於天子而言。但在春秋時，諸侯相會合都通稱「會同」。左定四年傳：「會同難。」㈣ 端，玄端，古代的禮服；章甫，古代的禮帽。（玄端章甫，應是當時朝聘會同時擯相的衣冠。）相，息亮切。

「點，爾何如？」鼓瑟、希㈤，鏗爾、舍瑟而作㈥；對曰：「異乎三子者之撰㈦。」子曰：「何傷乎！亦各言其志也。」曰：「莫春者㈧，春服既成，冠者五六人，童子六七人，浴乎沂，風乎舞雩，詠而歸㈨。」夫子喟然歎曰㈩：「吾與點也！」

【今註】㈤ 孔曰：「思所以對故音希。」㈥ 釋文：「鏗，苦耕反。投琴聲。本今作瑟聲。」孔曰：

「置瑟起對。」㈦釋文：「撰，士免切，具也。鄭作僎，讀曰詮；詮之言善也。」（按：「巽」音含「善」義；漢書武帝紀注：選，善也。）㈧說文：「莫，日且冥也。」（莫引申有晚義。經傳多借莫為有無的無；將莫字又加日作暮以作日晚字。今莫字訓無音慕各切，訓日晚則音同暮。）莫春，義同「晚春」，是春天的最後一段。㈨冠，古亂反。雩音于（ㄩˊ）。舞雩，禱雨的壇。鄭注：「沂水在魯城南；雩壇在其上。」包曰：「莫春者，季春三月也。春服既成者，衣單袷之時也。我欲得冠者五六人、童子六七人，浴乎沂水之上，風涼於舞雩之下；歌詠先王之道，歸夫子之門也。」按：浴是洗身；暮春而浴於沂水，似不合時。因而學者紛作別解。論衡明雩篇：「魯設雩祭於沂水之上。暮者晚也；春，謂四月也，春服既成，謂四月之服成也。冠者童子，雩祭樂人也。浴乎沂，涉沂水也。風乎舞雩：風，歌也。詠而饋：詠，歌也；饋，祭也。歌詠而祭也。說論之家以為浴者，浴沂水中也；風，乾身也。周之四月，正歲二月也；尚寒，安得浴而風乾身！由此言之，涉水不浴，雩祭審矣！孔子曰，吾與點也。善點之言、欲以雩祭調和陰陽，故與之也。」集注：「浴，盥濯也；今上巳祓除是也。風，乘涼也。舞雩，祭天禱雨之處，有壇墠樹木也。詠，歌也。」（論語發微：「王仲壬說論語此條最當。」按：宋翔鳳贊同王充以舞雩為雩祭而不贊同王充釋浴為涉。他說，「浴沂，言祓濯於沂水而後行雩祭。」）論語筆解：「浴當為沿字之誤。周三月，夏之正月也；堅冰未解，安有浴之理哉！」羣經平議：「世傳韓昌黎論語筆解，皆不足采。惟此經浴字謂是沿字之誤，則似較舊說為安。」按：據水經泗水注，沂水經魯縣故城南稷門（亦曰雩門）；門南隔水有雩壇，曾點所欲風舞處。是曾點風乎舞雩，出城涉沂即可，不須沿沂行的。筆解以浴為沿的形誤，實亦未安。論衡用涉字，似較合。但是浴字和涉字，在形、音、義上都不相近似。（我們譯文中姑暫用渡字。）宋翔鳳取雩祭和上巳祓除的說法，似勉強說得通。但若曾晳真要說雩祭，便不會說「異乎三子者之撰」了！且集注上已祓除的話，雖有周禮歲時祓除為據，恐亦不可以說孔子時代的事。㊂釋文：「喟，起愧反，又苦怪反。」孔子「吾與點也」的感歎，王充以為由於「善點之言、欲以雩祭調和陰陽」。我們已不信雩祭的說法，自然亦不能信王氏這個推論。集注：「曾點之學，蓋有以見夫人欲盡處、天理流行、隨處充滿、無少欠闕，故其動靜之際從容如此。而其言志，則又不過即其所居之位、樂其日用之常，初無舍己為人之意，而其胸次悠然，直與天地萬物上下同流、各得其所之妙、隱然自見於言外。視三子之規規於事為之末者，其氣象不侔矣。故夫子歎息而深許之！」按：朱子這注，毛病頗多；最大的毛病當然是用了許多意義似太過於高遠的話。張甄陶四書翼注論文：「注中只有『即其所居之位、樂其日用之常』是正解；其餘俱錯，不可附會！夫子『與點』，不是驚喜其堯舜氣象；堯舜氣象，曷嘗有春風沂水來！」我們可以說，在過去學者裏面，朱子是一位對論語有很大貢獻的人。他所以犯了這個錯誤，完全是因為世俗都以為聖人必有幾分玄秘的緣故。這在里仁篇「吾道一以貫之」和侍坐章「吾與點也」兩句的注可以看出。「一以貫之」的「一」，當然就是「一言而可以終身行之者」的「恕」。我們可以說，朱子一定能夠看出這個道理的。但因為以前許多學者把「一貫」的意義說得玄之又玄，所以朱子在「忠恕而已矣」句下，除卻「盡己之謂忠；推己之謂恕；『而已矣』者，竭盡而無餘之辭也。」三句「正解」外，也不得不說些傳會的話以饜世人。「吾與點也」下的注，亦有同樣的毛病。前哲已有批評，我們不必再講。我們只需要把曾晳說話的本意略作解釋。曾晳似是願望在風日清和的天氣，跟一班青年在高曠的地方歌詠。遊觀歌詠，有益身心：乃教育家所共知。郊特牲正義引鄭注：「沂水在魯城南；雩壇在其上。」雩壇即舞雩。這個舞雩，可能是孔門師生課餘常來遊觀的地方。（顏淵篇：「樊遲從遊於舞雩之下；曰：敢問崇德、脩慝、辨惑。」）在過去，曾晳或曾跟著孔子遊過舞雩。他生平覺得教育是他終身所能做的事情，所以他便趁孔子叫他言志的機會說出他個人的願望。（漢唐扶頌：「四遠童冠，摳衣受業；五六六七，化導若神。」按：唐扶頌似以曾晳這段話是講教育的樂趣。實在說，只有這個解釋，曾晳的話才有意義。）而這個教育的願望，正是孔子生平所常有的；現在竟有弟子也說出這個志懷，所以他便喟然興歎而說了一句「吾與點也！」

三子者出；曾晳後。曾晳曰：「夫三子者之言何如㊁？」子曰：「亦各言其志也已矣！」曰：「夫子何哂由也㊂？」曰：「為國以禮；其言不讓，是故哂之㊂。唯求則非邦也與㊃？安見方六七十如五六十而非邦也者！唯赤則非邦也與？宗廟會同，非諸侯而何！赤也為之小，孰能為之大！」

【今註】㊁夫音符。曾皙答問在最後，且要把瑟安置好，所以後三子出講堂，亦可能有意要聽一聽老師的意見。㊂論語這章，是我國古代留下的一篇極有趣的文字。因為「夫子何哂由也」句用「夫子」一詞，崔述遂以這章為可疑。（洙泗考信錄二：「凡『夫子』云者，稱甲於乙之詞也。春秋傳皆然；未有稱甲於甲而曰『夫子』者。至孟子時，始稱甲於甲而亦曰『夫子』；孔子時無是稱也。稱於孔子之前而亦曰『夫子』者，蓋皆戰國時所偽撰，非門弟子所記。」）崔氏的疑，是有理據的。但我們以為孔子生時不見得就沒有像侍坐章這段談話。至於這章的文字有經過後人脩飾、潤色的地方，那是難免的。現在論語的本子，大部份可能是戰國時所寫定的。戰國時代寫定的本子，偶然有弟子當面稱孔子為「夫子」的記載，亦不足怪！（現在流行的皇侃義疏本的經文作「吾子何哂由也」，乃是值得校勘家注意的地方。皇疏：「點呼孔子為『吾子』也。」是皇氏所見的經文確作「吾子」了。若這個「吾」字是來自原始的經文的，則崔述所提出的「夫子」的問題亦就沒有了。）㊃包曰：「禮貴讓；子路言不讓，故笑之。」按：左襄十三傳：「君子曰：讓，禮之主也。」（里仁篇：「能以禮讓為國乎？」把禮讓二字連言。）㊄與音餘。

【今譯】子路，曾皙，冉有，公西華，陪孔子坐著。孔子說：「你們可能因我年長一點而不敢盡情說話；不要這樣！人們平日常說『沒有人知道我』；若現在有人知道你們，你們要怎樣做？」

子路馬上答道：「一個千輛兵車的國家，夾在大國的中間：已有敵軍侵犯，又接上年歲饑荒：讓我來治理；到了三年，就能使人民勇於作戰，並且懂得禮義。」孔子微微一笑。

「求，你怎樣呢？」冉有回答說：「六七十里見方或五六十里見方的國家，讓我來治理，到了三年，就能使人民富足。至於制禮作樂的事情，只有等待有德行的人了。」

「赤，你怎樣呢？」公西華回答說：「我不敢說我能夠做什麼；我只希望得到學習的機會。友邦朝聘以及諸侯會盟，我希望穿著禮服、戴著禮帽、作一個小擯相！」

「點，你怎樣呢？」曾皙有一聲沒一聲地彈著瑟；〔聽了孔子問他，〕鏗的一聲他放下瑟、站起來答道：「我不像他們三人那樣有作為！」孔子說：「那又何妨呢！這是各說各的志趣呀！」曾皙說道：「晚春時候，穿上春天的衣服；和五六個青年、六七個少年，渡過沂水，到雩壇上放聲高歌，然後一路吟詠而歸。」孔子歎道：「我倒贊成點呀！」

子路、冉有、公西華三人都出去；曾皙落在後面。曾皙說：「他們三個人的話怎樣？」孔子說：「這不過是各說各的志趣罷了！」曾皙說：「老師為什麼笑仲由呢？」孔子說：「治國應當用禮；他說話的態度不謙讓，所以笑他。求、不也是講到治國麼？難道方六七十里或五六十里的地方還不算是一個國家麼！赤、不也是講到治國麼？朝聘和會同，不是諸侯的事情是什麼！如果赤只當個『小相』，還有哪個能當得『大相』呢！」

卷十二　顏　淵

顏淵問仁。子曰：「克己復禮為仁㈠。一日克己復禮，天下歸仁焉㈡。為仁由己；而由人乎哉！」顏淵曰：「請問其目。」子曰：「非禮勿視；非禮勿聽；非禮勿言；非禮勿動㈢。」顏淵曰：「回雖不敏，請事斯語矣！」

【今註】㈠復，有遵循故道的意義。所謂「故道」，乃指日常所應當履行的正道而言。禮，就是人們應當履行的正道；人們有時因為情感的衝動而離開正道，就是違禮。一個人能夠常常控制自己的情感，避免違禮的事情，就是克己復禮（孟子說作「強恕而行」）。（左昭十二年傳：仲尼曰：「古也有志：『克己復禮、仁也。』信善哉！」依左傳，則「克己復禮為仁」的話，是根據古志的。）㈡禮記哀公問：「百姓歸之名，謂之君子之子。」正義：「言己若能敬身，則百姓歸己善名，謂己為君子所生之子。」「歸仁」的「歸」，和禮記這個「歸」字一樣。（廣雅釋詁三：歸，遺也。）㈢仁是孔門中最高的德行；顏淵是孔門中天資最高的學生。顏淵問仁，孔子教他「非禮勿視、非禮勿聽、非禮勿言、非禮勿動。」視、聽、言、動，是每個人日常所有的事；勿犯非禮，又是常人都懂得的戒條。一個天資最高的弟子向孔子問到最高的德行，孔子卻只給他四句最淺近的話：這不是一件可以驚奇的事情麼？從這一點，我們可以悟到，聖人的教人養心修德，只在日常行為上用力。凡不合正當道理的事情，即所謂「非禮」；對於一切非禮，都必須謹嚴的遵守「勿視、勿聽、勿言、勿動」的戒條。同時，把好的、合理的行為往復踐履，養成習慣；不讓它有絲毫苟且、絲毫錯誤。這就是「克己復禮」的真正功夫！孟子講到「浩然之氣」說，「是集義所生者。」荀子在勸學篇中說，「積善成德，而神明自得，聖心備焉！」這「集義」和「積善」，可以說是孔子「克己復禮」的另外一種講法。他們用的「集」字和「積」字，字異而意同，都是要使人知道一個人的「德操」是在日常的行為上從自己一點一點的修成的。季氏篇：「不學禮，無以立。」堯曰篇：「不知禮，無以立也。」這可見孔子的重禮；但所重的不在禮的儀文。左隱十一年傳引君子的話：「禮，經國家、定社稷、序民人、利後嗣者也。」照這個說法，一切修己濟世的道理，都包括在禮的裏面。（左昭二十五年傳：「吉也聞諸先大夫子產曰，夫禮，天之經也，地之義也，民之行也。」又：「禮，上下之紀，天地之經緯也，民之所以生也。」這些都是鄭游吉對晉趙鞅的話。但孔子以後，儒者談到德行、政事等，多喜歡用「義」和「理」。「理」字似始用於戰國時代。戰國時代學者用「理」字，可能和「禮」字有語音上的關係（理禮雙聲）。禮記仲尼燕居：禮也者，理也。又樂記：禮也者，理之不可易者也。又禮器：義理，禮之文也。又喪服四制：理者，義也。墨子非儒：不義不處；非禮不行。孟子告子上：「心之所同然者何謂也？謂理也、義也。聖人先得我心之所同然耳！故理義之悅我心，猶芻豢之悅我口。」荀子不苟：誠心行義則理。大略：善學者盡其理。修身：君子、其行道理也勇。（韓非子裏

「道理」聯言的尤多。）管子心術上：「義者，謂各處其宜也；禮者，因人之情、緣義之理、而為之節文者也。故禮者謂有理也；理也者，明分以諭義之意也。故禮出乎義，義出乎理，理因乎宜者也。」（管子書雖不出於管子，但大部份當出於戰國時代。）孟子以後，學者漸重視心的作用。把實實在在思索事物所得的知識叫做理。理的堆積和明辨，乃是學術的進步。

【今譯】　顏淵向孔子請教為仁的道理。孔子說：「為仁就是控制自己、循禮而行。一個人能夠做到這個地步，天下的人就立刻稱他為仁人了。仁只是從自己做出來的；並不是別人隨便給的！」顏淵說：「請問為仁的條目。」孔子說：「不合禮的不看；不合禮的不聽；不合禮的不說；不合禮的不做。」顏淵說：「回雖然不聰敏，一定力行老師這話！」

仲弓問仁。子曰：「出門如見大賓；使民如承大祭㈠。己所不欲，勿施於人㈡。在邦無怨；在家無怨㈢。」仲弓曰：「雍雖不敏，請事斯語矣㈣！」

【今註】　㈠左僖三十三年傳：（晉）臼季曰，「臣聞之，出門如賓；承事如祭：仁之則也。」臼季對晉文公說這話時，可能在魯僖公二十八年，在孔子出世前八十年。這和「克己復禮為仁」一樣，都是仁的古訓。㈡「己所不欲，勿施於人」，是「恕」；孔子以恕為一切道德的基本。上章的「克己」，就是實行這個恕道的一種方法。（管子小問篇引語曰，「非其所欲，勿施於人；仁也。」管子書所引用的古語，即在戰國時才寫在簡篇中，亦必是久已流行的。）㊂邦，指諸侯的國；家，指卿大夫的家。這兩句是說，到處與人和平相處。㊃這和上章顏淵的話，異口同聲。這種情形，可能由於編論語的人加以修飾整齊的工夫而成的。（注意這個「事」字！「事」是「力行」的意思。集注：「內外無怨，亦以其效言之；使以自考也。」）

【今譯】仲弓向孔子請教為仁的道理。孔子說：「出了大門，對人要十分恭謙；用到民力的時候，要十分謹敬。凡是自己不喜歡人家向我們做的事情，我們也不要做到別人的身上。無論在什麼地方，都不要使人怨恨。」仲弓說：「雍雖然不聰敏，一定力行老師這話！」

司馬牛問仁㊀。子曰：「仁者、其言也訒㊁。」曰：「其言也訒，斯謂之仁已乎？」子曰：「為之難；言之得無訒乎㊂！」

【今註】㊀仲尼弟子列傳：「司馬耕，字子牛。牛、多言而躁。」㊁訒（ㄖㄣˋ），是言語遲鈍的意思。（說文：訒，頓也。）㊂「為之難；言之得無訒乎！」：孔子以為，一個仁人必須言行一致；如果做不到的事，就不能隨便說。所以一個人說話遲鈍，亦是修德的一種方法。（弟子傳「多言而躁」一語，可能是後人因論語這章的記載而附會的！）

【今譯】司馬牛向孔子請教為仁的道理。孔子說：「仁人的說話遲鈍。」司馬牛說：「一個人說話遲鈍，就算是仁人麼？」孔子說：「一個人要做好一件事是很難的；所以話不能說得太快。」

司馬牛問君子。子曰：「君子不憂不懼。」曰：「不憂不懼，斯謂之君子已乎？」子曰：「內省不疚㈠，夫何憂何懼㈡！」

【今註】㈠爾雅釋詁：「疚，病。」「內省不疚」，自己省察自己，行為上沒有什麼不好。㈡夫音符。

【今譯】司馬牛向孔子請教怎樣做個君子。孔子說：「一個君子人，不憂慮，不恐懼。」司馬牛說：「不憂慮、不恐懼，就算是君子了麼？」孔子說：「一個人如反身自省而沒有什麼不好的行為，那還有什麼可憂可懼的呢！」

司馬牛憂，曰：「人皆有兄弟；我獨亡㈠！」子夏曰：「商聞之矣：『死生有命；富貴在天㈡。』君子敬而無失，與人恭而有禮，四海之內皆兄弟也。君子何患乎無兄弟也！」

【今註】㈠亡音無。左哀十四年傳記宋桓魋作亂以及他的兄弟司馬牛為避亂而死在魯郭門外的事；

司馬牛和子夏的談話，自當在桓魋亂前。㊁「死生」、「富貴」兩句，乃引以解司馬牛的「憂」的；下面幾句，則對司馬牛的話而講。

【今譯】司馬牛憂慮，說：「別人都有兄弟；我獨沒有！」子夏說：「我聽說：『一個人的死生是有命的；富貴也完全由於天的安排。』一個君子對事謹敬而不出過錯，對人恭謙有禮，天下人都可以成為兄弟：一個君子為什麼要愁沒有兄弟呢！」

子張問明，子曰：「浸潤之譖、膚受之愬㊀、不行焉，可謂明也已矣！——浸潤之譖、膚受之愬、不行焉，可謂遠也已矣㊁！」

【今註】㊀鄭曰：「譖人之言，如水之浸潤，漸以成之。」集注：「膚受，謂肌膚所受、利害切身也。」說文：「訴，告也。」或體作愬。又：「譖（ㄗㄣˋ），愬（ㄙㄨˋ）也。讒，譖也。」按：這裏的「訴」、「譖」都有「讒」的意思。㊁「可謂遠也已矣」的「遠」字，只是「明得遠」的意思。孔子說了「可謂明也已矣」以後，又想到：這樣，非特可稱為「明」，並且可稱為「明得遠」；所以再補一句。

【今譯】子張問怎樣才可稱為明。孔子說：「漸漸而入的讒言、利害切身的謗語、對你都不生作用，那你就可算得明了！實在，漸漸而入的讒言、利害切身的謗語、對你都不生作用，那你非特可稱為『明』，亦可以稱為『明得遠』了。」

子貢問政。子曰：「足食；足兵㊀；民，信之矣㊁。」子貢曰：「必不得已而去㊂，於斯三者何先？」曰：「去兵。」子貢曰：「必不得已而去，於斯二者何先？」曰：「去食。自古皆有死；民無信不立㊃！」

【今註】㊀兵，本是指兵器而言；至於用兵器的人也叫兵，則是引申的意義。這章裏的「兵」，似乎包括一切軍備而言。㊁「民信之矣」的「矣」字，當是衍文。孔子舉出為政三要事：足食；足兵；民，信之（「信之」是「使民信任政府」的意思。「信之」下似乎不須更有「矣」字了。現在經文這個「矣」字，恐怕是後人所加的。因為傳世的「論語」都有這個「矣」字，所以我們在經文上保留它，而在譯文裏則不譯出。）㊂去，起呂切。釋文：「一讀而去於斯為絕句。」㊃「立」字似亦有安定的意義。（晉語：「晉饑。公問於箕鄭曰，救饑何以？對曰，信。」）

【今譯】子貢問國家政治的事情。孔子說：「糧食充足；軍備充實；人民信任政府。」子貢說：「在不得已要減省的時候，這三件事情裏邊哪一件可以先去？」孔子說：「去了軍備。」子貢又說：「在不得已要減省的時候，這二件事情裏邊哪一件可以先去？」孔子說：「去了糧食。從古以來，人生都有一死；只要人民信任政府，即使糧食偶然不足，人民或還可以為國家效命；但若人民對政府沒有信心，則人民對國家必不能有貞固的志操！」

棘子成曰㈠：「君子質而已矣；何以文為！」子貢曰：「惜乎夫子之說君子也！駟不及舌㈡！文、猶質也；質、猶文也。虎豹之鞟，猶犬羊之鞟也㈢！」

【今註】㈠鄭曰：「舊說云，棘（ㄐㄧˊ）子成，衛大夫。」劉疏：當時稱大夫為「夫子」。㈡鄭曰：「過言一出，駟馬追之不及。」（詩清人箋：駟，四馬也。）㈢詩韓奕傳：「鞹，革也。」（說文：獸皮治去其毛曰革。）鞟（ㄎㄨㄛˋ）同鞹。按：子貢以為文和質是一樣重要的。君子所以別於野人，就是因為君子有文而野人沒有。這好像虎豹的皮所以貴於犬羊的皮，只因為有炳蔚的文。若治皮去毛、文不可見，則虎豹的革和犬羊的革便沒有分別了。（經文記子貢的話，似嫌太簡！）章末「也」字依皇本正平本。

【今譯】棘子成說：「一個君子只要有質就可以了；何必要文呢！」子貢說：「可惜棘大夫講君子要這樣講！話一出口，四匹馬也追不回來！文和質是一樣重要的。（如果沒有文的不同，君子、野人便不容易分別。）虎豹的革，看起來不是和犬羊的革一樣麼！」

哀公問於有若曰：「年饑㈠，用不足；如之何？」有若對曰：「盍徹乎㈡！」曰：「二㈢，吾猶不足；如之何其徹也！」對曰：

「百姓足，君孰與不足！百姓不足，君孰與足㊃！」

【今註】㊀爾雅：「穀不熟為饑。」㊁鄭曰：「盍，何不也。周法十一而稅謂之徹。徹，通也，為天下之通法。」㊂孔曰：「二，謂什二而稅。」按：哀公因有若提出徹，所以說「十分取二我還不夠」。㊃後漢書楊震傳引文，「孰」作「誰」。荀子富國篇：「下貧則上貧；下富則上富。」

【今譯】哀公問有若道：「年成不好，國家財用不夠；該怎麼辦？」有若回答說：「何不行徹法？」哀公說：「十分取二，我還不夠；怎麼還可以行徹法呢！」有若說道：「百姓如足，君上怎麼會不足！百姓如不足，君上怎麼會足！」

子張問崇德、辨惑㊀。子曰：「主忠信；徙義：崇德也。愛之欲其生；惡之欲其死。既欲其生，又欲其死。是惑也㊁！」誠不以富，亦祇以異㊂。

【今註】㊀辨是辨別的意思。崇德、辨惑，應當都是當時孔門中流行的成語。（下文又有「樊遲問崇德、修慝、辨惑」的記載；修慝自然亦是一句成語。）㊁惡，烏路切。「愛之欲其生、惡之欲其死」：這兩句是說普通人的常情。（所謂「生」「死」，不過表示「善意」「惡意」的極端；不可拘泥於字面。）「既欲其生、又欲其死」，是說一個人既愛人而不用正道，往往至於「愛之適以害之」；如父母的溺愛子女、即是一例。父母溺愛子女，事事縱容：這是由於「欲其生」的緣故。但這種溺愛，常使子女身體不好或品性不端、至於不可救治：這和「欲其死」有什麼分別？父母對子女，當然只「欲其生」而不會「欲其死」的；但因愛的方法不對，便好像同時有兩種相反的心理，即所謂「既欲其生，又欲其死」。有了這種情形，自然要稱作「惑」了。不過，這只是常見的一個例。凡做一件事情，雖有好目的，但方法不對，結果往往和目的相反。這樣的做事情，都可以叫作「惑」。一個人要「辨惑」，就是要明白自己的目的而知道使用適合於目的的方法。㊂「誠不以富、亦祇以異」：這兩句詩，見小雅「我行其野」篇。這兩句詩在「是惑也」下，可以說是毫沒有意義的。集注：「程子曰，此錯簡；當在第十六篇『齊景公有馬千駟』之上。」我們的譯文裏不譯這兩句詩。

【今譯】 子張請教增進德行、辨明疑惑的方法。孔子說：「一切行為，以忠信為主；知道有什麼好的道理或事情就馬上去學或去做：這就是增進德行的方法。凡人喜歡一個人的時候，就希望他活得很好；厭惡一個人的時候，就會希望他死。如果有人喜歡一個人，而對這個人所施的行為卻是有害於這個人的健康或品性的，這可以說『既欲其生、又欲其死』。這就是『惑』了！」

齊景公問政於孔子㊀。孔子對曰：「君君；臣臣；父父；子

子。」公曰：「善哉！信如君不君、臣不臣、父不父、子不子，雖有粟，吾得而食諸㊁！」

【今註】㊀魯昭公二十五年，昭公奔齊；孔子亦因魯亂而適齊。齊景公向孔子問政，當在這時。㊁「信」，義同「誠」。「信如」，有「如果」、「設使」的意義。「諸」，「之乎」的合音。釋文本吾下有焉字；孔子世家吾下有豈字。（不能吃飯，即是「不能活」的意思。）

【今譯】齊景公向孔子問政治的道理。孔子回答說：「君，盡君道；臣，盡臣道；父，盡父道；子，盡子道。」景公說：「這話好得很！如果君不盡君道，臣不盡臣道，父不盡父道，子不盡子道，就算有飯，我還能吃它嗎！」

子曰：「片言可以折獄者㊀，其由也與㊁！」子路無宿諾㊂。

【今註】㊀片言，是單辭，是一面的話。折，是斷的意思。凡斷一訟案，須要聽取被告和原告兩方面的話才可以作決定。皇疏引孫綽云，子路心高言信，未嘗文過以自衛；聽訟者便宜以子路單辭為正。㊁與音餘。㊂這五個字本應自為一章。（釋文：或分此為別章。）但這句話雖不是原屬這章的，而意義和這章有點相關，所以編論語的人把它記在這章後。（集注：「宿，留也。急於踐言，不留其諾也。記者因夫子之言而記此，以見子路之所以取信於人者，由其養之有素也。」一）孔子對子路的不說謊，似是有篤信的。

【今譯】孔子說：「根據一面的話以判斷訟案，似只有仲由的話才可以！」子路答應別人的事，一定馬上替人做到。

子曰：「聽訟，吾猶人也。必也，使無訟乎！」

【今譯】孔子說：「審判訟案，我也和別人一樣。我以為最好是，我們能夠使人世間永遠沒有訟事！」

子張問政。子曰：「居之無倦；行之以忠㊀。」

【今註】㊀無倦，似指平日的勤政；忠，似指行事時的盡心。「之」，指政事講。

【今譯】子張問政治的道理。孔子說：「居官不可懈怠；行事必須忠誠。」

子曰：「博學於文；約之以禮；亦可以弗畔矣夫㊀！」

【今註】㈠雍也篇有一章和這章文句相同。但「博學」上多「君子」二字。

子曰：「君子成人之美㈠，不成人之惡。小人反是。」

【今註】㈠美，善。（穀梁隱元年傳：春秋成人之美，不成人之惡。）

【今譯】孔子說：「一個君子人幫助別人做好事，不幫助別人做壞事。小人正相反。」

季康子問政於孔子。孔子對曰：「政者正也㈠。子帥以正，孰敢不正！」

【今註】㈠從這章可見春秋時已有用「聲訓」講道理的風氣了。但「政者正也」，可以說是古來政治最好的格言。禮記哀公問篇：「公曰，敢問何謂為政？孔子對曰，政者正也：君為正，則百姓從政矣；君之所為，百姓之所從也。」（參子路篇「其身正不令而行」章。）

【今譯】季康子向孔子問政治的道理。孔子回答說：「政，就是『正』。你自己先依著正道而行，還有誰敢不依照著正道呢！」

季康子患盜；問於孔子。孔子對曰：「苟子之不欲㊀，雖賞之不竊。」

【今註】㊀「不欲」，是心裏沒有貪婪的意念。說苑貴德篇：「上之變下，猶風之靡草也。民之竊盜，正由上之多欲；故夫子以『不欲』勸康子也。」

【今譯】季康子以盜賊為憂；向孔子請教。孔子回答說：「如果你自己不貪欲，就是懸賞叫人去偷也沒有人去偷。」

季康子問政於孔子，曰：「如殺無道以就有道，何如？」孔子對曰：「子為政，焉用殺㊀！子欲善而民善矣！君子之德，風；小人之德，草。草、上之風，必偃！」

【今註】㊀焉，於虔切。

【今譯】季康子向孔子請教政治的道理，說：「如果誅殺壞人以成就好人，你看怎麼樣？」孔子回答說：「做政治何必用殺呢！你喜歡好事，大家就會做好事的。在上位的人就好像是風；老百姓就好像是草。草，如果風來吹它，一定順風而倒。」

子張問：「士、何如斯可謂之達矣？」子曰：「何哉、爾所謂達者？」子張對曰：「在邦必聞，在家必聞。」子曰：「是聞也；非達也㊀。夫達也者㊁，質直而好義㊂；察言而觀色，慮以下人㊃。在邦必達；在家必達。夫聞也者，色取仁而行違㊄，居之不疑。在邦必聞；在家必聞。」

【今註】㊀聞，即現在所謂「虛名」。達，義同通；有處人處己都可通行的道理。劉疏：「所謂忠信篤敬、蠻貊可行，即達義也。」亦可講得通。㊁夫音符；下同。㊂好，呼報切。㊃下，遐嫁切。「察言而觀色、慮以下人」：這是說，能夠仔細的了解別人而凡事都讓人。（慮有都凡的意思。）㊄行，下孟切。「色取仁」，外表好像是「志於仁」的；「行違」，行為和外表相反。

【今譯】子張問道：「士，要怎樣才可叫作達？」孔子說：「你所謂『達』是什麼意思？」子張回答說：「無論他在什麼地方都一定會顯名。」孔子說：「那是聞；不是達。那達呢，立身正直而好義；對人能夠察言而觀色，總想事事讓人。這樣，無論在什麼地方都能行得通。那聞呢，外表好像是依著仁的，而實際的行為則正和外表相反，且不覺得虛偽的可恥。這樣，無論在什麼地方都一定有虛名。」

樊遲從遊於舞雩之下；曰：「敢問崇德，脩慝㈠，辨惑。」子曰：「善哉問！先事後得，非崇德與㈡！攻其惡無攻人之惡㈢，非脩慝與！一朝之忿、忘其身以及其親，非惑與！」

【今註】㈠孔曰：「脩，治也；慝（ㄊㄜˋ），惡也。（脩慝。）化惡為善。」（周禮夏官環人注：「慝，陰姦也。」左僖十五年的「隱慝」，杜解為隱惡。）㈡皇疏引范寧云，「物莫不避勞而處逸；今以勞事為先，得事為後，所以崇德也。」與音餘；下同。㈢「攻其惡無攻人之惡」的「其」，義同「己」。（衛靈公篇：「躬自厚而薄責於人，則遠怨矣。」遠怨和脩慝，意義相近。）

【今譯】樊遲跟孔子遊觀雩壇；說：「請問：怎樣增進德行？怎樣化解怨惡？怎樣辨明惑亂？」孔子說：「你問得很好！做事則爭先；受祿則居後：這不就是增進德行的方法麼！責自己而不責別人：這不就是化解怨惡的作為麼！因為一時的忿怒、忘了自身而連累了親長：這不是惑是什麼！」

樊遲問仁。子曰：「愛人。」問知㈠。子曰：「知人㈡。」樊遲未達㈢。子曰：「舉直錯諸枉，能使枉者直。」樊遲退，見子夏曰：「鄉也吾見於夫子而問知㊃，子曰：『舉直錯諸枉，能使枉者直。』何謂也？」子夏曰：「富哉言乎！舜有天下，選於眾、舉皋陶㊄，不仁者遠矣㊅！湯有天下，選於眾、舉伊尹㊆，不仁者遠矣！」

【今註】㊀知音智；下問知同。㊁「知人」的知平聲。大戴禮王言篇：「孔子曰，仁者莫大於愛人；知者莫大於知賢。」㊂從下文看起來，樊遲所未達的不在「仁為愛人」這一點，而在「知為知人」這一點；因為孔子的答話和樊遲對子夏說的話純是就「知」講的。㊃鄉。許亮切，是借為曏字的。說文：「曏，不久也。」（亦借用向、嚮。）見，賢遍切。㊄選，息戀切。陶音遙。皋（ㄍㄠ）陶，堯舜時代著名的法官。㊅左宣十六年傳：「晉國之盜逃奔于秦。羊舌職曰，吾聞之：禹稱善人，不善人遠。此之謂也。」子夏答樊遲的話，頗似羊舌職所引的話，而不是「使枉者直」的意思。當然，「枉者直」和「不仁者遠」，意義是相似的。㊆伊尹，相湯王天下的人。

【今譯】樊遲問仁。孔子說：「愛人。」問知。孔子說：「知人。」樊遲不懂。孔子說：「把正直的人舉起來安置在邪曲的人上面，就會使邪曲的人變得正直。」樊遲退出；去見子夏說道：「剛才我見了老師並且向他問知；老師說：『舉直錯諸枉，能使枉者直。』這是什麼意思？」子夏說：「這句話有意義得很！舜有天下的時候，在眾人裏面選出了皋陶，那壞人就遠去了；湯有天下的時候，在眾人裏面選出了伊尹，那壞人就遠去了。」

子貢問友。子曰：「忠告而善道之㈠。不可，則止；毋自辱焉！」

【今註】㈠釋文：「告，古毒反。」忠告：對朋友的行為，盡心相告。道音導。善道：對朋友進忠告的話盡量的和婉。（皇本，正平本道作導。）

【今譯】子貢問交友的道理。孔子說：「朋友有不對的地方，要盡心的勸告他，但須說得十分和婉；如果他不聽，也就算了。不要自取恥辱。」

曾子曰：「君子以文會友㈠；以友輔仁。」

【今註】㈠文，儀文；意同「禮貌」。（左僖二十三年傳：子犯曰，吾不如衰之文也。）儀文，差不多是人人都能有的。用儀文可以交益友；有了益友可以幫助我們為仁。仁，乃是最可貴的德行。這個最可貴的德行，竟可用很尋常的儀文換得：這樣便宜的事，我們還能不做麼！曾子把一個人容易有的「文」和最可貴的「仁」連起來講，自然含有很深切的勸勉的意義。

【今譯】曾子說：「君子用儀文來交友；用朋友來助成德行。」

卷十三　子　路

子路問政。子曰：「先之；勞之㈠。」請益㈡。曰：「無倦㈢！」

【今註】㈠先之：一切政教，當以自身躬行在先；勞之：要民信服，須為民事而勤勞。㈡曲禮：請益則起。注：「益，謂受說不了，欲師更說明之。」㈢「無倦！」即「不倦怠的做去！」

【今譯】子路問為政的方法。孔子說：「你要人民行善，那你就先做給他們看；為他們的事情，你必須不避勤勞。」子路請孔子再告訴他一些。孔子說：「只要不懈怠就得！」

仲弓為季氏宰，問政。子曰：「先有司㈠：赦小過；舉賢才。」曰：「焉知賢才而舉之㈡？」曰：「舉爾所知。爾所不知，人其舍諸㈢！」

【今註】㈠「有司」，指一首長下分管各事的屬吏。「先有司」，是說為政要道在注意羣吏。「赦小過、舉賢才」，則是注意的要點。㈡焉，於虔切。㈢釋文：「舍如字；置也。」

【今譯】仲弓做季氏的邑宰，向孔子問為政的道理。孔子說：「先把你手下主管事務的人整頓好；恕他們的小過失；提拔賢能的人。」仲弓說：「怎麼知道那些人賢能而提拔他們呢？」孔子說：「你提拔你所知道的。你不知道的，難道別人就放棄了他們嗎！」

子路曰：「衛君待子而為政㈠；子將奚先？」子曰：「必也正名乎㈡！」子路曰：「有是哉、子之迂也㈢！奚其正？」子曰：「野哉由也！君子於其所不知，蓋闕如也㈣。名不正則言不順；言不順則事不成；事不成則禮樂不興；禮樂不興則刑罰不中㈤；刑罰不中則民無所錯手足㈥。故君子名之必可言也；言之必可行也。君子於其言，無所苟而已矣！」

【今註】㈠衛君，指出公輒（ㄓㄜˊ）。輒是衛靈公太子蒯聵（ㄎㄨㄞˇ ㄎㄨㄟˋ）的兒子。蒯聵因罪出奔；靈公卒，衛人立輒為衛君；而晉國的趙鞅則助蒯聵返衛。後蒯聵得國，輒出奔，史稱輒為出公。

㈡史記孔子世家：「是時衛君輒父不得立、在外，諸侯數以為讓；而孔子弟子多仕於衛，衛君欲得孔子為政。」下接論語這章的問答。按：孔子於魯哀公六年自楚反乎衛。世家這裏所記的「是時」，為哀公七年，即衛出公輒五年。所以這章的「正名」，宋以來的學者大都以為是指正父子的名。即司馬遷恐亦有這個想法。不過漢世的馬融和鄭玄都不這樣講。馬融以「正名」為「正百事之名」；鄭玄則以「正名」為「正書字」。（鄭注：「正名，謂正書字也。古者曰『名』；今世曰『字』。禮記曰：『百名以上，則書之於策。』孔子見時教不行，故欲正其文字之誤。」）按馬說可通；鄭說則比較稍迂了！正文字固然是一個國家所應有的事情；但衛國在那個時候，如孔子得為政，必不以正文字為先務的。鄭君所以有這個說法，可能因為東漢末年，文字謬誤，所以鄭君因孔子「正名」的話，想到文字對人民的重要，便有這個解釋。他注裏所稱的「禮記」，乃是儀禮中的聘禮記。（儀禮聘禮（記）：「百名以上書於策；不及百名書於方。」注：「名，書文也；今謂之字。」）㊂迂音于。包曰：「迂，猶遠也；言孔子之言遠於事也。」㊃蓋闕，雙聲連語。（以蓋為語詞而把「闕如」連讀，是不對的。）漢書儒林傳：「疑者丘蓋不言。」不言所不知為「丘蓋」。「蓋闕」，義同「丘蓋」。蓋闕如，是闕疑的樣子；「如」是「申申如」、「恂恂如」的「如」。㊄中，丁仲切。㊅釋文：「錯，七故反；本又作措。」唐石經、皇本、邢本、廖本作錯；孔子世家同。朱本、正平本作措。

【今譯】　子路說：「衛國國君等老師去替他幹政治；老師打算先做什麼？」孔子說：「那我一定要先糾正一切不當的名義！」子路說：「老師怎麼迂闊到這個地步！這有什麼可正的！」孔子說：「仲由真鄙俗！一個君子人對他不知道的事，是不隨便亂說的。名義不正，言詞上就不能順理成章；言詞上不能順理成章，事情就做不成；事情做不成，文教就不能推行；文教不能推行，法律就不能得當；法律不能得當，百姓就不知道怎麼做才好。所以君子人用一個名詞，一定是可以說得成理的；說出一句話，一定是可以行得通的。一個君子人對他的說話，要做到不隨便亂說才好！」

樊遲請學稼。子曰：「吾不如老農。」請學為圃。曰：「吾不如老圃。」㊀樊遲出。子曰：「小人哉樊須也！上好禮㊁，則民莫敢不敬；上好義，則民莫敢不服；上好信，則民莫敢不用情。夫如是㊂，則四方之民襁負其子而至矣㊃；焉用稼㊄！」

【今註】㊀樊遲所問的是關於民生的問題；孔子所重的在於教育。不過，為政首在富民；富民莫要於足食：這個道理，可能是孔子常向弟子講的。若使樊遲問孔子以富民的道理，孔子必另有回答的話。稼是種穀；圃是種菜。這是農藝的事情；孔子所答乃是實話。至孔子說樊遲是小人，乃是就他「學稼、學為圃」而言。凡勞力以治產的人，在那時通稱「小人」；和志於道的「士」不同。孔子所以在樊遲出去以後說這些話，似只是要使門人知道為學應專心。㊁好，呼報切；下同。㊂夫音符。㊃襁，本作繈。繈是繃小兒於背的帶。普通多繈緥連稱。（緥，小兒衣；俗多作褓。）㊄焉，於虔切。

【今譯】樊遲要學種穀。孔子說：「我不如老農夫。」要學種菜。孔子說：「我不如老菜農。」樊遲出去。孔子說：「樊遲真陋！在上位的人好禮，百姓就不敢不恭敬；在上位的人好義，百姓就不敢不服從；在上位的好信，百姓就不敢不誠實。能夠這樣，四方的百姓都背著子女來我們這裏了；（在上位的人、只需要做好他的職務，）用不著去種田的！」

子曰：「誦詩三百，授之以政，不達；使於四方㊀，不能專對。雖多亦奚以為㊁！」

【今註】㊀使，所吏切。㊁這章是孔子教人做學問在乎懂得而能應用，不在乎多！

【今譯】孔子說：「念了三百篇詩，讓他去幹政治，他做不通；派他到國外辦事，他不能應付得當。學得雖多，又有什麼用處！」

子曰：「其身正㊀，不令而行；其身不正，雖令不從。」

【今註】㊀這章的「其」，是指當政的人講的。（顏淵篇：「政者正也：子帥以正，孰敢不正！」本篇下文：「苟正其身矣，於從政乎何有！不能正其身，如正人何！」）

【今譯】孔子說：「一個在位的人，本身做得正當，就是不下命令也行得通；本身做得不正當，就是下命令老百姓也不能從。」

子曰：「魯衛之政，兄弟也㈠！」

【今註】㈠集注：「魯，周公之後；衛，康叔之後：本兄弟之國。而是時衰亂，政亦相似，故孔子嘆之。」按：孔子這話，發於一時的感想；語雖詼諧，意實悲傷。

【今譯】孔子說：「魯衛兩國的政治，真是哥兒倆！」

子謂：「衛公子荊善居室：始有，曰『苟合矣㈠！』；少有，曰『苟完矣㈡！』；富有，曰『苟美矣！』。」

【今註】㈠這章的「茍」字，音ㄐㄧˊ（紀力切），字形和敬字的左旁相同。說文訓為「自急敕也」；因音近極字而借用為極。（和「苟有用我者」的「苟」（ㄍㄡˇ）不同。）合，是足夠的意思。（合，古音閤，和夠雙聲。）「茍合矣」是「極夠了」的意思。（舊時把「茍」，講為「聊且」：「茍合矣」，就是聊且將僅有一點的東西看作已夠了。這自然是一個容易滿足的人；普通講起來，也是一個很通達的人。但有了聊且的心理，便有勉強的意味。我們若把「茍」字講作「極」，不用「聊且」的講法，則衛公子荊的「滿足」便自然而然的沒有一點勉強的意味。這實在要比帶有聊且心理的滿足好得多。這似乎更值得孔子的稱讚。）㈡說文：完，全也。

【今譯】　孔子說：「衛國的公子荊真懂得處世的道理：剛有一點，他就說『很夠了』；稍多一點，他就說『很富足了！』；再多一點，他就說『太好了！』。」

子適衛，冉有僕。子曰：「庶矣哉！」冉有曰：「既庶矣，又何加焉？」曰：「富之！」曰：「既富矣，又何加焉？」曰：「教之㈠！」

【今註】　㈠這一章雖是很簡單的問答，但很有意義。儒家先富後教的治國政策，最早見於這一段談話裏。後來孟子、荀子講到治國的道理，可以說都是本源於孔子的。（孟子梁惠王篇：「明君制民之產，必使仰足以事父母、俯足以畜妻子。……然後驅而之善。」荀子大略篇：「不富無以養民情，不教無以理民性。……詩曰：飲之，食之；教之，誨之。王事具矣。」）

【今譯】　孔子到衛國，冉有替孔子趕車。孔子說：「人民很多了！」冉有說：「有這樣多的人民，次一步應該怎麼辦呢？」孔子說：「使他們富足！」冉有說：「人民富足了，次一步應該怎麼辦呢？」孔子說：「教育他們！」

子曰：「苟有用我者，期月而已可也㈠；三年有成。」

【今註】㈠「期月」的「月」，應是衍文。古以一年為稘，但經傳多用期字。期（ㄐㄧ），或作朞。（堯典：「朞，三百有六旬。」說文引書朞作稘，用本字。）這章古本，或有作「朞而已可也」的。後來朞誤為「其月」，而校者又改「其」為「期」，遂誤成「期月」。期月二字連用，應只可講作匝一月，如中庸「而不能期月守也」。（期本義為周，不訓一年。）解論語的人，自然覺得匝一月為時太短，只好把「期月」講成一年。（皇疏：「期月，謂年一周也。」皇疏是否創解，今已難考。但後來邢朱則都同皇氏。）實則論語的「期月」，本只作「期」，同於陽貨篇「期可已矣」的「期」。因為寫書的人寫「期」作「朞」，致誤成現在論語中的「期月」，而講書的人遂不得不作曲解了。

【今譯】孔子說：「如果有人用我，一年就可以做出一點樣子了；三年便有成績。」

子曰：「善人為邦百年，亦可以勝殘去殺矣㈠！——誠哉是言也㈡！」

【今註】㈠勝字舊讀平聲；細審文義，讀去聲（訓克服）似較合。㈡從「誠哉是言也」這句話，可知上面十四字乃是古語。孔子當亦因「勝殘去殺」的不易而贊同這古語。（一說，「誠哉是言也」乃是後世讀書者的批語，後來混入正文的。這個說法似亦可通。）

【今譯】孔子說：「一個國家連續一百年得有善人來治理，便可以使殘暴的人絕迹而不用刑戮了！——這話實在是不錯的！」

子曰：「如有王者㊀，必世而後仁㊁。」

【今註】㊀王者，能行王道以治天下的人。㊁三十年為一世。這裏的「仁」，意思略同上章的「勝殘去殺」。（「必世而後仁」句，有極鄭重的語氣：即有王者，亦必須三十年天下才得太平！）

【今譯】孔子說：「如果一個能行王道的人來治理天下，那也必須三十年才能實現仁政。」

子曰：「苟正其身矣，於從政乎何有！不能正其身，如正人何㊀！」

【今註】㊀這章是申明「政者正也」的道理的。參考上文「其身正」章。

【今譯】孔子說：「如果自己做得正，那對政治還有什麼難處！如果自己不能正，那怎麼能夠去正別人！」

冉子退朝㊀。子曰：「何晏也？」對曰：「有政。」子曰：「其事也㊁！如有政，雖不吾以，吾其與聞之㊂！」

【今註】㊀朝，直遙切。㊁馬融以「事」為「凡所行常事」，以「政」為「有所改更匡正、非常之事」。鄭玄以為「君之教令為政；臣之教令為事。」集注：「政，國政；事，家事。」按：馬說較通。㊂與音預。左哀十一年傳：「季孫欲以田賦，使冉有訪於仲尼，曰：『子為國老，待子而行。』」左傳所記，可以說明「雖不吾以，吾其與聞之」的話。（按：政和事的分別，可作孔子正名的一例。）

【今譯】冉有從政府辦公的地方回來。孔子說：「為什麼這麼晚？」冉有答道：「有政。」孔子說：「恐怕只是常事吧！如果有政，雖然不能用我的意見，但一定會告訴我的！」

定公問：「一言而可以興邦；有諸？」孔子對曰：「言，不可以若是；其『幾』也㊀！人之言曰：『為君難；為臣不易㊁。』如知為君之難也，不『幾』乎一言而興邦乎！」曰：「一言而喪邦㊂；有諸？」孔子對曰：「言，不可以若是；其『幾』也！人之言曰：『予無樂乎為君㊃；唯其言而莫予違也！』如其善而莫之違也，不亦善乎！如不善而莫之違也，不『幾』乎一言而喪邦乎！」

【今註】 ㊀王曰：「幾，近也。有近一言可興國也。」按：王說在文義上似欠明晰。這個幾字，似宜講作「差不多」。㊁易，以豉切。㊂喪，息浪切。㊃樂音洛。

【今譯】 魯定公問：「一句話就可以使一個國家興盛起來；有沒有這種事？」孔子回答說：「說話恐怕不會到這個地步；不過我們可以說一個『差不多』的例子！有人說：『做國君很難；做臣子也不容易。』如果能真正了解做國君的難，那這話不就『差不多』會使一個國家興盛起來嗎！」定公又問：「一句話就使一個國家滅亡了；有沒有這種事？」孔子回答說：「說話恐怕不會到這個地步；不過我們可以說一個『差不多』的例子！有人說：『我對於做一個國君不覺得有什麼快樂，除了我的話沒有人敢違抗。』如果他的話是好的而沒有人違抗，那是最好不過！如果他的話不好而沒有人違抗，那這話不就『差不多』會使一個國家滅亡了嗎！」

葉公問政㈠。子曰：「近者說㈡；遠者來㈢。」

【今註】㈠葉（ㄕㄜˋ），舒涉切。㈡說音悅。㈢墨子耕柱篇：「葉公子高問政於仲尼曰：善為政者若之何？仲尼對曰：善為政者，遠者近之而舊者新之。」韓非子難三：「葉公子高問政於仲尼。仲尼曰：政在悅近而來遠。子貢問曰：何也？仲尼曰：葉，都大而國小，民有背心；故曰『政在悅近而來遠』。」

【今譯】葉公向孔子問為政的道理。孔子說：「使近人歡悅；使遠人來歸。」

子夏為莒父宰㈠，問政。子曰：「無欲速；無見小利。欲速則不達；見小利則大事不成。」

【今註】㈠父音甫（ㄈㄨˇ）。鄭曰：「舊說云，莒父，魯下邑。」

【今譯】子夏做莒父的邑長，向孔子問為政的道理。孔子說：「不要圖近功；不要貪小利。圖近功，事情便做不好；貪小利，就成不了大事。」

葉公語孔子曰㊀：「吾黨有直躬者㊁，其父攘羊而子證之㊂。」孔子曰：「吾黨之直者異於是。父為子隱；子為父隱。直在其中矣㊃！」

【今註】㊀語，魚據切。㊁一說：直躬是直身而行的意思。另一說：躬是人名；這人以直著名，所以叫直躬。㊂「其父攘羊而子證之」的「子」字，當是衍文。韓非子五蠹篇：「楚之有直躬，其父竊羊而謁之吏。」呂氏春秋當務篇：「楚有直躬者，其父竊羊而謁之上。」從以上的文字，可以看出論語這章的文字，應作「其父攘羊而證之」，不當有子字。（這個說法，五代時丘光庭的兼明書第三卷裏就已有了。）㊃這當是孔子帶點詼諧的話：孔子只用平常的人情來說明「證父攘羊」不見得就是「直」。天性的「直」乃是「父為子隱，子為父隱」的！為，于偽切。

【今譯】葉公告訴孔子說：「我們家鄉有個叫直躬的，他父親偷了人家的羊，而他去證明。」孔子說：「我們家鄉所謂直和這不同。父親替兒子隱瞞；兒子也替父親隱瞞。直就在這裏！」

樊遲問仁㊀。子曰：「居處恭；執事敬；與人忠。雖之夷狄㊁，不可棄也。」

【今註】㊀樊遲問仁的「仁」疑本作「行」。我們看孔子的答話，和衞靈公篇孔子對子張問行的答話差不多。包注：「雖之夷狄無禮義之處，猶不可棄去而不行。」似包所見的論語是作「問行」的。㊁爾雅釋詁：之，往也。顏淵篇曾記有「樊遲問仁」。

【今譯】樊遲問仁。孔子說：「居家溫恭；辦事敬肅；對人忠誠：這些德行，就是到了夷狄的地方，也不可以沒有的！」

子貢問曰：「何如斯可謂之士矣？」子曰：「行己有恥；使於四方，不辱君命㊀。可謂士矣！」曰：「敢問其次。」曰：「宗族稱孝焉；鄉黨稱弟焉㊁。」曰：「敢問其次。」曰：「言必信；行必果㊂：硜硜然小人哉！抑亦可以為次矣。」曰：「今之從政者何如？」子曰：「噫！斗筲之人，何足算也㊃！」

【今註】㊀使，所吏切。㊁弟，大計切。㊂行，下孟切。㊃鄭曰：「噫，心不平之聲。筲，竹器，容斗二升。算，數也。」硜音ㄎㄥ。集注：「斗筲之人，言鄙細也。」（漢哀帝時議郎耿育上疏有「豈庸庸斗筲之臣所能及哉」的話。按：耿育疏中以「庸庸斗筲」連言，則「斗筲之人」為庸陋的人可知。劉疏：「斗筲之人；言今之從政，但事聚斂也。」但孔子意中是否以「斗筲」指聚斂，是一問題。）

【今譯】子貢問道：「怎樣才可以稱為士？」孔子說：「本身行事有羞恥的心；出使外國能達成君命：這就可稱為士了！」子貢說：「次一等的呢？」孔子說：「宗族稱讚他孝順；鄉里稱讚他友愛。」子貢說：「再次一等的呢？」孔子說：「說出的話必不失信；要做的事必做到底：這是一種堅守小信小忠的人，不過也可以勉強稱作士了！」子貢說：「現在做官的人怎麼樣？」孔子說：「唉，那些庸陋的人、還值得講麼！」

子曰：「不得中行而與之，必也、狂狷乎㈠！狂者，進取；狷者，有所不為也㈡。」

【今註】㈠狷音絹。包曰：「中行，行能得其中者。言不得中行、則欲得狂狷也。」集注：「行，道也。」（孟子盡心下：萬章問曰：「孔子在陳，曰：『盍歸乎來！吾黨之士狂簡，進取不忘其初。』孔子在陳，何思魯之狂士？」孟子曰：「孔子：『不得中道而與之，必也、狂獧乎！狂者進取；獧者有所不為也。』孔子豈不欲中道哉！不可必得，故思其次也。」按：論語的「中行」，孟子作「中道」。同是指稟性中和而志於道的士人講。）㈡包曰：「狂者，進取於善道；狷者，守節無為。」（說文有獧而沒有狷。段注：獧狷古今字。晉語二：小心狷介。韋解：狷者守分有所不為也。按：「狷介」雙聲聯語；有潔身自好的意義。狷潔亦雙聲，所以孟子以「不屑不潔之士」為獧。 這章當是孔子評論來受業的門人的話。士志於道而又有中和的德性的，自古便很少！）

【今譯】 孔子說：「不能得到具有中和德性的人而取他，不得已的話，只好取那狂狷的人！（狂者和狷者雖然沒有中和的德性，但）狂者志趣高大；狷者不做不好的事情。」

子曰：「南人有言曰：『人而無恆，不可以作巫醫。』善夫㈠！」「不恆其德，或承之羞㈡。」子曰：「不占而已矣㈢！」

【今註】 ㈠夫音符。㈡易恆：「九三：不恆其德，或承之羞。」大概讀論語的人因孔子講到無恆的話，所以把恆卦九三的爻辭記在旁邊。至於下文七個字，便不知何從而來了。㈢「不占而已矣」，朱子以為「其義未詳」。我們的譯文從「不恆其德」起便缺。

【今譯】 孔子說：「南方人曾說：『一個人如果沒有恆心，那他連巫醫也不可以做。』這話好得很！」

子曰：「君子和而不同；小人同而不和㈠。」

【今註】 ㈠「和、同」兩個字的分別，大概是春秋時代的語言有這個用法的。凡以道義相勸勉則叫和，以利害相結合則叫同。左昭二十年傳記齊國的晏子和齊景公的談話，也用這兩個字以分別君子、小人。（鄭語：「史伯曰，今王去和而取同：夫和實生物；同則不繼。」亦以「和」「同」對立。這種語言的分別，戰國時便又改變了。孟子稱讚大舜的大，只在「善與人同」！）

【今譯】孔子說：，「君子以道義相交而不以利害相交；小人以利害相交而不以道義相交。」

子貢問曰：「鄉人皆好之；何如？」子曰：「未可也。」「鄉人皆惡之；何如？」子曰：「未可也。不如鄉人之善者好之，其不善者惡之㊀！」

【今註】㊀好（ㄏㄠˋ），呼報切；惡（ㄨˋ），烏路切。看孔子最後兩句話，似子貢發問的本意，只在用鄉里的評論以定一個人是否真的好。

【今譯】子貢問道：「一個地方的人都喜歡他，你看這個人怎樣？」孔子說：「憑這個還不能說他是好人。」「一個地方的人都厭惡他，你看這個人怎樣？」孔子說：「憑這個也還不能說他是好人。如果一個地方的好人都喜歡他而壞人都厭惡他，那麼，這個人便應是好人了！」

子曰：「君子易事而難說也㊀。說之不以道，不說也；及其使人也，器之。小人難事而易說也。說之雖不以道，說也；及其使人也，求備焉。」

【今註】㊀易，以豉切；說音悅；下都同。

【今譯】孔子說：「在君子手下做事容易，卻不容易討好他。不用正當的方法去討好他，他是不會喜歡的；但他使人做事的時候，是量人的才幹而任用的。在小人手下做事很難，卻容易討好他。即使不用正當的方法去討好他，他也會喜歡；但他使人做事的時候，便要求全責備了。」

子曰：「君子泰而不驕；小人驕而不泰㊀。」

【今註】㊀泰是內省不疚、無憂無懼的心境；驕是自視高峻、盛氣凌人的樣子。

【今譯】孔子說：「君子舒泰而不傲慢；小人傲慢而不舒泰。」

子曰：「剛，毅，木，訥㊀；近仁。」

【今註】㊀王曰，「剛，無欲；毅，果敢；木，質樸；訥，遲鈍。」（訥，義同訒（ㄖㄣˋ）。）

【今譯】孔子說：「剛正，堅毅，質樸，訥言：這四樣德性，都是近於仁的。」

子路問曰：「何如斯可謂之士矣？」子曰：「切切、偲偲、怡怡如也㊀，可謂士矣。——朋友切切、偲偲，兄弟怡怡。」

【今註】㊀馬曰：「切切、偲偲（ㄙ），相切責之貌；怡怡，和順之貌。」大戴禮曾子立事篇：「宮中雍雍，外焉肅肅；兄弟憘憘，朋友切切。遠者以貌，近者以情。」廣雅釋訓：「切切，敬也。」廣雅疏證：「切切、偲偲，蓋皆敬貌也。朋友則尚敬，兄弟則尚和。」按：切責敬肅，義亦相通。

【今譯】子路問道：「怎麼樣才可算是士呢？」孔子說：「有敬肅的心情，有和順的氣度，就可以算是士了！——朋友主於敬肅；兄弟主於和順。」

子曰：「善人教民七年，亦可以即戎矣㊀！」

【今註】㊀「善人」，即「善人為邦百年」的「善人」。教民七年而後使攻戰，可見孔子愛民而慎戰的意思。包曰：「即，就也；戎，兵也。」集注：「教民者，教之孝悌忠信之行，務農講武之法。民知親其上、死其長，故可以即戎。」

【今譯】孔子說：「善人教導了人民七年，就可使他們執戈以衛國了！」

子曰：「以不教民戰，是謂棄之㊀！」

【今註】㊀馬曰：「言用不習之民使之攻戰，必破敗；是之謂棄之。」（周禮大司馬：中春，教振武。鄭注：「兵者，守國之備。孔子曰：『以不教民戰，是謂棄之。』兵者凶事，不可空設；因蒐狩而習之。凡師，出曰治兵；入曰振旅：皆習戰也。」按：馬注中的「習」，亦當指「習戰」言。上章的「教民」，集注說得最為詳明。這章的「教」，集注因為已見上章，所以沒有解釋。這章注文，則略依馬注，而以「教」字改馬注中的「習」字，且加「以，用也。」於注首。集注所以不用馬注的「習」字，當因經文本用「教」字，且上章注裏的「講武」一詞已含有「習戰」的意義的緣故。但「教」字在這章，似應專指習戰言。所以我們採用馬注。戰乃人民的生命和國家的存亡所繫；若平日不訓練攻戰技術，實違背「慎戰」的道理！）

【今譯】孔子說：「用沒有訓練好的人民去打仗，就等於白白犧牲他們！」

卷十四　憲問

憲問恥㊀。子曰：「邦有道，穀；邦無道、穀，恥也㊁！」「克、伐、怨、欲，不行焉，可以為仁矣㊂？」子曰：「可以為難矣！仁，則吾不知也。」

【今註】㊀仲尼弟子列傳作「子思問恥」。㊁這幾句話，有兩種講法：集解（孔）以「恥也」二字只指「邦無道、穀」而言；集注以「恥也」二字兼貫上面八個字。我們從集解的講法。穀，本義為粟，轉義為祿；現在叫「薪俸」。（泰伯篇：「子曰：邦有道，貧且賤焉，恥也；邦無道，富且貴焉，恥也！」）㊂仲尼弟子列傳「克」上有「子思曰」三字；「矣」作「乎」。

【今譯】原憲請教關於「恥」的道理。孔子說：「國家政治清明，我們應該出來做事；如果國家政治昏亂而出來做官，那是可恥的！」（原憲問，）「一個人如果沒有好勝、自誇、怨恨、貪欲四樣毛病，他可以稱得上仁麼？」孔子說：「這可以說是很難的！至於那樣的人是不是仁，我不知道。」

子曰：「士而懷居㊀，不足以為士矣！」

【今註】㈠居，本指居住的處所；這裏是用引申的意思（安逸）：懷居，意同「懷安」。

【今譯】孔子說：「一個人如果貪戀安逸的生活，那就不配稱為士了！」

子曰：「邦有道，危言危行㈠；邦無道，危行言孫㈡。」

【今註】㈠廣雅：危，正也。㈡孫音遜。集解：「孫，順也。」劉疏：「順言者，無所違犯也。荀子臣道篇：迫脅於亂時，窮居於暴國，而無所避之，則崇其美揚其善，違其惡隱其敗，言其所長不稱其所短，以為成俗。」按：遜言不是說假話或顛倒是非，只是把真話說得委婉一點。至荀子揚善隱惡的方法，雖可避禍，究不是正道。總之，遜言以保身，本可以做；但若遜言而使社會受害，則不可！

【今譯】孔子說：「國家政治清明，應該言正、行正；國家政治昏亂，行為還是要正，而說話應該委婉。」

子曰：「有德者必有言；有言者不必有德㈠。仁者必有勇；勇者不必有仁㈡。」

【今註】㈠「有言」的「言」，當然不是指尋常言語，而是指有益世道人心的話。有言而無德的人，可以說是能言而不能行的人。㈢仁者重道而輕身，見義必為；匹夫好勇鬥狠，未必合理。

【今譯】孔子說：「德行好的人，定會說出很有益於世的話；能說好話的人，做人不一定好。仁人一定有勇；逞勇的人卻未必仁。」

南宮适問於孔子曰㈠：「羿善射；奡盪舟㈡。俱不得其死然㈢。禹稷躬稼，而有天下㈣！」夫子不答。南宮适出。子曰：「君子哉若人！尚德哉若人！」

【今註】㈠釋文：「适（ㄍㄨㄚ），古話反；本又作括。」南宮适，即公治長篇和先進篇的南容。

㈡盪，土浪切。左襄四年傳：「魏絳曰，昔有夏之方衰也，後羿因夏民以代夏政；恃其射也，不修民事；用寒浞為己相。浞愚弄其民而虞羿于田；羿將歸自田，家眾殺之。浞因羿室，生澆及豷。恃其讒慝詐偽而不德于民；使澆用師滅斟灌及斟鄩氏。處澆于過；處豷于戈。」左哀元年傳：「伍員曰，昔有過澆殺斟灌以伐斟鄩；滅夏后相。后緡方娠，逃出自竇；歸于有仍，生少康焉。……能布其德而兆其謀，以收夏眾，撫其官職。使女艾諜澆，使季杼誘豷，遂滅過、戈，復禹之績；祀夏配天，不失舊物。」孔注以「奡盪舟」的奡（ㄠˋ）為寒浞因羿室所生，是以奡即左傳的澆。（劉疏：「注以奡為澆，甚是。梁玉繩漢書古今人表考謂澆、奡、傲三字古多通借，以論語之羿、奡即人表第九列之羿、浞、奡也。周氏柄中典故辨正亦云：『竹書帝相二十七年，澆伐斟鄩，大戰於濰；覆其舟，滅之。此奡盪舟之事；即古人以左右衝殺為盪陣之義也。』今案梁周二說皆是。」朱駿聲說文通訓定聲孚部奡字注：「或據竹書及楚辭覆舟斟鄩事，謂論語之奡即左襄四傳之澆；澆奡亦一聲之轉。」）按：奡澆以聲通假。至「盪舟」的事，似應闕疑；說為「罔水行舟」固然不可，說為「覆舟」亦不妥。偽孔「奡多力、能陸地行舟」的話，亦當出於訛傳。㊂經傳釋詞七：「然，猶焉也。」㊃馬曰：「禹盡力於溝洫，稷播百穀，故曰『躬稼』。禹及其身，稷及後世，皆王。适意欲以禹稷比孔子；孔子謙，故不答也。」

【今譯】南宮适問孔子道：「羿長於射；奡能盪舟。這兩人好像都不得善終！禹稷勤勞耕種，卻得了天下！〔老師看怎麼樣？〕」孔子沒有回答。南宮适出去。孔子說：「這真是一個君子人！這真是一個崇尚德行的人！」

子曰：「君子而不仁者有矣夫㊀；未有小人而仁者也㊁！」

【今註】㊀夫音符。㊁這章的君子，是指受過教育而略知做人的道理的；小人，則指連這樣的修養也沒有的人。仁，自然亦有高低的分別；孔子這裏的仁，當亦指高一點的講。一個能夠仁民愛物的君子，世間當然很少；以次而降，到了略知道做人的道理的人，自亦是君子。這些君子裏面，能夠克己復禮、三月不違仁的，豈可多見！至於沒有受過教育的小人（自然不一定是「壞人」！），更難有為仁的。所謂「生而知之」的上知，百年難逢。要弘揚仁道，要使天下有道，必須把全人類的知識水準逐漸提高。這是孔子所以「誨人不倦」的一個原因！

【今譯】孔子說：「君子人裏面做不到仁的倒是有的；小人裏面則沒有能夠做到仁的！」

子曰：「愛之能勿勞乎㈠？忠焉能勿誨乎？」

【今註】㈠王引之經義述聞釋這個勞字為勉；說：「呂氏春秋高注：『勞，勉也。』勉與誨義相近，故勞誨對稱。」劉氏論語正義則訓這個勞字為憂；說：「淮南精神訓『竭力而勞萬民』，氾論訓『以勞天下之民』；高注並云：『勞，憂也。』憂者，勤思之也；正此處確詁。」（按：里仁篇「勞而不怨」，王氏亦訓勞為憂。實在，勞，憂義相通。）

【今譯】孔子說：「我們愛好一個人，能不為他憂心嗎！我們忠於一個人，能不教誨他嗎！」

子曰：「為命㈠，裨諶草創之㈡；世叔討論之㈢；行人子羽修飾之㈣；東里子產潤色之㈤。」

【今註】㈠這裏的「命」，是指政府所發的辭令。㈡裨（ㄆㄧˊ），婢之切。裨諶（ㄔㄣˊ），鄭大夫。㈢世叔，鄭大夫游吉；左傳稱為子太叔。㈣行人，是國家管外交事務的官。子羽，公孫揮的字。㈤馬曰，「子產居東里，因以為號。」　孔子告訴弟子以鄭多賢才、和賢才對國家的重要。

【今譯】孔子說：「鄭國政府要作一道辭令，裨諶起草；世叔來討論；行人子羽來修飾；東里子產加以潤色。」

或問子產。子曰：「惠人也㈠。」問子西㈡。曰：「彼哉、彼哉㈢！」問管仲。曰：「人也㈣，奪伯氏駢邑三百；飯疏食，沒齒無怨言㈤。」

【今註】㈠說文：惠，仁也。㈡子西，朱子以為是指楚公子申。㈢馬曰：「彼哉彼哉，言無足稱。」馬氏這個解釋，自是出於臆測的，但可能孔子當時亦講不出這樣人的一句好話。㈣「這個人呀，」㈤飯，扶晚切；疏，所居切；食音嗣。飯疏食，意為「吃粗米飯」。孔曰：「伯氏，齊大夫。駢邑，地名。伯氏食邑三百家；管仲奪之，使至疏食而沒齒無怨言：以其當理也。」（按：「管氏有三歸」和「奪伯氏駢邑」二事，我們現在難知道得清楚。）

【今譯】有人向孔子問到子產是一個怎樣的人。孔子說：「他是個惠愛的人。」又問到子西。孔子說：「他就是那樣的人！」又問到管仲。孔子說：「這個人呀，籍沒了伯氏駢邑封地三百家，而伯氏一生吃粗米飯，到死沒有一句怨恨的話。」

子曰：「貧而無怨，難；富而無驕，易㊀。」

【今註】㊀易，以豉切。「無怨」、「無驕」，都是做人的修養。勞苦的人難平心；閒適的人易知禮。

【今譯】孔子說：「貧窮而不怨恨，比較難；富貴而不驕傲，比較容易。」

子曰：「孟公綽，為趙、魏老則優；不可以為滕、薛大夫㊀。」

【今註】㊀孔曰：「公綽，魯大夫。趙、魏，皆晉卿。家臣稱『老』。公綽性寡欲。趙、魏貪賢，家老無職：故優。滕、薛小國，大夫職煩：故不可為。」劉疏：「弟子傳：『孔子之所嚴事，於魯孟公綽。』是公綽為魯人。云『大夫』，以意言之。下章言『公綽之不欲』，是性寡欲也。貪賢者，言務多賢也。」

【今譯】孔子說：「孟公綽，做趙、魏的家臣是很好的，但不可以做滕、薛的大夫。」

子路問成人㊀。子曰：「若臧武仲之知㊁，公綽之不欲㊂，卞莊子之勇㊃，冉求之藝，文之以禮樂，亦可以為成人矣！」曰㊄：「今之成人者何必然！見利思義，見危授命，久要不忘平生之言㊅，亦可以為成人矣！」

【今註】㊀劉疏：「成人為成德之人。」㊁臧（ㄗㄤ）武仲，魯大夫臧孫紇（ㄏㄜˊ）。知音智。㊂馬曰：「孟公綽。」㊃周曰：「卞（ㄅㄧㄢˋ）邑大夫。」荀子大略篇：「齊人欲伐魯；忌卞莊子，不敢過卞。」孔廣森疑卞莊子即孟莊子：「孟莊子有勇名；或嘗食采於卞，因以為號。楚語：魯有弁費。謂孟孫季孫也。弁卞一字。」（經學卮言。）江永說略同。㊄「曰」字以下的話，皇、邢、朱都以為是孔子所說；集注：「復加曰字者，既答而復言也。」（劉疏：「集注引胡說獨以為子路言；於義似較長。」）㊅孔曰：「久要，舊約也。」（楊樹達以為這裏的「要」當讀為「不可以久處約」的「約」。按：楊說亦可通。）集注：「平生，平日也。」

【今譯】子路問：「怎樣才是成人？」孔子說：「一個人如果有臧武仲的智慧；孟公綽的不貪，卞莊子的勇敢，冉求的才藝，並且嫻習於禮樂，就可以說是成人了！」又說：「現在講成人何必這樣！只要財利當前而能想到義，危難時能不顧生死，久守約言而不忘記平日的話，也就可以說是成人了！」

子問公叔文子於公明賈曰㈠：「信乎，夫子不言、不笑、不取乎？」公明賈對曰：「以告者，過也。夫子時、然後言，人不厭其言；樂、然後笑㈡，人不厭其笑；義、然後取，人不厭其取。」子曰：「其然？豈其然乎㈢！」

【今註】㈠孔曰：「公叔文子，衛大夫公孫拔；文，謚。」劉疏：「公明賈，疑亦衛人。」按：蓋公明賈仕於文子，所以孔子問他。㈡樂音洛。㈢馬曰：「美其得道；嫌不能悉然。」按：馬蓋以「美其得道」釋「其然」；以「嫌不能悉然」釋「豈其然乎」。（集注以「其然」為疑詞，亦可。）

【今譯】孔子向公明賈問公叔文子，說：「他是真的不言、不笑、不取的麼？」公明賈回答說：「傳話的人說錯了。他在應該說話的時候才說話，所以別人就不討厭他的話；他真正高興時才笑，所以別人就不討厭他的笑；他應該取的時候才取，所以別人就不討厭他的取。」孔子說：「是這樣的麼？難道真是這樣的麼！」

子曰：「臧武仲以防求為後於魯㈠；雖曰『不要君』㈡，吾不信也。」

【今註】㊀防，是臧氏的私邑。魯襄公二十三年，臧氏為孟氏所譖，出奔邾；又從邾到防，使人向魯國的國君請求為臧氏立後，說：「紇非能害也；知不足也。非敢私請；苟守先祀，無廢二勳，敢不辟邑。」（所謂「二勳」，指武仲的祖父（文仲）、和父（宣叔）而言。「辟邑」，是說把防邑交還給魯國。）魯國於是把文仲的異母兄名叫「為」的立起來做臧氏的後。㊁要，一遙切，意為要挾（廣韻四宵注：「俗言要勒」）。蓋孔子時曾有武仲「不要君」的傳說。

【今譯】孔子說：「臧武仲用防邑向魯國請求為臧氏立後；雖然說他並沒有要挾君上的意思，我不相信！」

子曰：「晉文公譎而不正；齊桓公正而不譎㊀。」

【今註】㊀晉文公，名重耳；齊桓公，名小白。齊桓和晉文，都是春秋前期諸侯的霸主。譎（ㄐㄩㄝˊ），古穴切。說文：譎，權詐也。（春秋繁露玉英篇：「論語：晉文公譎而不正；齊桓公正而不譎。譎，權也；正，經也。言：晉文公能行權而不能守經；齊桓公能守經而不能行權。各有所長，亦各有所短也。」）

【今譯】孔子說：「晉文公能權謀而不很正派；齊桓公能正派而短於權謀。」

子路曰：「桓公殺公子糾，召忽死之；管仲不死㈠。曰㈡，未仁乎？」子曰：「桓公九合諸侯㈢，不以兵車；管仲之力也。如其仁㈣！如其仁！」

【今註】㈠召音邵。齊襄公的時候，鮑叔牙知道國家將亂，便和襄公的兄弟公子小白逃往莒國；後來襄公被他的從弟無知所弒，管仲和召忽又同襄公的另一兄弟公子糾逃往魯國。等到齊人殺了無知，魯國便用兵送子糾回齊國，但小白已從莒先進齊國了。小白就是後來的桓公。當時齊國打退魯國的兵，叫魯人殺子糾而把管仲和召忽送回齊國。召忽以身殉公子糾；管仲則沒有同死。管仲回到齊國，桓公用他為相。（見左莊九年傳及管子大匡。）㈡這個「曰」字，好像現在人說的「是否可說」四字。㈢這九，古多作次數講；朱子據左僖二十六傳「桓公糾合諸侯」，以九為糾的借字。（說文：「糾，繩三合也。」引申而有結合的意義。）譯文取朱說。㈣如，義同「乃」。（經傳釋詞七。）

【今譯】子路說：「桓公殺了公子糾：召忽以身殉；管仲卻不死。管仲不算是個仁人吧？」孔子說：「桓公結合諸侯，不用兵力：全是管仲的功勞。這乃是他的仁！這乃是他的仁！」

子貢曰：「管仲非仁者與㈠？桓公殺公子糾：不能死；又相之㈡！」子曰：「管仲相桓公，霸諸侯，一匡天下：民到于今受其賜。微管仲㈢，吾其被髮左衽矣㈣！豈若匹夫匹婦之為諒也㈤，自經於溝瀆而莫之知也㈥！」

【今註】㈠與音餘。㈡相，息亮切。㈢小爾雅廣詁：微，無也。㈣被，同披；衽（ㄖㄣˋ），衣襟。被髮左衽，當是孔子時夷狄的風俗。㈤匹夫匹婦，指普通人。說文：諒，信也。㈥荀子彊國篇注：經，縊（ㄧˋ）也。說文：「溝，水瀆也。瀆（ㄉㄨˊ），溝也。」

【今譯】子貢說：「管仲恐怕算不得一個仁人吧！桓公殺了公子糾；他不能殉子糾，反而輔佐桓公！」孔子說：「管仲輔佐桓公，為諸侯的盟主，把天下整頓一番；一直到現在，天下的人民都還受到他的好處。沒有管仲，我們恐怕已經成為夷狄了！他那裏會像普通人一樣，為了小信小節自殺於溝瀆而沒有人知道！」

公叔文子之臣、大夫僎，與文子同升諸公㈠。子聞之，曰：

「可以為『文』矣㊁！」

【今註】㊀臣，是家臣。僎（ㄓㄨㄢˋ），士免切。大夫僎是文子的家大夫；文子推薦他而讓他和自己同為公家的大夫。㊁春秋時代行謚法：凡是一個有地位的人，死後由國家給他一個謚（ㄕˋ）。這裏的「文」，是公叔文子去世後國家給他的謚。從這章可以看出孔子尊重為國家舉賢才的人。

【今譯】公叔文子的家臣做了大夫的僎，跟文子同上公朝。孔子聽到這回事，說：「公叔文子，真值得謚為『文』了！」

子言衛靈公之無道也㊀。康子曰：「夫如是，奚而不喪㊁！」孔子曰：「仲叔圉治賓客㊂；祝鮀治宗廟；王孫賈治軍旅：夫如是，奚其喪㊃！」

【今註】㊀皇疏本作「子曰，衛靈公之無道久也！」㊁夫音符。喪（ㄙㄤˋ），息浪切。㊂集注：「仲叔圉（ㄩˇ），即孔文子也。」㊃孔子在這裏說賢才對國家的重要！

【今譯】孔子談論衛靈公的無道；康子說：「他這樣，怎麼不會亡國？」孔子說：「仲叔圉管外交；祝鮀管祭祀；王孫賈管軍事：他能這樣用賢，國家怎麼會亡！」

子曰：「其言之不怍，則其為之也難㊀。」

【今註】㊀下「其」字依皇本，正平本。馬曰：「怍（ㄗㄨㄛˋ），慙（ㄘㄢˊ）也。內有其實，則言之不慙。積其實者，為之難也！」按：孔子這章的話，和答孟武伯問孝（為政篇）的話，只有馬注講得對。（宋司馬光自以為生平「事無不可對人言」。事無不可對人言，就是「言之不怍」。一個人要做到這個地步，自然很難。）

【今譯】孔子說：「一個人要講到自己的事情而不會慚愧，那他平日的行為便不會容易！」

陳成子弒簡公㊀。孔子沐浴而朝告於哀公曰㊁：「陳恒弒其君，請討之！」公曰：「告夫三子㊂！」孔子曰：「以吾從大夫之後，不敢不告也；君曰『告夫三子者！』」之三子告；不可。孔子曰：「以吾從大夫之後，不敢不告也㊃。」

【今註】㊀陳成子，齊大夫陳恆。簡公，是齊國的國君。㊁沐是洗頭；浴是洗身。凡齋必沐浴。劉疏：「禮於常朝不齊；此重其事，故先齊也。」㊂夫音符；下告夫同。三子，指仲孫、叔孫、季孫三卿。那時魯國的政權全在三家手中。㊃皇本正平本沒有這個也字。

【今譯】　陳成子殺了齊簡公。孔子齋戒沐浴而上朝報告魯哀公說：「陳恆弒了他的國君。請發兵討伐他！」哀公說：「你去告訴他們三位！」孔子〔退朝後〕說：「因為我忝為大夫，所以不敢不把這事報告君上；君上卻說『告訴他們三位呀！』」孔子到三家那裏去講；三家都不贊成。孔子說：「因為我忝為大夫，所以不敢不來告！」

子路問事君。子曰：「勿欺也㊀；而犯之㊁！」

【今註】　㊀皇本「也」作「之」。㊁禮記檀弓上：「事君有犯而無隱。」

【今譯】　子路向孔子問服事君上的道理。孔子說：「不可欺騙他；但〔為阻止他的過失，〕可犯顏諫諍。」

子曰：「君子上達；小人下達㊀。」

【今註】　㊀這章的上達、下達，解釋的人，有以仁義、財利去分的（皇疏）；有以循天理、徇人欲去分的（集注）。這兩解可以說都是據「君子喻於義、小人喻於利」而作的。若用「下學而上達」的

「上達」來講這裏的「上達」，則和「喻於義」似亦相近。譯文姑備一說。

【今譯】孔子說：「君子圖日進於道德的修養；小人務多得鄙俗的榮名。」

子曰：「古之學者為己；今之學者為人㊀。」

【今註】㊀為，于偽切。集注：「程子曰，為己，欲得之於己也；為人，欲見知於人也。」

【今譯】孔子說：「古時的學者，志在把自己修養好；現在的學者，志在示人以所學。」

蘧伯玉使人於孔子㊀；孔子與之坐而問焉，曰：「夫子何為？」對曰：「夫子欲寡其過而未能也！」使者出㊁。子曰：「使乎！使乎㊂！」

【今註】㊀蘧（ㄑㄩˊ），其居切。蘧伯玉，衛大夫蘧瑗。㊁使，所吏切。下使乎同。㊂陳曰：「再言『使乎』者，善之也。」按：孔子的意思或是：「具這樣見解的人，乃只做一個『使者』麼！」

【今譯】蘧伯玉差了一個人到孔子那裏。孔子請他坐；並且問他說：「你家老爺在家做些什麼？」使者回答說：「我家老爺要減少他行為上的過失、卻還沒有做到。」使者出去後。孔子說：「這是一個送信的人麼！這是一個送信的人麼！」

子曰：「不在其位，不謀其政㊀。」

【今註】㊀這章已見泰伯篇。

曾子曰：「君子思不出其位㊀。」

【今註】㊀「君子思不出其位。」易艮卦象辭有這話。可能是作象辭的人用了曾子的話的。

【今譯】曾子說：「君子總想不做超出他自己職位的事。」

子曰：「君子恥其言之過其行也㊀。」

【今註】㊀「之過其行也」，依皇本、正平本；別本作「而過其行」。阮氏校勘記：「按、潛夫論交際篇：『孔子疾夫言之過其行者。』符所見的論語亦作之字。」（禮記雜記：「有其言而無其行，君子恥之。」表記：「君子恥有其辭而無其德；有其德而無其行。」）

【今譯】孔子說：「君子以言過於行為可恥。」

子曰：「君子道者三㊀：我無能焉。仁者不憂；知者不惑；勇者不懼㊁。」子貢曰：「夫子自道也㊂！」

【今註】㊀禮記中庸：子曰：「君子之道四：丘未能一焉。」這章「道者三」三字，雖然亦見於泰伯篇的「君子所貴乎道者三」句裏，但兩處的文意不同。就語法講，這裏似應作「君子之道三」㊁知音智。子罕篇亦有這三句；知在仁上。㊂集注：「自道，猶言謙辭。」

【今譯】孔子說：「一個君子有三種德性；我一種也沒有。有仁德的人不憂；有智慧的人不惑；勇敢的人無所恐懼。」子貢說：「這是老師說自己！」

子貢方人㊀。子曰：「賜也賢乎哉！夫我則不暇㊁。」

【今註】㊀釋文：「方人，鄭本作謗，謂言人之過惡。」（孔訓方為比方；集注從孔義。這個講法亦可通。）㊁夫音符。「謗人」近於「言人之不善」，所以孔子微諷子貢。（皇本作「賜也賢乎我夫哉，我則不暇。」正平本作「賜也賢乎我夫！我則不暇。」阮記以兩本「皆非」。按：正平本可從。）

【今譯】子貢批評別人的不對。孔子說：「賜真能幹！我就沒有這閒工夫！」

子曰：「不患人之不己知㊀；患其不能也㊁。」

【今註】㊀在論語他篇裏，和這章大同小異的話凡三見，學而、里仁、衛靈公三篇裏各一見。朱子說：「聖人於此一事蓋屢言之；其丁寧之意亦可見矣！」㊁「患其不能也」的「其」，意同「己」。（古書中「其」常用作「己」。）「其不」，皇本作「己無」。管子小稱篇：「身不善之患；毋患人莫己知。」（身，意同己。）

【今譯】孔子說：「不要憂慮人家不知道自己，只須憂慮自己沒有能力。」

子曰：「不逆詐，不億不信；抑亦先覺者：是賢乎㊀！」

【今註】㊀集注：「逆，未至而迎之也。億，未見而意之也。詐，謂人欺己。不信，謂人疑己。抑，反話辭。言雖不逆不億，而於人之情偽自然先覺，乃為賢也。」按：這章的意義難懂；似應闕疑。譯文闕。（集注似乎把文理解釋清楚了；但孔子這話究竟有什麼意思，實難明白。）

微生畝謂孔子曰㊀：「丘，何為是栖栖者與㊁！無乃為佞乎？」孔子曰：「非敢為佞也；疾固也㊂！」

【今註】㊀集注：「微生，姓；畝，名也。畝呼夫子名而辭甚倨，蓋有齒德而隱者。」㊁栖栖（ㄒㄧ），當同棲棲。說文以棲為西的或體而不錄栖，當因許時棲較通行的緣故。班固答賓戲：「棲棲皇皇。」顏注：「不安之意也。」左昭五傳：「而屑屑焉習儀以亟。」屑屑栖栖，音通義同。方言十：「屑屑，不安也：秦晉謂之屑屑。」與音餘。㊂包曰：「病世固陋，欲行道以化之。」（呂氏春秋愛類篇：「賢人之不遠海內之路而時往來乎王公之朝，非以要利也，以民為務者也。」按：呂氏以「憂民之利、除民之害」為仁，亦可以說是一位能夠知道聖賢的人。）

【今譯】微生畝對孔子說：「丘，為什麼那麼栖栖皇皇的！莫非是要逞你的口才去討好人家？」孔子說：「我不是要逞口才；我只是痛恨世人的固陋！」

子曰：「驥㊀，不稱其力，稱其德也㊁。」

【今註】㊀太平御覽引鄭注：「驥（ㄐㄧˋ），古之善馬。」說文：「驥，千里馬也。」㊁鄭曰：「德者，調良之謂。」按：調良，馴服和善的意思。

【今譯】孔子說：「驥的所以稱為『驥』，不是因為牠能日行千里，而是因為牠有馴良的體德。」

或曰：「以德報怨㈠，何如？」子曰：「何以報德！以直報怨；以德報德。」

【今註】㈠廣雅釋言：報，復也。玉篇：報，酬也，答也。老子六十三篇：「報怨以德。」大概當時曾有人提倡「以德報怨」的道理，所以或向孔子提出這個問題。（禮記表記：「子曰：以德報德，則民有所勸；以怨報怨，則民有所懲。」又：「子曰：以德報怨，則寬身之仁也；以怨報德，則刑戮之民也。」鄭注：「寬，猶愛也。愛身以息怨，非禮之正也。仁，亦當言民。」）

【今譯】有人說：「用德來報怨；你看怎麼樣？」孔子說：「那麼用什麼來報德呢！我們用正直的行為來報怨；用惠愛的心情來報德。」

子曰：「莫我知也夫㈠！」子貢曰：「何為其莫知子也㈡？」子曰：「不怨天，不尤人；下學而上達㈢。知我者其天乎！」

【今註】㊀夫音符。㊁子貢蓋以世上應有很多認識聖德的人，所以發出這個問話。㊂「下學而上達」：孔曰：「下學人事；上知天命。」包慎言溫故錄，根據張衡應閒，以「上達」為「達於佐國理民之道」。按：孔注的「知天命」，當即「五十而知天命」的「知天命」，非止佐國理民的事情。細想孔子的語意，孔說或較合。不過孔子所謂「天命」，自含道濟天下的任務。（韓詩外傳和董仲舒解釋孔子「不知命，無以為君子也」的命，我們以為極有意義。但漢儒所講的命是不是合於孔子的意思，我們實難確定。當然，這裏的「上達」和上文「君子上達」的「上達」都和修德有關，則是無疑的。）

【今譯】孔子說：「沒有人能夠了解我罷！」子貢說：「為什麼沒有人能夠了解老師？」孔子說：「不恨天，不怪人；思索的雖只是平常的事情，而了解的似已進到高明的境界了。恐怕只有天會知道我罷！」

公伯寮愬子路於季孫㊀。子服景伯以告㊁；曰：「夫子固有惑志㊂；於公伯寮，吾力猶能肆諸市朝㊃。」子曰：「道之將行也與㊄，命也；道之將廢也與，命也。公伯寮其如命何㊅！」

【今註】㊀公伯寮，當即是仲尼弟子列傳的公伯僚（字子周）。愬（ㄙㄨˋ），訴字的或體。㊁子服景伯，魯大夫子服何忌。㊂夫子，指季孫。㊃把受刑人的死尸陳在刑場或公眾的地方，叫做「肆」。「市朝」有兩個意義：一是市中辦公的地方；一是指「市」和「朝」講。論語這裏的「市朝」，當指

「市」和「朝」講。（周禮鄉士：「協日刑殺；肆之三日。」疏引論語注云：「大夫於朝；士於市。公伯寮是士，止應云『肆諸市』；連言『朝』耳。」劉寶楠以這注為鄭注。）㈤與音餘。㈥劉疏：「朱子或問以為在墮三都、出藏甲之時；說頗近理。當時必謂子路此舉是彊公室弱私家，將不利於季氏，故季孫有惑志。夫子言道將行、將廢者，子路墮都，是夫子使之；今子路被愬，是道之將廢而已亦不能安於魯矣！」

【今譯】公伯寮向季孫讒毀子路。子服景伯把這件事告訴孔子；並且說：「季孫自然會生疑心；但是對於公伯寮，我還有力量向季孫進言以誅他！」孔子說：「我的道理能夠行，乃是命運；我的道理不能夠行，也是命運。公伯寮怎麼能夠改變我的命運！」

子曰：「賢者辟世㈠；其次辟地；其次辟色；其次辟言。」

【今註】㈠這章似閒談隱者的話。辟音避；下同。皇本、正平本辟作避。

【今譯】孔子說：「高明的人，不仕於世；次一等的人，不居亂邦；再次一等的人，君上沒有禮貌便去；再次一等的人，君上對已有不好的話才去。」

子曰：「作者七人矣㈠。」

【今註】㈠皇疏和邢疏都依包注把這章和上章合為一章，朱子把這句獨自為一章。朱子似較合。但這章的「作者」，實在不容易解釋；應以闕疑為是。（包曰：「作，為也。為之者凡七人；謂長沮、桀溺、丈人、石門、荷蕢、儀封人、楚狂接輿。」集注：「李氏曰：作，起也。言起而隱去者今七人矣。不可知其誰何；必求其人以實之，則鑿矣！」按：朱子雖不把這章合前為一章，卻仍以「七人」為隱者。因為上下章都是講隱者的，故雖程子張子都以「作」為「作者之謂聖」的「作」亦不苟從。但以作為隱，究嫌證據太少，所以引李氏的話以備一說。）譯文從闕。

子路宿於石門㈠。晨門曰㈡：「奚自？」子路曰：「自孔氏㈢。」曰：「是知其不可而為之者與㈣？」

【今註】㈠鄭注：「石門，魯城外門也。」劉疏：「外門，當謂郭門也。」㈡鄭注：「晨門，主晨夜開閉也。」㈢劉疏：「子路時自魯外出，晚宿石門也。」按：子路當時、或自魯外出，或自外歸魯，我們現已難定了。㈣與音餘。這章似是為這句話而記在論語裏的！

【今譯】子路在石門宿了一夜。管門的人問他說：「你是哪裏來的？」子路說：「從孔家來。」管門的人說：「就是那位知道不可做而一定要去做的先生嗎？」

子擊磬於衛㈠。有荷蕢而過孔氏之門者㈡，曰：「有心哉擊磬乎！」既而曰：「鄙哉硜硜乎！莫己知也，斯己而已矣㈢！深則厲；淺則揭㈣。」子曰：「果哉、末之難矣㈤！」

【今註】㈠磬（ㄑㄧㄥˋ），樂器（古用石製）。㈡荷，胡可切，意同負荷。說文：「蕢（ㄎㄨㄟˋ），艸器也。臾，古文蕢。論語曰，有荷臾而過孔氏之門。」（子罕篇：未成一簣。簣當為蕢的或體。）㈢釋文：「莫己，音紀。下斯己同。劉疏：「斯己者，言但當為己，不必為人；即孟子所云『獨善其身』者也。」㈣揭，起例切。「深則厲；淺則揭。」，見詩邶風「匏有苦葉」篇。詩傳：「以衣涉水為厲。揭，褰衣也。遭時制宜；如遇水深則厲、淺則揭矣！」荷蕢的人所以引這兩句詩，是要孔子隨時變更自己的意見，不必固執。㈤集注：「果哉，歎其果於忘世也。末，無也。聖人心同天地，視天下猶一家、中國猶一人，不能一日忘也；故聞荷蕢之言而歎其果於忘世：且言，人之出處，若但如此，則亦無所難矣！」朱說雖稍迂迴；但比他家說法為明順，所以譯文從朱說。（這章似編者以義旨相近而聯於上章的。）

【今譯】孔子在衛國，一天正敲著磬，有一個擔著草畚的人行過孔子門前，說：「那敲磬的倒是個有心人！」歇一歇又說：「這硜硜的磬聲，顯得太陋！如果世上沒有人知道自己，那麼，自顧自亦就算了！詩上曾告訴我們：水深濕衣渡；水淺拉起衣。」孔子說：「這真可稱作果決了！這樣，就沒有什麼難事了！」

子張曰：「書云：『高宗諒陰，三年不言㈠。』何謂也？」子曰：「何必高宗；古之人皆然。君薨，百官總己以聽於冢宰㈡、三年。」

【今註】 ㈠諒闇，亦作亮陰。馬融釋亮陰為「信默不言」；鄭玄則以諒闇為指凶廬（居喪的地方）。馬說迂曲；鄭義現在亦難十分明瞭。朱子以為「未詳其義」，頗得闕疑的道理。㈡說文：總，聚束也。爾雅釋詁：冢（ㄓㄨㄥˇ），大也。周禮天官稱冢宰，是百官的首長。（冢長聲相轉。）檀弓下：子張問曰：「書云，高宗三年不言；言乃讙。有諸？」仲尼曰：「胡為其不然也！古者，天子崩，王世子聽於冢宰三年；莫敢不敬。」（薨音ㄏㄨㄥ）

【今譯】 子張說：「書經上說：『殷高宗居喪，三年不言國事。』這是什麼意思？」孔子說：「不止高宗這樣；古代的人都是這樣！國君去世，三年以內、百官都聽命於宰相。」

子曰：「上好禮，則民易使也㈠。」

【今註】㊀好，呼報切。易，以豉切。子路篇：子曰：「上好禮，則民莫敢不敬。」陽貨篇：「小人學道則易使也。」

【今譯】孔子說：「在上位的人如果喜歡禮，老百姓便容易聽從使令。」

子路問君子。子曰：「脩己以敬㊀。」曰：「如斯而已乎？」曰：「脩己以安人㊁。」曰：「如斯而已乎？」曰：「脩己以安百姓㊂。——脩己以安百姓，堯舜其猶病諸㊃！」

【今註】㊀脩己，即脩身：脩飾自己的德行。㊁孔曰：「人，謂朋友九族。」㊂劉疏：「修己者，修身也；安人者，齊家也；安百姓，則治國平天下也。」㊃孔曰：「病，猶難也。」諸，「之乎」二字的合聲。

【今譯】子路問：「怎樣才算是君子？」孔子說：「嚴肅的脩正自己。」子路說：「這樣就可以嗎？」孔子說：「脩正自己並且使所接觸的人安和。」子路說：「這樣就可以嗎？」孔子說：「脩正自己並且使百姓安樂。——這件事，恐怕堯舜也以為難做到吧！」

原壤夷俟㊀。子曰：「幼而不孫弟㊁；長而無述焉；老而不死；

是為賊㊂！」以杖叩其脛㊃。

【今註】㈠禮記檀弓下：「孔子之故人曰原壤。其母死，夫子助之沐槨。」孔子和原壤是老朋友，所以孔子對他有戲言、戲行。夷，箕踞；俟（ㄙˋ），等待。㈡孫音遜；弟，大計切。㈢賊，意同「禍害」。㈣叩，敂字的簡體。說文：「敂（ㄎㄡˋ），擊也；讀若扣。」脛，釋文戶定反；集注其定反。

【今譯】原壤伸展兩腿坐著等孔子。孔子說：「年幼的時候不懂禮貌；長大了也沒什麼表現；老了還不死：真是禍害！」用手杖敲敲他的腳脛。

闕黨童子將命㈠。或問之曰：「益者與㈡？」子曰：「吾見其居於位也；見其與先生並行也。非求益者也；欲速成者也。」

【今註】㈠闕（ㄑㄩㄝˋ）黨，里名。馬曰：「將命者，傳賓主之語出入。」劉疏：「據士相見禮，請見用贄，賓主致辭，皆將命者達之。」儀禮鄭注：「將，猶傳也；傳命者，謂擯相者。」㈡與音餘。

【今譯】闕黨地方的一個童子傳達說話。有人問孔子說：「他是不是要求得進益呢？」孔子說：「我看他坐在位子上；看他和大人並肩同行。他不是要求教益；他只想快點成為『大人』！」

卷十五　衛靈公

衛靈公問陳於孔子㊀。孔子對曰：「俎豆之事㊁，則嘗聞之矣；軍旅之事，未之學也。」明日遂行㊂。

【今註】㊀陳（ㄓㄣˋ），軍陳。依說文，陳本地名，直珍切；敶本訓列，直刃切，引伸訓軍敶。經典中地名、敶列、軍敶都用陳字。今陳字有平去二聲，地名、姓氏、陳列、陳說、陳舊等義平聲，軍陳則去聲。顏氏家訓書證篇：「太公六韜，有天陳、地陳、人陳、雲鳥之陳。論語曰：『衛靈公問陳於孔子。』行陳之義，取於陳列耳。此於六書為假借也。蒼雅及近世字書，皆無別字；惟王羲之小學章、獨阜傍作車。縱復俗行，不宜追改六韜、論語、左傳也。」㊁孔曰：「俎（ㄗㄨˇ）豆，禮器也。」㊂左哀十一年傳：「孔文子之將攻大叔也，訪於仲尼。仲尼曰：『胡簋之事，則嘗學之矣；甲兵之事，未之聞也。』退，命駕而行；曰：『鳥則擇木；木豈能擇鳥！』文子遽止之，曰：『圉豈敢度其私；訪衛國之亂也。』將止；魯人以幣召之，乃歸。」按：衛靈公問陳和孔文子訪於仲尼，事頗相似，當由一事而傳聞不同。崔述疑左傳「為得其實」，似是。孔子世家於「明日」和「遂行」間加上蜚雁故事，自不足信。

【今譯】衛靈公向孔子問戰陣的事。孔子回答說：「禮儀的事情，我曾學過；戰陣的事情，我沒有學過。」第二天便離開了衛國。

在陳㈠、絕糧；從者病㈡，莫能興。子路慍、見曰㈢：「君子亦有窮乎？」子曰：「君子固窮；小人窮，斯濫矣！」

【今註】㈠孔子由衛到陳，在魯定公十五年；由陳返衛，則在魯哀公六年。孟子曰：「君子之戹於陳蔡之間，無上下之交也。」莊子荀子亦都有孔子戹於陳蔡的話。可見孔子在陳時極為困窮，所以到戰國時尚為人所提及。㈡從，才用切。㈢見，賢遍切。

【今譯】孔子在陳國時，斷了糧食。跟從的弟子也都餓得不能起來了。子路有點生氣，見了孔子說：「一個君子人也會窮嗎？」孔子說：「君子固然有窮困的時候；小人如果窮，那就什麼都做得出來了！」

子曰：「賜也，女以予為多學而識之者與㈠？」對曰：「然！非與？」曰：「非也！予一以貫之㈡。」

【今註】㈠女音汝。與音餘；下同。多學，就是多聞、多見。㈡里仁篇的和這章的「一以貫之」，許多學者都看作一事，這是不對的。里仁篇的「吾道、一以貫之」，是孔子說他所講的道理是有一個主旨的；這個「一」，就是「忠恕」。這章的「予一以貫之」，是孔子講他平日做學問的方法。這個「一」，是他求知識時心中所最注意的事情；乃因時而變更的。比如：我現在要學「為仁」，則凡關於「為仁」的道理，我都要學而默識在心；聞見雖然多，但在這個時期裏，我所最注意的只是這一種道理，而要慎思明辨的亦只是這一種道理，所以精神不為博雜的聞見所惑亂。這一種道理純熟了，要學別種道理，亦是這個樣子。這似是做學問一種很有用的方法。孔子回答「非也」，並不是「非」多學，而只是「非」在求某一種學問時、不能專心壹志於這種學問。若一個人在求學時能專心壹志，則「多聞多見而識之」自然都是最有益的事情。

【今譯】孔子說：「賜呀！你以為我只是多聞多見而且把所聞見的都默記在心裏麼？」子貢回答說：「我是這樣想的！難道不是嗎？」孔子說：「我的做學問，並不是只靠多聞多見而記住；我求學問時，把心裏所以為最重要的事情做綱領以統攝我的聞見。」

子曰：「由，知德者鮮矣㊀！」

【今註】㊀鮮（ㄒㄧㄢˇ），仙善切。孔子這話，注解的人多以為為「慍見」而發；我以為，孔子似只向子路感歎能夠修德的人不容易見到。

【今譯】孔子說：「由呀，懂得修德的人很少了！」

子曰：「無為而治者，其舜也與㈠！夫何為哉㈡？恭己、正南面而已矣㈢！」

【今註】㈠治，直利切。與音餘。㈡夫音符。㈢「恭己、正南面」，似即是「為政以德」的意思。集解：「言任官得其人，故無為而治也。」按：任官得人，即荀子王制篇的「人主以官人為能」；後來講政治的學者，亦都重視這個道理。泰伯篇有「舜有臣五人而天下治」的記載。對於一位「無為而治」的聖君，這是一句極有價值的史文。（能用人才能無為而治！）

【今譯】孔子說：「不做什麼而能平治天下的，只有舜吧！他做了什麼呢？只是恭敬的向著南面罷了！」

子張問行㈠。子曰：「言忠信；行篤敬㈡。雖蠻貊之邦行矣㈢！言不忠信；行不篤敬。雖州里行乎哉！立，則見其參於前也㈣；在輿，則見其倚於衡也㈤。夫然後行㈥。」子張書緒紳。

【今註】㈠問行，問怎樣行得通。㈡行，下孟切；下「行不」同。㈢蠻，南方的夷人；貊

（ㄇㄛˋ），北方的夷人。（貊，說文作貉。）㊃皇本、正平本「參」下有「然」字。阮氏校勘記：「案釋文云，參，所金反。包注云，參然在目前。是古讀如森，不讀如驂（ㄘㄢ）。」㊄衡，車前橫木。㊅夫音符。集注：「其者，指忠信、篤敬而言。參，言與我相參也。衡，軛（ㄜˋ）也。言其於忠信篤敬念念不忘，隨其所在、常若有見，雖欲頃刻離之而不可得，然後一言一行，自然不離於忠信篤敬、而蠻貊可行也。」（按：朱解參字與包異，然亦可通。）

【今譯】子張問怎樣才能處處行得通。孔子說：「一個人說話能夠忠實誠信；行為能夠篤厚謹敬：即在蠻夷的地方、也可以行得通。一個人說話不忠實誠信；行為不篤厚謹敬：即在自己家鄉、恐怕也行不通！我們站立的時候，就好像看見忠信篤敬都排列在我們前面；我們坐在車中的時候，就好像看見這些東西都倚著車前的橫木：這樣，便可以行了！」子張把這段話寫在衣帶上。

子曰：「直哉史魚㊀！邦有道如矢；邦無道如矢。君子哉蘧伯玉！邦有道則仕；邦無道則可卷而懷之㊁。」

【今註】㊀鄭注：「史魚，衛大夫，名鰌。君有道無道，行常如矢，直不曲也。」（詩大東：「其直如矢」。）㊁卷，陸眷免反；朱不音。（廣韻、卷舒字上聲，音捲；書卷字去聲，音眷。）集注：「卷，收也。懷，藏也。」泰伯篇：「天下有道則見，無道則隱。」

【今譯】孔子說：「史魚真是直！國家政治清明，他和矢一樣直；國家政治混亂，他亦和矢一樣直！蘧伯玉真是個君子！國家政治清明，他就出來做事；國家政治昏亂，他就可以收藏起來！」

子曰：「可與言而不與言㊀，失人；不可與言而與之言，失言。知者㊁，不失人，亦不失言。」

【今註】㊀「不與」下，唐石經、皇本、正平本、廖本沒有「之」字；集注本有。㊁知音智。

【今譯】孔子說：「可以和他說話而不和他說，是錯過了好人；不可以和他說話而和他說，乃是白費言語。一個聰明的人，既不錯過好人，也不白費言語。」

子曰：「志士㊀、仁人，無求生以害仁㊁；有殺身以成仁。」

【今註】㊀志士，「志於道」的士。㊁唐石經「仁」作「人」。阮元校勘記：「皇疏云，『無求生以害仁者：既志善行仁，恆欲救物，故不自求我之生以害於仁恩之理也。』則字當作『仁』。」

【今譯】孔子說：「一位志士，一位仁人，不可因求生而損害了仁；但可捐棄生命以成仁！」

子貢問為仁㈠。子曰：「工欲善其事，必先利其器㈡。居是邦也，事其大夫之賢者；友其士之仁者。」

【今註】㈠劉疏：「為，猶行也。」㈡這是比喻為仁須先有為仁的利器。為仁的利器，就是「大夫之賢者」和「士之仁者」。（參顏淵篇：曾子曰：「君子以文會友，以友輔仁。」）

【今譯】子貢向孔子問「為仁」的方法。孔子說：「工匠要做好他的工作，必須先把他的工具弄好。我們在一個國家裏，應該在賢能的官吏下服務；應該向有仁德的士人求交。」

顏淵問為邦。子曰：「行夏之時㈠；乘殷之輅㈡；服周之冕㈢；樂則韶舞㈣。放鄭聲㈤；遠佞人㈥：鄭聲淫；佞人殆。」

【今註】㈠中國舊曆，以冬至所在的月為建子的月；次一月為建丑的月；再次一月為建寅的月。夏以建寅的月為正月；則建子的月為十一月；建丑的月為十二月。殷以丑為正，則子為十二、寅為二月；周以子為正，則丑為二、寅為三月。這是古代的三正。孔子所以取夏時，集解以為「據見萬物之生以為四時之始，取其易知。」㈡釋文：「輅音路；本亦作路。」馬曰：「殷車曰大輅。左傳曰，大輅越席，昭其儉也。」劉疏：左傳者，桓二年文。㊂包曰：「冕，禮冠。周之禮，文而備。取其垂旒（ㄌㄧˊㄡ）蔽明、黈（ㄊㄡˇ）纊（ㄎㄨㄤˋ）塞耳，不任視聽。」（「垂旒蔽明」四字依劉疏說補。）㊃韶舞：舊解都以韶舞為舜樂；以「舞」字作「樂」字講。俞樾羣經平議：「舞，當讀為武；古人舞武通用。『樂則韶舞』者，則之言法也；言樂當取法韶武也。夏時、殷輅、周冕，皆以時代先後為次。若韶舞專指舜樂，則當首及之；惟韶武非一代之樂，故列於後。且時言夏、輅言殷、冕言周，而韶舞不言虞，則非止舜樂明矣。」劉疏：「俞說是。孔子世家言『孔子絃歌詩以求合韶武雅頌之音』：韶武並言，皆孔子所取也。」㊄樂記：「鄭音好濫淫志。」論語的鄭聲，當即鄭音；鄭音並非指詩鄭風言，大概是當時流行於鄭地的音樂。㊅遠，于萬切。（這章似可疑。恐不是真實的記錄；即有這件事，亦只是閒談！）

【今譯】顏淵問治國的道理。孔子說：「用夏代的曆法；坐殷代的車子；服周代的冕服；至於音樂，就用韶和武。屏斥鄭音！遠離佞人！鄭音靡濫淫志；佞人危險。」

子曰：「人無遠慮，必有近憂㊀。」

【今註】㊀「遠慮」，周密的思慮；「近憂」，隨時可以發生的憂患。遠近二字，不指距離講。

【今譯】孔子說：「一個人如果對自己的一切行為沒有周密的思慮，那麼，他隨時可以遇到憂患的來臨。」

子曰：「已矣乎！吾未見好德如好色者也㊀！」

【今註】㊀好，呼報切。子罕篇已有「吾未見好德如好色者也」一語，但沒有「已矣乎」三字。

【今譯】孔子說：「算了吧！我沒有看過一個喜愛德行像喜愛美色一樣的人！」

子曰：「臧文仲其竊位者與㊀！知柳下惠之賢而不與立也㊁。」

【今註】㊀與音餘。孔曰：「知賢而不舉，是為竊位。」㊁鄭注：「柳下惠，魯大夫展禽也。食邑柳下；謚曰惠。」按：臧文仲的知道柳下惠，左傳和魯語都有記載。「與立」的「與」，義同「以」；以與一聲之轉。

【今譯】孔子說：「臧文仲可說是盜竊職位的人吧！他明明知道柳下惠的賢能而不以薦於公家。」

子曰：「躬自厚而薄責於人㊀，則遠怨矣㊁！」

【今註】㊀經義述聞：「躬自厚者，躬自厚責也。因下薄責於人而省責字。」㊁遠，于萬切。孔曰：

「責己厚，責人薄，所以遠怨咎。」

【今譯】孔子說：「一個人很嚴的責備自己而很寬的責備別人，那就不會有什麼人怨恨他了。」

子曰：「不曰『如之何、如之何㊀』者，吾末『如之何』也已矣！」

【今註】㊀「如之何」，就是「怎麼辦」。不曰「如之何、如之何」，就是一個人對一件事不用「這怎麼辦」這個問題自己仔細思慮或虛心求教於人。（春秋繁露執贄篇：「子曰，人而不曰『如之何、如之何』者，吾莫『如之何』也矣。」集注：「如之何、如之何」者，熟思而審處之辭也。）

【今譯】孔子說：「一個遇事不以『怎麼辦、怎麼辦』自問或問人的人，我對他也不知道『怎麼辦』了！」

子曰：「羣居終日，言不及義；好行小慧。難矣哉㊀！」

【今註】㊀好，呼報切。鄭曰：「小慧，謂小小之才知；難矣哉，言無所成。」

【今譯】孔子說：「一羣人整天在一起，沒有一句正經的話；好賣弄小聰明。這種人是不會有什麼成就的！」

子曰：「義以為質㊀，禮以行之；孫以出之㊁，信以成之。君子哉！」

【今註】㊀釋文：「義以為質：一本作君子義以為質。」臧琳以「君子」為衍。㊁孫音遜。鄭曰：「義以為質，謂操行；孫以出之，謂言語。」集注：「程子曰，此四句只是一事：以義為本。」按：程說亦有本。左襄十一年傳：「夫樂以安德；義以處之；禮以行之；信以守之；仁以厲之。」

【今譯】孔子說：「以義制事，以禮行義；以遜出言，言而有信。這算得是君子了！」

子曰：「君子病無能焉；不病人之不己知也㊀。」

【今註】㊀憲問篇，子曰：「不患人之不己知；患其不能也。」

【今譯】孔子說：「君子只怕自己沒有能力；不怕別人不知道自己。」

子曰：「君子疾沒世而名不稱焉㊀。」

【今註】㊀集解：「疾，猶病也。」（法言問神篇：「君子病沒世而無名。」）沒身而名不稱，則一生沒有善行可知！里仁篇：「君子去仁，惡乎成名！」易繫辭下：「善不積，不足以成名。」

【今譯】孔子說：「一生不能留下好的名聲，是君子所恨的事情。」

子曰：「君子求諸己㊀；小人求諸人。」

【今註】㊀求，是責備的意思。集解：「君子責己；小人責人。」

【今譯】孔子說：「君子事事責備自己；小人事事責備別人。」

子曰：「君子矜而不爭㊀；羣而不黨。」

【今註】㊀包曰：「矜，矜莊也。」矜，似當依漢石經殘碑作矜。

【今譯】孔子說：「君子立身矜嚴而不和人爭；善與人同而不阿黨為私。」

子曰：「君子不以言舉人㈠；不以人廢言㈡。」

【今註】㈠「有言者不必有德」，所以君子不可以言舉人，亦不可以人廢言。㈡「狂夫之言，聖人擇焉。」（史記淮陰侯列傳廣武君引「故曰」。）

【今譯】孔子說：「君子不因為一個人的說話好而舉薦他；不因為一個人的行為壞而輕視他所說的話。」

子貢問曰：「有一言而可以終身行之者乎㈠？」子曰：「其『恕』乎！己所不欲，勿施於人。」

【今註】㈠「一言」，就是「一個字」。里仁篇：「子曰：吾道一以貫之。曾子曰：夫子之道，忠恕而已矣！」按：曾子的「忠恕」，意義和孔子的「恕」完全相同。中庸：「忠恕違道不遠：施諸己而不願，亦勿施於人。」（從「吾道一以貫之」章和這章，我們可以相信孔子所講的一切道理，在精神上是永遠可以為理性的人類所接受的。）

【今譯】子貢問道：「有沒有一個字可以一生照著做的？」孔子說：「該是『恕』字吧！自己所不喜歡的事情，不要加於別人身上！」

子曰：「吾之於人也，誰毀誰譽㈠？如有所譽者，其有所試矣㈡！」「斯民也，三代之所以直道而行也㈢。」

【今註】㈠譽音餘。㈡這章的前半段，文意勉強可通；今譯略依皇疏。㈢這句話，漢人引用的頗多；但無論連上文為一章或獨立為一章，意義都難明白。譯文闕。

【今譯】孔子說：「我對於人，何曾毀譽過誰！如果我曾稱譽過什麼人，乃是我事先觀察過的。」

子曰：「吾猶及、史之闕文也；有馬者借人乘之。今亡矣夫㈠！」

【今註】㈠亡音無。夫音符。包曰：「古之良史，於書字有疑則闕之，以待知者；有馬不能調良，則借人乘習之。孔子自謂：及見其人如此；至今無有矣。言此者，以俗多穿鑿。」按：不知而闕疑；自己不能而請教能者：這都是很好的行為。但史闕文可為後世法；而「有馬者借人乘之」則是閭巷一件瑣事，似值不得一講。且「有馬」句究嫌太簡；太簡便難有定解。集注引胡氏曰：「此章義疑，不可強解。」譯文姑用包注，以備一說。

【今譯】孔子說：「我還趕上那個時代，抄書的人，遇到不明白的文字，便闕而不寫；有馬的人，自己不能調良，便請善御的人代為馴服。現在這種事情都沒有了吧！」

子曰：「巧言亂德；小不忍則亂大謀㊀。」

【今註】㊀這兩句話是不相連的。它們所以記在一起，恐怕只是為了同有「亂」字的緣故。（參泰伯篇「好勇疾貧亂也」章。）

【今譯】孔子說：「花言巧語，可以淆亂是非。對小事情不能容忍，便會把大事情弄壞。」

子曰：「眾惡之，必察焉！眾好之，必察焉㊀！」

【今註】㊀惡（ㄨˋ），烏路切；好（ㄏㄠˋ），呼報切。從這章可見孔子對獨立思慮和實在觀察的重視。

【今譯】孔子說：「大家厭惡一個人，我們（不可以跟著厭惡，）必須（先）察看他們厭惡得對不對！大家愛好一個人，我們（不可以跟著愛好，）必須（先）察看他們愛好得對不對！」

子曰：「人能弘道；非道弘人㊀。」

【今註】㊀這裏的「道」，是指增進人類文明、世界太平的理論和方法而言。「人能弘道」，是說具有智慧和毅力的人能把這些道理行出來；「非道弘人」，是說世間雖有這些道理，但沒有好學篤行的人，這些道理亦就沒有用了。我們就以現代所謂「文化」來講。人世間所有寶貴的文化，都是由聰明的人振興起來的；所以說「人能弘道」。但無論在什麼有好文化的地方，如果人們從小便沒有適當的教育，而且他們自己又不勤學好問，則他們亦終必成為沒有文化的人；所以說「非道弘人」。從這個講法，我們可以知道，人類的文明並不是從自然的遺傳而繼續不息的！譯文只就文化講。

【今譯】孔子說：「人們能把文化提高起來；文化並不能獨自把人們提高。」

子曰：「過而不改㊀，是謂過矣㊁！」

【今註】㊀「而」，義同「如」。㊁左宣二年傳：「人誰無過？過而能改，善莫大焉！」韓詩外傳三：「孔子曰：過而改之，是不過也！」（穀梁僖二十二年傳：「過而不改；又之：是謂之過！」）孔子只以「不遷怒、不貳過」為顏回好學的證明！

【今譯】孔子說：「一個人如果知道有過而不改，那就成為有過的人了！」

子曰：「吾嘗終日不食、終夜不寢、以思，無益；不如學也㊀！」

【今註】㊀大戴禮勸學篇：「孔子曰：吾嘗終日而思矣；不如須臾之所學也。」（荀子勸學篇亦有這兩句話，但吾字上沒有孔子曰三字。）按為政篇：「子曰：學而不思則罔；思而不學則殆。」是學和思應並重。而這章所說，似和為政篇那章的話相齟齬。在這裏，我們希望讀者須把「思」的兩個作用分清。「學而不思」的「思」，是把所學得的東西思辨一過，不讓所見所聞的東西毫不分辨的堆在心裏。這個「思」，實在是「學」的一部分事情。現在這章的「思」，則是「思而不學」的「思」，並不是思慮那所學得的東西，乃是要自己用思想以發見新知。這個「思」，不憑藉所聞見的事物，似只能算是空想。空想自然得不到有益的結論。孔子這章的話，只是教人專心於學罷了。

當孔子的時代，中國的人文已相當發達；前言往行可以為後生所取資的亦富。孔子曾說：「我非生而知之者，好古敏以求之者也。」（述而）他所以好古，乃是要學於古人；他所以要學於古人，乃是因為許多極有價值的關於做人的道理，古來聖哲已花了許多歲月思索出來了；我們若能從這些人所已知道的以學，則成就必比我們獨自從頭去思索所能得到的大得多。孔子生平在求知的經過中，必屢有這樣的覺悟，所以他不能隱而不說。他已以自己為「非生而知之者」，自不應把門人當作「生而知之者」。他說「思不如學」，不只是要講自己的經驗，亦且要告訴門人以求知的坦途。凡不是「生而知之」的人，求知的方法，莫善於從多聞多見入手。

但是一個人從耳聞目見所學得的東西，必須再用心思索以分辨它們的是非得失。這樣，才算是「學而知之」。不然，便是「學而不思」，仍是「無益」的！（中庸：「博學之；審問之；慎思之；明辨之；篤行之。」這雖不像是孔子的話，但必是孔門後學所記的。博學、審問是學；慎思、明辨是思；篤行是行。學、思、行，分說為三；合說則為一。學可該思和行。荀子儒效篇：「學至於行之而止矣！」荀子的話，乃循孔門的習慣的。）若一個人想到一種道理，而能夠從和這種道理有關的事物上推求這道理的是非，那就是「思而學之」，便不算思而不學了。「思而學之」，自亦是求知的一條正道！

【今譯】 孔子說：「我曾經整天不吃、終夜不睡、而去苦思，卻徒勞無功；還不如學的好！」

子曰：「君子謀道不謀食㈠。耕也，餒在其中矣；學也，祿在其中矣㈡。君子憂道不憂貧㈢！」

【今註】 ㈠這裏的「道」，意同「士志於道」的「道」。㈡這兩句當是講謀道不謀食或憂道不憂貧的理由的。（鄭曰：「餒（ㄋㄟˇ），餓也。」）㈢這和首句意同；或是記者類記孔子異時所講的話。

【今譯】 孔子說：「一個君子，只應用心力於道，不必用心於衣食。耕種，有時也未必免於飢餓；學得好，當可以得俸祿！一個君子，只應勞心於道而不必勞心於生活的問題！」

子曰：「知及之㈠，仁不能守之㈡；雖得之，必失之。知及之，仁能守之；不莊以涖之㈢，則民不敬。知及之，仁能守之，莊以涖之；動之不以禮，未善也。」

【今註】㈠知音智；下同。這章的「之」字，包注以為指官位：這個說法似比其他說法著實。㈡「仁」，意同「德」。㈢「莊」，意同「莊重」。

【今譯】孔子說：「聰明才智足以得到它；德行不能守住它；雖然已經得到它，也一定會失去它。聰明才智足以得到它；德行也足以守住它；不能莊嚴的站在職位上，老百姓是不會敬服的。聰明才智足以得到它，德行也足以守住它，並能莊嚴的站在職位上；做事不循著禮，還是不夠好。」

子曰：「君子不可小知而可大受也；小人不可大受而可小知也㈠。」

【今註】㈠這章的「小知」「大受」，義難確知。集解集注，似都得大意。劉疏引淮南子主術訓的話（「是故有大略者，不可責以捷巧；有小智者，不可任以大功。」）以釋這章，似合經旨。譯文依集注。

【今譯】孔子說：「君子於小事未必可觀，而可以任大事；小人不可任大事，而有時卻有小小的長處。」

子曰：「民之於仁也，甚於水火。水火，吾見蹈而死者矣；未見蹈仁而死者也㊀！」

【今註】㊀在這章，孔子以仁代表精神生活，以水火代表物質生活。他以為，就人生而言，仁比水火更重要；但是，他曾見有人為水火而死，卻沒見到有人為仁而死。這顯出世人的輕視精神生活。這亦是孔子歎「知德者鮮」的話；「蹈仁而死」，當即志士仁人所偶有的「殺身成仁」的行為。

【今譯】孔子說：「仁對於人，比水火重要得多。我見過為水火而死的人；沒見過為仁而死的人！」

子曰：「當仁㊀，不讓於師㊁。」

【今註】㊀集注：「當仁，以仁為己任也。」㊁集注：「雖師亦無所遜；言當勇往而必為也。」（孔曰，「當行仁之事不復讓於師；言行仁急。」）

【今譯】孔子說：「在為仁的大道理上，對於師也不必有所遜讓。」

子曰：「君子貞而不諒㈠。」

【今註】㈠廣雅釋詁一：「貞，正也。」諒，朱駿聲以為假借為勍，意同「固執」。按：朱說可從，惜少例證。舊訓諒為信；信自是美德。但信有害於正道時，則君子取貞而棄諒。

【今譯】孔子說：「君子依正道而行，不必守硜硜的信。」

子曰：「事君，敬其事而後其食㈠。」

【今註】㈠周禮醫師注：「食，祿也。」按：敬事，意為盡心供職。雍也篇：「仁者、先難而後獲。」（顏淵篇：「先事後得，非崇德與！」禮記儒行：「先勞而後祿。」）

【今譯】孔子說：「服事君上，只須盡心力於職事；不必斤斤計較俸祿的厚薄。」

子曰：「有教無類㈠。」

【今註】㈠皇疏：「人有貴賤，同宜資教；不可以其種類庶鄙而不教之也。教之則善，本無類也。」

按：皇疏似含兩種意義。(1)師的施教，不應因人有貴賤而有可不可；(2)即集解引用的馬注所謂「言人在見教，無有種類。」這兩種意義，都是人類教育上的通理；而馬氏訓說，似更合聖意！

【今譯】孔子說：「師的施教，不應以求教的人貴賤、貧富而有可不可的分別！」

子曰：「道不同，不相為謀㈠。」

【今註】㈠為，于偽切。道，指人的志行講。（善和惡固不同，即善和善有時亦不相同。伯夷清，伊尹任，孔子時：聖德不相同。）

【今譯】孔子說：「人的志行不相同，便不能互相為謀。」

子曰：「辭，達而已矣㈠！」

【今註】㈠儀禮聘禮記：「辭無常；孫而說。辭多則史，少則不達。辭苟足以達，義之至也。」按：聘禮記的話，似是演孔子這話的。孔子的話，當為戒浮辭而發。左襄二十五年傳：「仲尼曰，志有之：言以足志；文以足言。不言，誰知其志；言之無文，行而不遠。」言而有文，亦只為達！

【今譯】孔子說：「言辭，足以表達志意就夠了！」

師冕見㊀。及階；子曰：「階也。」及席；子曰：「席也。」皆坐；子告之曰：「某在斯；某在斯。」師冕出。子張問曰：「與師言之，道與㊁？」子曰：「然！固相師之道也㊂。」

【今註】㊀見，賢遍切。師，樂人；冕，樂人的名字。（古代奏樂的歌工，必用盲人來做。）㊁與音餘。吳志忠的集注刻本於「之」字作逗；之訓為「這些」。皇疏似亦這樣講。㊂相，息亮切。

【今譯】師冕來見孔子。到了階前，孔子說：「這是臺階。」到了坐席前，孔子說：「這是坐席。」都坐定了，孔子告訴他說：「某人在這裏；某人在這裏。」師冕出去後，子張問道：「老師和師冕講這些，是合理的麼？」孔子說：「是的，這是我們招待一個眼睛看不見的樂師所應有的道理！」

卷十六　季　氏

季氏將伐顓臾㈠。冉有、季路見於孔子曰：「季氏將有事於顓臾㈡。」

孔子曰：「求，無乃爾是過與㈢！夫顓臾，昔者先王以為東蒙主㈣，且在邦域之中矣，是社稷之臣也；何以伐為㈤！」

冉有曰：「夫子欲之㈥；吾二臣者皆不欲也。」

孔子曰：「求，周任有言曰㈦：『陳力就列，不能者止！』危而不持，顛而不扶，則將焉用彼相矣㈧！且爾言過矣。虎兕出於柙；龜玉毀於櫝中：是誰之過與！」

冉有曰：「今夫顓臾，固而近於費㈨；今不取，後世必為子孫憂。」

孔子曰：「求，君子疾夫舍曰『欲之』而必為之辭㈩！丘也聞：有國有家者，不患寡而患不均；不患貧而患不安⑪。蓋均無貧；和無寡；安無傾。夫如是，故遠人不服，則修文德以來之；

既來之，則安之。今由與求也相夫子，遠人不服而不能來也；邦分崩離析而不能守也：而謀動干戈於邦內⑫！吾恐季孫之憂、不在顓臾而在蕭牆之內也⑬！」

【今註】㊀顓臾（ㄓㄨㄢ ㄩˊ），魯國境內一附庸。孔曰：「季氏貪其土地，欲滅而取之。」㊁見，賢遍切。左成十三傳：「國之大事，在祀與戎。」有事，言季氏要攻伐顓臾。㊂與音餘；下同。㊃這個東蒙，便是蒙山。漢書地理志：「泰山郡蒙陰，禹貢蒙山在西南，有祠：顓臾國在蒙山下。」胡渭禹貢錐指：「東蒙即蒙山，非有二山。」㊄集注：「社稷，猶云公家。是時四分魯國，季氏取其二，孟孫叔孫各有其一。獨附庸之國尚為公臣；季氏又欲取以自益。故孔子言顓臾乃先王封國，則不可伐；在邦域之中，則不必伐；是社稷之臣，則非季氏所當伐也。」㊅夫子，指季孫。㊆任音壬。馬曰：「周任，古之良史。」（劉疏：「左隱六年、昭五年皆引周任說，不言為史官。馬此注當別有所本。」）㊇焉，於虔切。相，息亮切。集注：「相，瞽者之相也。」按：「持危扶顛」，乃是相瞽的任務。劉疏：「漢書陳球傳：『傾危不持，焉用彼相邪！』正本此文。矣與邪同。」㊈費，悲位切。⑩舍音捨。⑪春秋繁露度制篇：「孔子曰：不患貧而患不均。」魏書張普惠傳引同。照下文「均無貧」的話，則經文似應作「不患貧而患不均」。但現在各本論語都作「不患寡而患不均、不患貧而患不安」；這顯然有錯誤。俞樾羣經平議：「寡貧二字，傳寫互易。此本作『不患貧而患不均，不患寡而患不安』：貧以財言，不均亦以財言；寡以人言，不安亦以人言。下文『均無貧』承上句言，『和無寡、安無傾』承下句言。」俞氏這個校訂，雖完全出自意想，但比舊文為妥；我們在譯文裏採用俞氏的說法。㊂釋文：「邦內：鄭本作封內。」（按：釋文於上文「邦域」下亦記「邦或作封」）。㊂鄭曰：「蕭之言肅也；牆，謂屏也。君臣相見之禮，至屏而加肅敬焉，是以謂之蕭牆。」方觀旭論語偶記：「俗解以蕭牆之內為季氏之家。不知、禮，蕭牆惟人君有耳；季氏之家，安得有此！竊謂斯時哀公欲去三桓，季氏實為隱憂。雖有費邑，難藉以逆命；又畏顓臾世為魯臣，與魯犄角以逼己：謀伐顓臾，乃田常伐吳之故智。然則蕭牆之內何人？魯哀公耳！不敢斥君，故婉言之：若曰『季孫非憂顓臾而伐顓臾、實憂魯君疑己之將為不臣所以伐顓臾』耳。此夫子誅奸人之心而抑其邪逆之謀也。」

【今譯】季氏將要攻伐顓臾。冉有和季路來見孔子，說：「季氏將要對顓臾用兵。」

孔子說：「求，這恐怕是你們的錯處吧！那顓臾，從前的天子曾使它主東蒙的祭；而它又在魯國的封域裏，乃是魯國所當保護的：為什麼要攻伐它！」

冉有說：「季氏要這樣做；我們兩人都不贊成。」

孔子說：「求，周任說過：『盡力量以任職務；如果不能把事做好，就應該退避！』用一個拉瞎子的人做比喻。如果瞎子走到危險的地方他不止住他；瞎子跌倒了他不扶起他：那還用拉瞎子的人做什麼！況且你們也不能隨便卸去責任！老虎兕牛從欄子裏跑出來；神龜美玉在櫃子裏毀壞了：這是誰的過失呢！」

冉有說：「這個顓臾，險固而接近費邑；現在不把它拿來，將來一定為子孫的憂患。」

孔子說：「求，一個君子人最恨那些不直說心裏所欲而要另找託辭的！我聽說，凡有國、有家的人，不必憂患貧窮，卻要擔心貧富不均；不必憂患人民稀少，卻要擔心人民不安。財富平均，就沒有貧窮；上下和睦，就不怕人民稀少；人民安寧，國家必不會傾覆。如果做到這個地步，而遠方的人還不悅服，那就脩文德以使他們來歸；他們來歸以後，就使他們安定。現在你們兩人輔佐季氏，遠人不服而不能招徠；邦國分裂而不能維持：反而想在國內用兵。我恐怕季孫所憂的不在顓臾而在朝中罷！」

孔子曰：「天下有道，則禮、樂、征伐自天子出；天下無道，則禮、樂、征伐自諸侯出。自諸侯出，蓋十世、希不失矣；自大夫出，五世、希不失矣；陪臣執國命㈠，三世、希不失矣。天下有道，則政不在大夫；天下有道，則庶人不議㈡。」

【今註】㈠馬曰：「陪，重也。」曲禮下：「列國之大夫入天子之國，曰某士；自稱，曰陪臣某。」大夫的家臣，對國君則亦稱為陪臣。㈡孔子以為，必須有一強明的中央政府，天下才有永久太平。「政不在大夫」，乃強大的中央政府所應有的現象；「庶人不議」，則是政治修明的效果。

【今譯】孔子說：「天下太平，禮、樂、用兵都由天子主持；天下衰亂，禮、樂、用兵都由諸侯主持。

諸侯主持，大概傳到十代很少不喪失權位的；大夫主持，傳到五代很少不喪失權位的；家臣掌國事，傳到三代很少不喪失權位的。天下太平，政權就不會在大夫手裏；天下太平，民眾就不會非議政府。」

孔子曰：「祿之去公室，五世矣㈠；政逮於大夫，四世矣㈡。故夫三桓之子孫微矣㈢！」

【今註】㈠鄭曰：「言此之時，魯定公之初。魯自東門襄仲殺文公子赤而立宣公，於是政在大夫，爵祿不從君出，至定公為五世。」㈡江永羣經補義：「當以文子、武子、平子、桓子為四世。」㈢夫音符。三桓，指孟孫、叔孫、季孫三卿，因為他們都出於桓公，所以稱為三桓。（孟孫本稱仲孫。）

【今譯】孔子說：「國家政權不在國君，已經五代了；大夫的握政權，也已四世了；所以三桓的子孫也已呈衰微的徵兆了！」

孔子曰：「益者三友；損者三友。友直；友諒㈠；友多聞：益矣！友便辟㈡；友善柔㈢；友便佞㈣：損矣！」

【今註】㈠說文：「諒，信也。」㈡便（ㄆㄧㄢˊ），婢綿切；辟（ㄆㄧˋ），婢亦切。集注：「便辟，謂習於威儀而不直。」㊂馬曰：「面柔也。」（詩新臺箋以「下人以色」釋面柔。）㊃鄭曰：「便，辯也。謂佞而辯。」（便辟，善柔，義欠明白。）

【今譯】　孔子說：「有三種有益的朋友；有三種有害的朋友。交到正直的朋友；交到誠信的朋友；交到聞見廣博的朋友：那是有益的！交到徒有儀文的朋友；交到徒善顏色的朋友；交到花言巧語的朋友：那是有害的！」

孔子曰：「益者三樂，損者三樂㊀。樂節禮樂；樂道人之善㊁；樂多賢友：益矣！樂驕樂；樂佚遊；樂宴樂：損矣！」

【今註】　㊀釋文：「三樂，五教反；下不出者同。禮樂，音岳。驕樂，音洛；下宴樂同。」㊁道，稱道。稱道一人的善行，使這人更篤志於善。但道亦可讀作導：道人之善，即誘導人進於善。

【今譯】　孔子說：「有益的樂事有三；有害的樂事有三。以得禮樂的中節為樂；以稱道人的善行為樂；以多交賢智的朋友為樂：是有益的！以驕傲為樂；以懶惰為樂；以飲宴為樂：是有害的！」

孔子曰：「侍於君子有三愆㊀：言未及之而言謂之躁㊁；言及

之而不言謂之隱；未見顏色而言謂之瞽㊂。」

【今註】㊀集注：「君子，有德位之通稱。」說文：「愆（ㄑㄧㄢ），過也。」㊁鄭曰：「躁，不安靜。」釋文：「魯讀躁為傲；今從古。」易繫辭：「躁人之辭多。」㊂周生烈曰，「未見君子顏色所趣向、而便逆先意語者，猶瞽者也。」荀子勸學篇：「未可與言而言謂之傲；可與言而不言謂之隱；不觀氣色而言謂之瞽。君子不傲、不隱、不瞽，謹順其身。」

【今譯】孔子說：「隨侍君子時有常犯的三種過失：不當說話的時候而說話，叫做『躁』；應當說話的時候而不說，叫做『隱』；沒有察看顏色就說話，叫做『瞽』。」

孔子曰：「君子有三戒：少之時㊀，血氣未定，戒之在色；及其壯也，血氣方剛，戒之在鬬；及其老也，血氣既衰，戒之在得㊁。」

【今註】㊀少，詩照切。㊁淮南詮言訓：「凡人之性，少則倡狂，壯則彊暴，老則好利。」

【今譯】孔子說：「君子有三件事要戒：年輕的時候，血氣未定，所要戒的是女色；到了壯年，血氣正旺，所要戒的是好勇鬬狠；到了老年，血氣已衰，所要戒的是貪得無饜。」

孔子曰：「君子有三畏㈠：畏天命㈡，畏大人㈢，畏聖人之言。小人，不知天命而不畏也，狎大人，侮聖人之言。」

【今註】㈠畏，敬畏。㈡論語末章記孔子的話：「不知命，無以為君子也。」韓詩外傳六引了這句話而釋曰：「言天之所生，皆有仁義禮智順善之心；不知天之所以命生，則無仁義禮智順善之心，謂之小人。」天命的觀念，對修養極為有益。㈢鄭注：「大人，謂天子諸侯為政教者。」

【今譯】孔子說：「君子有三種敬畏：敬畏天命；敬畏大人；敬畏聖人的話。小人，不知什麼是天命，因而亦不敬畏；輕視大人；侮蔑聖人的話。」

孔子曰：「生而知之者，上也；學而知之者，次也；困而學之㈠，又其次也；困而不學，民、斯為下矣㈡！」

【今註】㈠中庸：「或生而知之；或學而知之；或困而知之：及其知之，一也。」鄭注：「困而知之，謂長而見禮義之事，已臨之而有不足，乃始學而知之。」㈡「困而不學」，是指愚昧而不求知的「凡民」講。

【今譯】 孔子說：「生下來就知道的，是上等人；學了而後知道的，是次一等的；勤苦力學而知道的，是又次一等的；愚昧而不能勤苦求知的『凡民』，則是最下的了！」

孔子曰：「君子有九思㈠：視思明；聽思聰；色思溫；貌思恭；言思忠；事思敬；疑思問；忿思難㈡；見得思義。」

【今註】 ㈠有些學者以為這篇中凡以數字立論的，不像是孔子的話。按：這章的話，都是為學、治事、做人的普通道理。雖不必為孔子的話，卻多合於孔子的意思。㈡難，奴案切。（患難去聲；難易則平聲。）

【今譯】 孔子說：「君子有九件用思的事情：視想要明；聽想要聰；面色想要溫和；容貌想要謙恭；說話想要誠實；做事想要謹敬；有疑就想到請教別人；發怒時應想到後患；見到利必須想到義。」

孔子曰：「見善如不及㈠，見不善如探湯㈡；吾見其人矣，吾聞其語矣㈢。隱居以求其志，行義以達其道㈣；吾聞其語矣，未見其人也。」

【今註】㊀「如不及」：竭力追求，只怕趕不上。㊁「探湯」：伸手入熱水，離去愈快愈好。㊂「語」，意義同「事」。「聞其語」，是說「聽過這樣的事」；「見其人」，是說「見過這樣的人」。㊃邢疏以「隱遯幽居以求遂其己志」釋隱居句，以「好行義事以達其仁道」釋行義句，本皇疏而較明晰。雖「仁」字不見這章，但孔子的道固不外乎仁。皇疏似以隱居行義兩句只說一個能在隱居時而行義的人，所以舉夷齊為例。集注以兩句分屬隱仕，舉伊呂為例。孔子本意怎樣，今已難定。

【今譯】孔子說：「見到善，只怕趕不上，見到不善，便儘快離開；我見過這樣的人，我聽過這樣的事。避世隱居以遂己志，能行義事以成就道德；我聽過這樣的事，卻沒有見過這樣的人。」

「齊景公有馬千駟；死之日，民無德而稱焉。伯夷、叔齊餓于首陽之下；民到于今稱之。其斯之謂與㊀。」

【今註】㊀與音餘。集注：「胡氏曰：『程子以為第十二篇錯簡「誠不以富亦祇以異」當在此章之首。今詳文勢，似當在此句之上；言人之所稱、不在於富而在於異也。』愚謂此說近是；而章首當有『孔子曰』字。蓋闕文耳！大抵此書後十篇多闕誤。」我們的譯文依胡氏說補上詩句，但意義實難十分明白。（詩句見小雅我行其野篇。）集解：鄭曰：「祇，適也。言此行誠不可以致富，適足以為異耳！」

【今譯】「齊景公有馬四千匹；到了死的時候，百姓並不覺得他有什麼值得稱述的善行。伯夷、叔齊在首陽山下挨餓，人們到現在還稱讚他們。『誠不以富，亦祇以異。』就是說這種情形吧！」

陳亢問於伯魚曰㊀：「子亦有異聞乎㊁？」對曰：「未也。嘗獨立㊂；鯉趨而過庭。曰：『學詩乎？』對曰：『未也。』『不學詩，無以言。』鯉退而學詩。他日，又獨立；鯉趨而過庭。曰：『學禮乎？』對曰：『未也。』『不學禮，無以立。』鯉退而學禮。聞斯二者。」陳亢退而喜曰：「問一得三：聞詩；聞禮；又聞君子之遠其子也㊃。」

【今註】㊀釋文：「亢音剛，又苦浪反。」陳亢，就是陳子禽。（子禽見學而篇和子張篇。）伯魚，孔鯉字。（鯉見先進篇。）㊁陳亢以為伯魚是孔子的兒子，孔子或有特別的話教給他。㊂「嘗獨立」，是指孔子講。㊃遠，于萬切。

【今譯】陳亢問伯魚說：「你是不是從老師那裏聽到什麼特別的教訓？」伯魚回答說：「沒有。曾有一次他獨自站著；我趨過庭中。他說：『學過詩嗎？』我回答說：『沒有。』（他說，）『不學詩，不知道怎麼說話。』我退下乃學詩。有一天，他又獨自站著；我趨過庭中。他說：『學過禮麼？』我回答說：『沒有。』〔他說，〕『不學禮，不知道怎樣立身。』我退下乃學禮。我只聽過這兩事！」

陳亢退下高興的說：「我問一件事情卻學得三種道理。我知道了詩的重要；知道了禮的重要；又知道了一個君子人對自己的兒子並沒有私心。」

邦君之妻：君稱之曰「夫人」；夫人自稱曰「小童」；邦人稱之曰「君夫人」，稱諸異邦曰「寡小君」；異邦人稱之亦曰「君夫人」㊀。

【今註】㊀這章和微子篇末「周有八士」章一樣，是很可疑的。大概是有論語這書的人把這種雜記置於篇末，後來便被誤認為正文了。鄉黨篇末及堯曰篇末中難解的地方，恐亦有相似的情形。

【今譯】國君的妻：國君稱她為「夫人」；夫人自稱為「小童」；國人稱她為「君夫人」，對別國人講話則稱她為「寡小君」；別國人亦稱她為「君夫人」。

卷十七　陽　貨

陽貨欲見孔子㊀；孔子不見。歸孔子豚㊁；孔子時其亡也而往拜之㊂。遇諸塗㊃。謂孔子曰：「來！予與爾言。」曰㊄：「懷其寶而迷其邦：可謂仁乎？曰、不可㊅！好從事而亟失時㊆：可謂知乎㊇？曰、不可！日月逝矣；歲不我與！」孔子曰：「諾，吾將仕矣！」

【今註】㊀左傳沒有陽貨。定五年九月，陽虎囚季桓子及公父文伯。論語集解和集注都以陽貨、陽虎為一人。崔述洙泗考信錄一，辨陽貨、陽虎為二人，說得很詳明。按：趙岐孟子注：「陽貨，魯大夫也。陽虎，魯季氏家臣也。」是趙氏已以陽貨、陽虎為二人了。㊁釋文：「歸，如字。鄭本作饋。」孟子滕文公下：「陽貨欲見孔子而惡無禮。大夫有賜於士，不得受於其家，則往拜其門。陽貨瞯孔子之亡也而饋孔子蒸豚。」㊂廣雅釋言：「時，伺也。」㊃道塗（途）字古書多借用涂。㊄這個「曰」字，實不應有；當是記言的人偶誤而加的。㊅經傳釋詞二：「有一人之言而自為問答者，則加『曰』字以別之。」（下同。）㊆好，呼報切。亟，去吏切，義同「數」（屢次）。㊇知音智。

【今譯】陽貨要見孔子；孔子不見他。他送孔子一隻小豬；孔子候他不在家的時候去拜謝他。卻在路上給他逢到了。陽貨呼孔子說：「來！我同你說話。」接著說：「一個人藏著他的本事而讓他的國家混亂下去：可以說是仁嗎？當然是不可以的！願意出來做事而屢次錯過機會：可以說是知嗎？當然是不可以的！日子一天一天的過去了；歲月是不等人的！」孔子說：「好，我要出來做事了！」

子曰：「性㈠，相近也；習㈡，相遠也。」

【今註】㈠常人天生的才質。㈡習，指教育、習慣、環境等講。這兩句乃是指極大多數的「中人」言。

【今譯】孔子說：「人們本來的才性，是相近的；因為教育和環境的不同，人和人的品格便漸漸相遠。」

子曰：「唯上知與下愚不移㈠。」

【今註】㈠知音智。孔子以為，﹁大體上人性都是可以變化的。但有極少數的人似是生來便是善的；亦有極少數的人生來便是惡的。﹂生而善的「上知」，不為惡習所移而即於惡；生而惡的「下愚」，不為善習所移而即於善：他們是不為教育和環境所改變的。集注：「或曰，此與上章當合為一；『子曰』二字、蓋衍文耳！」按：在文理上和在意義上，這章都應合上章為一章；因唯字上有子曰二字，遂誤成為兩章。可能孔子說了前段稍歇，記言的人以為孔子另說新題，所以便寫上「子曰」二字。

【今譯】 孔子說：「只有上知和下愚是不可改變的。」

子之武城，聞弦歌之聲。夫子莞爾而笑㊀；曰：「割雞、焉用牛刀㊁！」子游對曰㊂：「昔者偃也聞諸夫子曰：『君子學道則愛人；小人學道則易使也㊃！』」子曰：「二三子，偃之言是也。前言戲之耳㊄！」

【今註】 ㊀莞（ㄨㄢˇ），華版切。集解：「莞爾，小笑貌。」㊁焉，於虔切。「割雞、焉用牛刀」，是一句比喻的話。意思是，治小地方何須用大道理。㊂子游是那時的武城宰。㊃易，以豉切。集注：「君子小人，以位言之。」按：「學道」，乃指受教育而言。一個地方若有「弦歌之聲」，這個地方就有學校。㊄集注：「嘉子游之篤信，又以解門人之惑也。」按：這個笑話，朱子以為出自「深喜」；極對。

【今譯】 孔子到武城，聽到琴瑟歌詠的聲音。他微微一笑；說：「宰雞、何必用屠牛的刀！」子游回答說：「我從前曾聽老師說過：『知識較高的人多懂道理就會愛人；平民多懂道理就樂於替國家服務！』」孔子說：「你們要知道，偃的話是不錯的；剛才我乃是和他說笑話！」

公山弗擾以費畔㈠；召。子欲往。子路不說㈡，曰：「末之也已；何必公山氏之之也㈢！」子曰：「夫召我者、而豈徒哉㈣！如有用我者，吾其為東周乎㈤。」

【今註】㈠費，悲位切。公山弗擾，左傳、史記、古今人表都作公山不狃。左定五年傳、記不狃為費人襲魯，孔子（時為司寇）命申句須、樂頎下伐之；遂墮費。孔子世家記不狃以費叛召孔子、在定九年。但論語這章可疑的地方很多。趙翼陔餘叢考卷四和崔述洙泗考信錄卷二都以為這章的記載不可信。㈡說音悅。㈢這兩句裏的三個「之」字，第一、第三兩個意同「往」，第二個作虛字用。㈣夫音符。禮記檀弓「徒使我不誠於伯高」注和王制「庶人耆老不徒食」注並說：「徒，猶空也。」㈤集解：「興周道於東方，故曰『東周』。」集解的意思是，孔子所謂「為東周」，是說在魯國復興文武周公的治道，並不是指在王城東的成周言。

【今譯】公山弗擾據費邑反叛；召孔子。孔子想去。子路不高興；說：「沒有地方去也就算了；何必到公山氏那裏去呢！」孔子說：「那召我的，難道是空召的麼！如果有人用我，我想要把周家的治道在東方復興起來！」

子張問仁於孔子。孔子曰：「能行五者於天下，為仁矣！」「請問之。」曰：「恭、寬、信、敏、惠。恭則不侮；寬則得眾；信則人任焉；敏則有功；惠則足以使人。」

【今譯】子張向孔子請教仁。孔子說：「能夠把五樣事情做到，就算仁了！」「是那五樣呢？」孔子說：「恭敬、寬厚、誠信、勤敏、惠愛。恭敬就不致遭到侮辱；寬厚就可以得人心；誠信就能為人所信賴；勤敏就能成事功；惠愛就可以使人為己用。」

佛肸召㊀；子欲往。子路曰：「昔者由也聞諸夫子曰：『親於其身為不善者，君子不入也。』佛肸以中牟畔；子之往也如之何？」子曰：「然，有是言也。不曰『堅』乎？——『磨而不磷㊁！』不曰『白』乎？——『涅而不緇㊂！』吾豈匏瓜也哉㊃！焉能繫而不食㊄！」

【今註】㊀佛音弼（ㄅㄧˋ）；肸（ㄒㄧˋ），許密切。孔子世家：「佛肸為中牟宰。趙簡子攻范、中行，伐中牟；佛肸畔。使人召孔子；孔子欲往。」這章也很可疑。例如：弟子當面稱老師為「夫子」，乃是春秋以後的用法。（看先進篇「夫子何哂由也」注。）㊁磷，力刃切。孔曰，「磷，薄也。」㊂涅（ㄋㄧㄝˋ），本是黑色的染料；這裏用作動詞，義同「染黑」。緇（ㄗ），義同「黑」。㊃皇疏：「一通云，匏（ㄆㄠˊ）瓜，星名也。言人有材智，宜佐時理務，為人所用；豈得如匏瓜繫天而不可食耶！」㊄焉，於虔切。

【今譯】佛肸召孔子；孔子想去。子路說：「從前我聽老師說：『本身做壞事的人那裏，君子是不去的。』佛肸現在據中牟叛亂；您怎麼可以去呢？」孔子說：「是的，我是說過這話的。但我沒有說過『真正堅的東西是磨不薄的』嗎？沒有說過『真正白的東西是染不黑的』嗎？我豈是天上的匏瓜星！怎麼能夠高高掛著而不讓人家吃呢！」

子曰：「由也，女聞六言六蔽矣乎㊀？」對曰：「未也。」「居！吾語女㊁。好仁不好學㊂，其蔽也愚；好知不好學㊃，其蔽也蕩；好信不好學，其蔽也賊；好直不好學，其蔽也絞；好勇不好學，其蔽也亂；好剛不好學，其蔽也狂。」

【今註】㊀女音汝；下同。六言，即仁、知、信、直、勇、剛六事。這六事都可說是美德；但如有美德而不加求學問，則便可能有愚、蕩、賊、絞、亂、狂的弊病。一個人有美德而又好學，則行為可以得這些美德的中和而不會有流弊了。㈡語，魚據切。㈢好，呼報切；下同。「好學」，包括「思」、「辨」言。（泰伯篇：「子曰：恭而無禮則勞；慎而無禮則葸；勇而無禮則亂；直而無禮則絞。」）㈣知音智。

【今譯】孔子說：「由，你聽過六種美德和六種弊病的說法嗎？」子路回答說：「沒有。」孔子說：「坐下！我告訴你。好仁而不好學，便可以流入愚惷；好知而不好學，便可以流入放蕩；好信而不好學，便可以發生賊害；好直而不好學，便可以失於絞急；好勇而不好學，便可以造成禍亂；好剛而不好學，便可以陷於狂妄。」

子曰：「小子㈠，何莫學夫詩㈡！詩，可以興；可以觀；可以羣；可以怨。邇之事父；遠之事君。多識於鳥獸草木之名。」

【今註】㈠包曰：「小子，門人也。」㈡夫音符。詩，指當時的「詩經」。（和現在的詩經大體上沒有什麼差異。）

【今譯】孔子說：「小子們，為什麼不學詩！詩，可以感發志意；可以觀察盛衰；可以學得和人相處的道理；可以學得疾惡刺邪的態度。講到近，可以學會服事父母；講到遠，可以學會服事君上。又可以識得許多鳥獸草木的名字。」

子謂伯魚曰：「女為周南、召南矣乎㈠？人而不為周南、召南㈡，其猶正牆面而立也與㈢！」

【今註】㈠女音汝。召，實照切。這裏的「為」意同「學」。依今本毛詩，周南是關雎至麟趾十一篇的詩；召南是鵲巢至騶虞十四篇的詩。劉疏：「二南皆言夫婦之道，為王化之始。漢書匡衡傳：『室家之道修，則天下之理得。』時或伯魚授室，故夫子特舉二南以訓之與！」按：劉說亦合理，但孔子的特提出二南以問伯魚，或即以勉伯魚在學詩上做一個好的開頭，並不是叫他不顧詩的其他部分。我們從這裏可以知孔子的重視詩教。㈡「人而」的而、意同「如」。㈢與音餘。集注：「正牆面而立，言一物無所見，一步不可行。」

【今譯】孔子對伯魚說：「你學過周南、召南的詩篇嗎？一個人如果不學周南、召南，就像向著牆壁而立，既看不見什麼，也走不通一步。」

子曰：「禮云禮云，玉帛云乎哉㈠！樂云樂云，鐘鼓云乎哉㈡！」

【今註】㊀鄭曰：「言禮非但崇玉帛而已；所貴者安上治民。」㊁馬曰：「樂之所貴者、移風易俗，非謂鐘鼓而已。」禮記仲尼燕居：子曰：「師，爾以為必鋪几筵、升降酌獻酬酢（ㄗㄨㄛˋ）、然後謂之禮乎？爾以為必行綴兆、興羽籥（ㄩㄝˋ）、作鐘鼓、然後謂之樂乎？言而履之，禮也；行而樂之，樂也。」

【今譯】孔子說：「禮的意義，難道只在玉帛上嗎？樂的意義，難道只在鐘鼓上嗎！」

子曰：「色厲而內荏㊀，譬諸小人、其猶穿窬之盜也與㊁！」

【今註】㊀集注：「厲，威嚴也。荏，柔弱也。」（顏淵篇：色取仁而行違。）㊁與音餘。三蒼：「窬，門邊小竇也。」「穿窬」，意為「挖孔」；「穿窬之盜」，即「挖牆的竊賊」。（荏，音ㄖㄣˇ；窬，音ㄩˊ。）

【今譯】孔子說：「外表嚴正而內行軟弱的人，（欺世盜名，）比起下等人來，和竊賊一樣！」

子曰：「鄉原㊀，德之賊也！」

【今註】㊀原，借作愿（ㄩㄢˋ）。（愿，謹也，善也；魚怨切。）孟子盡心下：「一鄉皆稱原人焉；無所往而不為原人：孔子以為德之賊、何哉？」（萬章問。）「同乎流俗；合乎汙世：眾皆悅之；自以為是。而不可與入堯舜之道。故曰『德之賊』也。」（孟子答。）

【今譯】 孔子說：「同流合汙的假好人，是道德的賊害！」

子曰：「道聽而塗說㊀，德之棄也！」

【今註】 ㊀道聽而塗說，是指那些不仔細思辨而傳播毫沒有價值的說話的事情言。

【今譯】 孔子說：「把隨便聽來的話隨便傳說出去，乃是有德的人所唾棄的事情。」

子曰：「鄙夫、可與事君也與哉㊀！其未得之也，患得之㊁；既得之，患失之。苟患失之，無所不至矣！」

【今註】 ㊀「可與」的「與」，意同「以」；「與哉」的「與」則為語詞，音餘。㊁集解：「患得之：患不能得之。楚俗言。」臧琳經義雜記：「古人之言，多氣急而文簡；如論語『其未得之也、患得之』，以『得』為『不得』；猶尚書以『可』為『不可』。」按：患，義同憂。「患得之」，意為「憂心於謀取祿位」。似可不必釋「得」為「不得」。

【今譯】 孔子說：「一個鄙夫，可以做官嗎！他沒有得到官位的時候，憂心於謀取官位；已經得到官位，又憂心於失掉官位。如果憂心於失掉官位，那便什麼都做得出來了！」

子曰：「古者民有三疾㊀；今也或是之亡也㊁！古之狂也肆；今之狂也蕩。古之矜也廉㊂，今之矜也忿戾。古之愚也直；今之愚也詐而已矣！」

【今註】㊀三疾，指狂、矜、愚。㊁亡音無。（狂、矜、愚自是人的病；但古代有這些病的人還有可取的地方，現在則有這些病的人似已沒有一點可取了。）㊂矜，似當依漢石經殘碑作矜。

【今譯】孔子說：「古代人有三種毛病；現在可能沒有那個樣子的三種毛病了。古代的狂人肆志進取，現在的狂人則放蕩而沒有拘檢；古代自矜的人廉潔自守，現在自矜的人則乖戾而多怒；古代的愚人質直，現在的愚人則只有詐偽！」

子曰：「巧言、令色，鮮矣仁㊀。」

【今註】㊀這章已見學而篇。皇本、正平本沒有這章；唐石經這章亦是後來加上的。

子曰：「惡紫之奪朱也㊀；惡鄭聲之亂雅樂也；惡利口之覆邦家者㊁。」

【今註】㊀惡，烏路切；下同。紫的奪朱，只是時尚的關係；孔子的話，亦不過說個人的好惡。正色間色的說法，恐非孔子本意。㊁這三句話裏面，前二句似是陪襯，重點在第三句。覆，芳服切。（孟子盡心下：孔子曰：「惡似而非者：惡莠，恐其亂苗也；惡佞，恐其亂義也；惡利口，恐其亂信也；惡鄭聲，恐其亂樂也；惡紫，恐其亂朱也；惡鄉原，恐其亂德也。」我們現在當然很難定論語和孟子二書中那一書為可信；就文理而論，則論語所傳似較近真。但孟子以「惡似而非者」為孔子的惡作理由，則是極合於孔子的想法的。）

【今譯】孔子說：「我厭惡紫色奪了朱色的地位；我厭惡鄭聲奪了雅樂的地位；我厭惡利口的覆亡國家！」

子曰：「予欲無言。」子貢曰：「子如不言，則小子何述焉㊀？」子曰：「天何言哉！四時行焉；百物生焉。天何言哉㊁！」

【今註】㈠說文：「述，循也。」子貢怕孔子不言，門人無所遵循。㈡劉疏：「案夫子本以身教；恐弟子徒以言求之，故欲無言以發弟子之悟也。」按：孔子的話，可能因為偶有所感而發。

【今譯】孔子說：「我想不說話了！」子貢說：「老師如不說話，那我們遵循什麼？」孔子說：「天何曾說了什麼！四時運行；萬物化生。天何曾說了什麼！」

孺悲欲見孔子㈠；孔子辭以疾。將命者出戶，取瑟而歌，使之聞之。

【今註】㈠集解：「孺悲，魯人也。」禮記雜記：「恤由之喪，哀公使孺悲之孔子學士喪禮；士喪禮於是乎書。」劉疏：「孺悲實親學聖門。孔子不見之者，此欲見，是始來見，尚未受學時也。儀禮士相見禮疏，謂孺悲不由紹介，故孔子辭以疾。此義當出鄭注。御覽引韓詩外傳云：『子路曰，聞之於夫子：士不中間而見，女無媒而嫁者，非君子之行也。』鄭注又云：『將命，傳辭者。』此指主人之介傳主人辭者也。戶，室戶也。」按：孔子當時不見孺悲的原因，現已難知。錄劉疏以備一說。

【今譯】孺悲想見孔子；孔子以疾病的理由不見他。傳話的人走出房門，孔子就拿了瑟來彈並且歌唱，故意讓他聽到。

宰我問：「三年之喪，其已久矣㈠！君子三年不為禮，禮必壞；三年不為樂，樂必崩。舊穀既沒，新穀既升；鑽燧改火㈡：期可已矣！」子曰：「食夫稻；衣夫錦㈢：於女安乎㈣？」曰：「安。」「女安則為之！夫君子之居喪，食旨不甘；聞樂不樂㈤；居處不安：故不為也。今女安，則為之㈥！」宰我出。子曰：「予之不仁也！子生三年，然後免於父母之懷；夫三年之喪，天下之通喪也㈦。予也有三年之愛於其父母乎㈧！」

【今註】㈠「其已久矣」：今各本作「期已久矣」；但釋文有「期，一本作其」的記錄。按：史記仲尼弟子列傳作「不已久乎」；可見論語較好的本子當是作「其已久矣」的。法言學行篇兩用「其已久矣」，可作西漢時論語本為「其已久矣」的旁證。㈡燧（ㄙㄨㄟˋ）是取火的木；鑽燧，當是鑽木取火的意思。古人一年裏面用來取火的木，四時各不同（見集解）；滿了一年，則各種鑽燧的木全都用過了，又從頭依上年的次序用木：這叫做「改火」。但詳細情形，現已難考。㈢夫音符。衣，於既切。㈣女音汝；下同。㈤「不樂」音洛。㈥仲尼弟子列傳沒有這六字。㈦通喪，弟子列傳作通義。㈧弟子列傳沒有這句。按：這章文句，仲尼弟子列傳較好，所以譯文有幾處依弟子列傳。但「曰，『安。』」

句究有可疑。（宰我似不應這樣倔強！我們也不能以「曰、安」二字作為孔子自答的話。）

【今譯】 宰我問道：「父母過世，守孝三年，太久了吧！君子如果三年不習禮，禮一定會壞；三年不奏樂，樂一定會荒。舊穀已經吃完了，新穀已經收好了；取火的木也全都用過了：守滿一年的孝應當夠了。」孔子說：「〔父母去世才一年，你就沒有一點哀慼的心情：〕照常吃好的飯；穿好的衣服。你於心能安嗎？」宰予說：「安。」「你如安，那就做！君子的居喪，吃甘美的東西不覺得好吃，聽音樂也不覺得好聽，所以不去做。現在你能安，那就去做吧！」宰我退出；孔子說：「宰予真是不仁！孩子生下，滿了三年才能脫離父母的懷抱；所以三年的喪乃是天下通行的道理。」

子曰：「飽食終日，無所用心；難矣哉㈠！不有博弈者乎㈡？為之、猶賢乎已！」

【今註】 ㈠衛靈公「羣居終日」章鄭注：「難矣哉，言無所成。」㈡說文：「簙，局戲也；六箸十二棊也。弈，圍棊也。論語曰，不有博弈者乎。」段簙下注：「古戲今不得其實；經傳多假博字。」焦循孟子正義：「博，蓋即今之雙陸。弈為圍棋之專名，與博同類而異事。」

【今譯】 孔子說：「整天吃飽飯，一點心思也不用；這種生活決難有所成就的。不是還有玩雙陸和下圍棋的人麼？做這些事情，比整天不用一點心思還要好些！」

子路曰：「君子尚勇乎㈠？」子曰：「君子、義以為上㈡！君子有勇而無義為亂；小人有勇而無義為盜。」

【今註】㈠尚，意同「尊貴」。㈡「義以為上」，即是「以義為貴」。上，意同「尊貴」。

【今譯】子路說：「君子以勇為貴嗎？」孔子說：「君子以義為貴！在上位的人有勇而無義，就會作亂；普通的人有勇而無義，就會作盜賊。」

子貢曰：「君子有惡乎㈠？」子曰：「有㈡。惡稱人之惡者；惡居下而訕上者㈢；惡勇而無禮者；惡果敢而窒者。」曰：「賜也亦有惡也㈣：惡徼以為知者㈤；惡不孫以為勇者㈥；惡訐以為直者㈦。」

【今註】㈠這章的惡字，除「惡者」的惡（ㄜˋ）外，都烏路切（ㄨˋ）。㈡以上八字從漢石經；現在的本子「君子」下有「亦」字；「曰有」下有「惡」字。㈢這句從漢石經；現行的本子「下」下有「流」字。㈣「惡也」：從皇本、正平本；他本作「惡乎」。（作「惡乎」，則這句便是孔子的問話。）㈤徼（ㄐㄧㄠˋ），古堯切；知音智。㈥孫音遜。㈦訐（ㄐㄧㄝˊ），居謁切。

【今譯】子貢說：「君子有所憎惡麼？」孔子說：「有。憎惡稱揚他人的壞事的；憎惡在人下而毀謗在上的人的；憎惡勇猛而不知禮義的；憎惡剛愎而狠戾的。」子貢說：「賜亦有所憎惡：憎惡襲取他人的意見而自以為聰明的；憎惡不遜而自以為勇敢的；憎惡發人陰私而自以為正直的。」

子曰：「唯女子與小人為難養也㊀：近之則不孫；遠之則怨㊁。」

【今註】㊀這章的女子、小人，當是專指婢妾僕隸等講的。㊁近、孫、遠都去聲。

【今譯】孔子說：「只有女子和小人是最難以相處的：接近他們，他們就對你不恭；疏遠他們，他們就會恨你。」

子曰：「年四十而見惡焉㊀，其終也已！」

【今註】㊀見音現；惡，如字。

【今譯】孔子說：「一個人到了四十歲時還顯現惡行，這一生也就做不出什麼好事了！」

卷十八　微　子

微子去之；箕子為之奴；比干諫而死㈠。孔子曰㈡：「殷有三仁焉！」

【今註】㈠史記殷本紀：「帝乙長子曰微子啟；啟母賤，不得嗣。帝乙崩，子辛立；天下謂之紂。帝紂好酒淫樂，厚賦稅；百姓怨望。西伯卒，紂愈淫亂不止。微子數諫，不聽；遂去。比干乃強諫紂。紂怒，曰：『吾聞聖人心有七竅。』剖比干觀其心。箕（ㄐㄧ）子懼，乃詳狂為奴；紂又囚之。」（按史記宋微子世家記微子去殷在紂殺比干以後；記比干的死乃因「見箕子諫不聽而為奴、乃直言諫紂」所致；和殷本紀所記不同。）㈡先記事而後記孔子的話，文體和八佾篇「三家者以雍徹」章相似。

【今譯】微子離開了殷紂；箕子為奴；比干因強諫而被殺。孔子說：「殷有三個仁人！」

柳下惠為士師㈠，三黜。人曰：「子未可以去乎？」曰：「直道而事人，焉往而不三黜㈡！枉道而事人，何必去父母之邦！」

【今註】㊀士師，主治訟獄的官。集注引胡氏曰：「此必有孔子斷之之言，而亡之矣。」㊁焉，於虔切。

【今譯】柳下惠主治訟獄，三次被罷免。有人說：「你還不可以離開嗎？」柳下惠說：「依著正道來做事，到哪裏不被罷黜！依著邪道來做事，又何必離開自己的國家！」

齊景公待孔子；曰：「若季氏，則吾不能；以季孟之閒待之。」曰：「吾老矣！不能用也。」孔子行㊀。

【今註】㊀孔子世家：「孔子適齊，景公問政孔子。孔子曰：『君君，臣臣，父父，子子。』他日又復問政於孔子。孔子曰：『政在節財。』景公說，將欲以尼谿田封孔子。晏嬰進曰：『夫儒者滑稽而不可軌法；倨傲自順不可以為下。……今孔子盛容飾，繁登降之禮、趨詳之節。……若欲用之以移齊俗，非所以先細民也。』後景公敬見孔子，不問其禮。異日，景公止孔子，曰：『奉子以季氏，吾不能。』以季孟之閒待之。齊大夫欲害孔子；孔子聞之。景公曰：『吾老矣，弗能用也！』孔子遂行。」按：晏子事，太史公當是依墨子非儒篇或晏子春秋外篇的。崔述以為晏嬰斷不至是；且說：「其文之淺陋，亦似戰國秦漢；絕不類左傳孟子所述者。」而論語這章，則崔氏列入「存疑」，說：「微子一篇本非孔氏遺書；其中篇殘簡斷，語多不倫。吾未敢決其必然！」「若季氏」二句，乃景公和臣下計議接待孔子的話，必不是面對孔子說的。史記述文「奉子以季氏」句，應是誤文。

【今譯】齊景公接待孔子；說：「要像接待季氏那樣，我做不到；用次於季氏而高於孟氏的禮數接待他。」〔後來〕又說：「我已老，不能用他了！」孔子離開了齊國。

齊人歸女樂㈠。季桓子受之；三日不朝㈡。孔子行㈢。

【今註】㈠孔子世家：「定公十四年，孔子由大司寇行攝相事；與聞國政。齊人聞而懼。……於是選齊國中女子好者八十人，皆衣文衣而舞康樂，文馬三十駟，遺魯君。陳女樂文馬於魯城南高門外。……季桓子卒受齊女樂。三日不聽政；郊又不致膰俎於大夫。孔子遂行。」（季桓子，名斯；季康子的父。）㈡朝，直遙切。㈢孔子去魯，史記十二諸侯年表和史記魯世家以為在定公十二年；較孔子世家為合。「齊人歸女樂」章，洙泗考信錄二亦列於「存疑」，說：「按孟子但言『不用，從而祭，不稅冕而行』；未嘗言『歸女樂』一事。」

【今譯】齊人送給魯國一個女子歌舞團。季桓子接受了；三天不上朝聽政。孔子乃離開了魯國。

楚狂接輿㈠歌而過孔子，曰㈡：「鳳兮鳳兮㈢，何而德之衰也㈣！

往者不可諫也；來者猶可追也㈤。已而已而㈥，今之從政者殆而㈦！」孔子下㈧，欲與之言；趨而辟之㈨，不得與之言。

【今註】㈠接輿（ㄩˊ），人名。（見莊子、荀子、秦策、楚辭等書；莊子應帝王篇亦稱為「狂接輿」。）㈡歌詞文字，依漢石經。（皇本正平本同，唯德上沒有而字。）唐石經作：「鳳兮鳳兮，何德之衰也。往者不可諫，來者猶可追。已而已而，今之從政者殆而。」（邢本朱本同唐石經，唯衰下沒有也字。）莊子人間世：「孔子適楚。楚狂接輿遊其門；曰：鳳兮鳳兮，何如德之衰也。……」按：莊子這段文字，似是後人演論語的。歌詞長而難懂，所以沒有全錄。㈢鳳，指孔子。㈣集注：「譏其不能隱、為德衰也。」㈤集注：「言及今尚可隱去。」㈥集注：「已，止也；而，語助辭。」㈦集注：「殆，危也。」㈧鄭注：「下，下堂出門也。」（皇本、正平本章首「過孔子」下有「之門」二字。似鄭所見本亦有這二字。）㈨辟音避。

【今譯】楚國的狂人接輿唱著歌走過孔子的門前，說：「鳳呀鳳呀，你的運命為什麼這樣壞！過去的不可挽回，將來的還可趕上。算啦算啦！現在的從政者實是危險呀！」孔子下堂出門，想和接輿說話；他趕快避開，使孔子不得和他講。

長沮桀溺耦而耕㈠。孔子過之，使子路問津焉㈡。長沮曰：「夫執輿者為誰㈢？」子路曰：「為孔丘。」曰：「是魯孔丘與㈣？」曰：「是也。」曰：「是知津矣㈤！」問於桀溺。桀溺曰：「子為誰？」曰：「為仲由。」曰：「是魯孔丘之徒與㈥？」對曰：「然。」曰：「滔滔者天下皆是也㈦；而誰以易之㈧！且而與其從辟人之士也㈨，豈若從辟世之士哉！」耰而不輟㈩。子路以告㈡。夫子憮然㈢；曰：「鳥獸不可與同羣；吾非斯人之徒與、而誰與㈢！天下有道，丘不與易也㈣。」

【今註】㈠沮（ㄐㄩ），七餘切。溺，乃歷切。鄭曰，「長沮、桀溺，隱者也。」耦（ㄡˇ）而耕，是二人併力發土的意思。（這裏「耦而耕」一語，似只說兩人在耕時為耦，並不是說兩人正在併發。）㈡說文：「津，水渡也。」㈢夫音符。皇疏：「執輿；猶執轡也。」子路本在車上執轡（ㄆㄟˋ）；現在下車問津，孔子代為執轡。㈣與音餘。㈤馬曰：「言數周流，自知津處。」㈥與音餘。㈦釋文：「滔滔，吐刀反。鄭本作悠悠。」班固幽通賦：安慆慆而不萉兮。鄧展說：「慆慆，亂貌也。」疑論語滔滔亦當訓「亂貌」。㈧「以易之」的以，義同為。「誰為易之」，意同「有那個來變易它！」

㈨辟音避。而，指子路。漢書敘傳顏注：「避人之士，謂孔子；避世之士，溺自謂也。」㈩鄭曰：「耰，覆種也。輟，止也。」（按：耰（ㄧㄡ）字說文作櫌。廣韻：「耰，出玉篇。」）㈡各本以字上衍行字；今從漢石經。㈢憮音武。㈢釋文：徒與誰與，並如字；又並音餘。集注：「與如字」。（按：兩讀義都可通；譯從集注。）㈣「與易」的與，義同為。

【今譯】長沮、桀溺在一起治田。孔子路過，叫子路向他們問過渡的地方。長沮說：「那執轡的是誰？」子路說：「是孔丘。」長沮說：「是魯國的孔丘麼？」子路說：「是！」長沮說：「那他一定知道過渡的地方了！」子路向桀溺問。桀溺說：「你是誰？」子路說：「是仲由。」桀溺說：「是魯國孔丘的門徒嗎？」子路答道：「是的。」桀溺說：「天下到處都是一樣的混亂；有哪個會來變易它呢？我看你與其跟隨那逃避壞人的人，還不如跟隨我們這些逃避亂世的人！」說完了繼續不停的耰田。子路把這二人的話告訴孔子。孔子悵然；說道：「我們不能和鳥獸在一起生活；我們不和人類在一起、更和什麼在一起呢！如果天下太平，我就不會要來變易它了。」

子路從、而後；遇丈人㈠，以杖荷蓧㈡。子路問曰：「子見夫子乎？」丈人曰：「四體不勤；五穀不分㈢：孰為夫子！」植其杖而芸㈣。子路拱而立。止子路宿；殺雞為黍而食之㈤。見其二子焉㊅。明日，子路行以告㊆。子曰：「隱者也！」使子路反、見之。至，則行矣。子路曰㊇：「不仕無義！長幼之節㊈，不可廢也；君臣之義，如之何其廢之！欲絜其身而亂大倫㊉！君子之仕也，行其義也。道之不行，已知之矣⑪！」

【今註】㊀包曰：「丈人，老人也。」㊁蓧（ㄉㄧㄠˋ），芸田器。（說文作「莜」。）㊂劉疏：「趙岐孟子注：『體者，四枝股肱也。』五穀者，禾、黍、稷、稻、麥也。（說五穀者多家，此從程氏瑤田說定之。）」近代學者多以「五穀不分」的分同於王制「百畝之分」的分，訓為糞種。（皇朱二氏都以這兩句為譏子路的。而呂本中的紫薇雜說則說：「四體不勤二語，荷蓧丈人自謂。」朱彬經傳考證贊同這個講法。）㊃植，漢石經作置。按：置植同從直聲，故二字得相通假。商頌那：「置我鞉（ㄊㄠˊ）鼓。」箋：「置，讀曰植。」金縢：「植璧秉圭。」鄭注：「植，古置字。」說文植字或從置，更可證「古者置植字同」（詩那正義）。但經傳植多訓樹立，置則兼樹立和放置二義。「置杖」可訓捨杖，亦可訓立杖。今訓石經的置為放，似較合事理。芸，漢石經作耘。小雅毛傳：「耘，除草也。」芸的本義為香草；今本論語乃是假芸為耘的。㊄食音嗣。㊅見，賢遍切。㊆行，在路上。子路在路上把昨天的事告訴孔子。㊇丈人已行，子路的話當是對丈人的二子講的。㊈長，丁丈切。㊉絜，從漢石經、宋刻九經、元翻廖本。今本多作潔。說文沒有潔字。清潔字古書多用絜。包曰：「倫，道也，理也。」㈡崔述洙泗考信錄三以為微子篇中接輿、沮溺、丈人三章，「文皆似莊子，與論語他篇之言不倫；恐係後人之所偽託。」按：這三章固可疑。但所記孔子、子路的話，很像他們所說的。即偽託，亦必出自孔門的後學。

【今譯】子路隨著孔子，但落後了；遇著一位老人，用木杖背著芸田的工具。子路問道：「你看見我的老師麼？」老人說：「我不勞動手足，五穀也不能種好。怎麼會知道誰是你的老師！」他放下他所背的芸器，把杖豎在旁邊而芸田。子路恭敬地拱手站著。老人留子路住宿；宰了雞煮了黍請他吃。叫他的兩個兒子見子路。第二天，子路在路上把這事告訴孔子。孔子說：「這是位隱士！」叫子路回去再見他。到了那裏，他已走了。子路說：「一個人不服務公家，是不合理的。已然知道長幼的禮節不可廢棄，君臣的禮節怎麼可以廢棄呢！做人如只要潔身自好，便有害於人生的大道理！一個君子人要為公家做事，是盡他應盡的義務。至於他的道理不能行於世，乃是早已想到的！」

逸民：伯夷，叔齊，虞仲，夷逸，朱張，柳下惠，少連㈠。子曰：「不降其志；不辱其身：伯夷、叔齊與㈡！」謂：「柳下惠、少連，降志辱身矣。言中倫㈢；行中慮：其斯而已矣㈣！」謂：「虞仲、夷逸㈤，隱居放言。身中清；廢中權。我則異於是，無可無不可㈥。」

【今註】㈠少，詩照切。下同。㈡與音餘。㈢中，丁仲切。下同。㈣漢石經作「其斯以乎」。㈤漢石經逸作「佚」。㈥這章孔子所評論的人物，現在大概都已不可考知。郝敬說：「朱張，朱當作譸。書譸張為幻，即陽狂也。曰逸民；曰夷逸；曰朱張：三者品其目。夷、齊、仲、惠、連：五者舉其人也。」劉疏：「夷逸明見尸子；柳下豈為陽狂。於義求之，似為非也。」至於孔子評論的話，我們亦多不能懂得明白。似以闕疑為是。

大師摯適齊㈠；亞飯干適楚；三飯繚適蔡；四飯缺適秦；鼓方叔入於河；播鼗武入於漢；少師陽㈡、擊磬襄、入於海㈢。

【今註】㈠大音泰。㈡少，詩照切。（鼗音ㄊㄠˊ）㈢這裏所講的都是樂師：「太師、亞飯」等都是樂官的稱呼（包咸訓「鼓」為「擊鼓者」）；「摯」、「干」……「方叔」、「武」是人名。至於他們究竟是什麼時候、什麼地方的人，已不可考。漢書古今人表中，大師摯等同在智人行列，序次在殷末周前。（顏注：「自師摯以下八人，皆紂時奔走分散而去。」）漢書禮樂志：「殷紂斷棄先祖之樂，樂官師瞽，抱其器而奔散；或適諸侯，或入河海。」後世學者，或以他們為周平王時人；或以他們為魯哀公時人；一直沒有定說。包氏以河為河內；朱以漢為漢中，海為海島：都恐未審。集注：「此記賢人之隱遯以附前章，然未必夫子之言也。末章放此。」

周公謂魯公曰㈠：「君子不施其親㈡；不使大臣怨乎不以㈢；故舊無大故，則不棄也；無求備於一人！」

【今註】㈠魯公，周公的嗣子伯禽；封於魯。劉疏：「大傳云：『聖人南面而聽天下，所且先者五；民不與焉。一曰治親；二曰報功；三曰舉賢；四曰使能；五曰存愛。』以此五者為先，當是聖人初政之治。周公此訓，略與之同。故說者咸以此文為伯禽就封周公訓誡之詞；當得實也！」㈡施，詩紙切，又詩豉切。不施，漢石經同；釋文本施作弛。坊記注：弛，棄忘也。㈢孔曰：「以，用也。」這章是周公對伯禽說的話；不知怎麼會編入論語裏。可能孔子曾據故記把這話告訴弟子，而弟子中有把這事記成這章的。上文「柳下惠為士師」章當亦是這樣。

【今譯】周公對魯公說：「一個居君位的人，不遺忘他的親戚；不使大臣因為自己不被聽用而生怨恨；舊臣如沒有重大的過失，不可遺棄；不要對一個人求全責備！」

周有八士㊀：伯達，伯适；仲突，仲忽；叔夜，叔夏；季隨，季騧㊁。

【今註】㊀「士」，當是指對國家很有作為的人。這章的「八士」，現已難考了。（包曰，「周時四乳生八子，皆為顯仕；故記之爾。」釋文：「周有八士，鄭云成王時；劉向馬融皆以為宣王時。」按：漢世這些注解，或出鄙俗，或由意度，都不足取。）可能是有人為這篇的開頭記「殷三仁」事，便戲撰「周八士」的名字以和「殷三仁」相對；後來遂成為論語的一章。八士的名字，以兩兩相韻而成四耦；至於用伯、仲、叔、季四字來排，又好像是模倣「八元」的。這都可作出於戲筆的證明。（左文十八年傳：「高辛氏有才子八人：伯奮、仲堪、叔獻、季仲、伯虎、仲熊、叔豹、季貍。忠、肅、共、懿、宣、慈、惠、和。天下之民，謂之『八元』。這種記載，當出於史氏的傅會。國語鄭語：「夫荊子熊嚴生子四人：伯霜，仲雪，叔熊，季紃。」這四個伯仲叔季為列的名字，亦不可信。）

㊁釋文：「騧（ㄍㄨㄚ），古花反。」集注：「騧，烏瓜反。」按：集注這音疑有誤。

卷十九 子張

子張曰：「士，見危致命；見得思義㊀；祭思敬；喪思哀：其可已矣㊁。」

【今註】㊀憲問篇子路問成人章：「見利思義；見危授命。」季氏篇君子有九思章：「見得思義。」曲禮上：「臨財毋苟得；臨難毋苟免。」儒行：「儒有見利不虧其義；見死不更其守：其特立有如此者！」荀子不苟篇：「君子畏患而不避義死；欲利而不為所非。」㊁集注：「言士能如此，則庶乎其可矣。」

【今譯】子張說：「一個士，臨難不避義死；臨財不為苟得；祭不忘敬；喪能盡哀：就夠好了。」

子張曰：「執德不弘；信道不篤㊀：焉能為有！焉能為亡㊁！」

【今註】㊀「執德弘」，「信道篤」，可看作曾子所說的「弘、毅」。（泰伯篇。）「仁以為己任」，自然就是執德弘；「死而後已」，亦是信道篤所致。㊁釋文：「焉，於虔反，下同。亡，如字，無也。」集注：「亡讀作無，下同。」這兩語意同現在所謂「無足輕重」。

【今譯】 子張說：「沒有決心來擔起至德；沒有毅力來守住道義：這種人，有也可！沒有也可！」

子夏之門人問交於子張㊀。子張曰：「子夏云何？」對曰：「子夏曰：『可者與之㊁；其不可者距之㊂。』」子張曰：「異乎吾所聞！君子尊賢而容眾；嘉善而矜不能㊃。我之大賢與㊄，於人何所不容！我之不賢與，人將距我；如之何其距人也㊅！」

【今註】 ㊀問交：問交友的道理。㊁「可」有「合式」或「合意」的意思。㊂漢石經兩「者」字中間缺四字，翟氏考異以為漢石經本沒有「其」字。距從漢石經；皇本、正平本同。（說文沒有拒字而有距、歫字。距訓「雞距」；歫訓「止也」。但古多用距為拒。唐石經、邢本、朱本、廖本都作拒。釋文：「距，具呂反，本今作拒；下同。」）㊃矜（ㄌㄧㄣˊ），今各本論語都作矜（ㄐㄧㄣ）；但漢石經殘碑「哀矜而勿喜」字作矜。段玉裁據石經這個矜字以證今本說文訓矛柄的矜當為矜的誤體。因為若從今為聲，則韻部相隔應不能假為憐。（毛詩鴻雁傳，矜，憐也。）㊄與音餘；下同。㊅子張和子夏所說的交友的目的不同：子夏主張交益友，而不和有損我們的人往來；子張所講的，只是普通的交際。他們各有道理。（包曰：「友交當如子夏；汎交當如子張。」）

【今譯】 子夏的門人向子張問交友的道理。子張說：「子夏怎麼說？」答道：「子夏說：『可以做朋友的就跟他往來，不可以做朋友的就不跟他往來。』」子張說：「這和我所聽到的不同。一個受過教育的人，尊敬賢人而包容平常的人；嘉勉好人而哀憐低劣的人。我如果是個大賢的人，那我還有什麼人不能包容！我如果是個不賢的人，人家將拒絕我；我怎麼還能拒絕人家呢！」

子夏曰：「雖小道㊀，必有可觀者焉。致遠、恐泥㊁；是以君子不為也㊂。」

【今註】 ㊀鄭注：「小道，如今諸子書也。」集解：「小道，謂異端。」集注：「小道，如農圃醫卜之屬。」按：子夏以小道為有可觀，所以主張博學。㊁鄭注：「泥，謂滯陷不通。」㊂漢書藝文志和蔡邕上封事引用這章都以為孔子的話。但漢石經則作「子夏曰」。古人引書，難免偶疏。

【今譯】 子夏說：「雖然是小道，也有可觀的地方。但如專任小道，有許多地方恐怕難以行通；所以君子不去弄它。」

子夏曰：「日知其所亡㊀；月無忘其所能：可謂好學也已矣㊁。」

【今註】㊀集注：亡，讀作無。皇疏：「亡，無也。所能，謂已識在心者也。既日日識所未知，又月月無忘其所能：此即是『溫故而知新』也。日知其所亡，是知新也；月無忘所能，是溫故也。」（為政篇：子曰：「溫故而知新，可以為師矣！」）㊁好，呼報切。

【今譯】子夏說：「每天能夠學得一些不知道的東西；每月能夠溫習已學到的東西：這樣，便可以說是好學了！」

子夏曰：「博學而篤志㊀；切問而近思㊁：仁在其中矣㊂。」

【今註】㊀博學，廣求知識；篤志，篤志於道。㊁切問而近思，關於立身制行的事加以審問、慎思。㊂子夏以為，下了這些工夫，便會知道怎樣為仁了。（道德原於知識，乃是孔門所共信的。雍也篇末章：「能近取譬，可謂仁之方也已。」子夏的近思，似即孔子的「近取譬」。）

【今譯】子夏說：「一個人能夠廣求知識而篤志於道；能夠對於行己立身的道理審問而慎思：也就可以為仁了。」

子夏曰：「百工居肆以成其事㊀；君子學以致其道㊁。」

【今註】㊀皇疏：「肆、作物器之處。」㊁趙佑溫故錄：「此學以地言；乃學校之學。對居肆省一居字。學記：大學之教也，退息必有居學。」按：趙說亦有據；但子夏語意，似重學而不專要居學。百工非居肆不能成器；君子非學不能致道。「夫子焉不學！」固不必如百工的居肆的。

【今譯】子夏說：「工人在工廠裏做成他的器物；君子必須求學以完成他的德業。」

子夏曰：「小人之過也必文㊀。」

【今註】㊀「文」，掩飾。文過，便沒有改過的志慮：這是小人所以終於為小人的原因！

【今譯】子夏說：「小人犯過失，一定設法掩飾。」

子夏曰：「君子有三變：望之儼然；即之也溫；聽其言也厲㊀。」

【今註】㊀述而篇：「子，溫而厲；威而不猛；恭而安。」

【今譯】子夏說：「一個君子，可以給人三種不同的印象：遠看他，他像是很矜莊的；接近他，就覺得他是溫和可親的；聽了他的話，他又是很嚴正的。」

子夏曰：「君子信而後勞其民；未信，則以為厲己也。信而後諫；未信，則以為謗己也㊀。」

【今註】㊀信，得到信任。厲，禍害。前節是說君子的臨民；後節是說君子的事上。

【今譯】子夏說：「君子必先立信然後役使百姓；如沒有得百姓的信任就役使他們，那他們必以為是在害他們。君子必先立信然後諫諍君上；如沒有得君上的信任就進諫，那他必以為是在毀謗他。」

子夏曰：「大德不踰閑㊀；小德出入可也㊁。」

【今註】㊀集注：「大德小德，猶言大節小節。」說文：「閑，闌也。」引申的意義為規矩。㊁韓詩外傳二：「孔子遭齊程本子於郯之間，傾蓋而語終日。有間，顧子路曰：『由，束帛十匹以贈先生。』子路曰：『昔者由也聞之於夫子：士不中道相見；女無媒而嫁者，君子不行也。』孔子曰：『大德不踰閑；小德出入可也。』」外傳以這兩語為孔子的話，並且以「士不中道相見」為小德。

【今譯】子夏說：「一個人在大節上不可踰越規矩；在小節上可以不必太拘泥。」

子游曰：「子夏之門人小子㈠，當洒埽㈡、應對、進退，則可矣；抑末也。本之則無，如之何！」子夏聞之曰：「噫，言游過矣！君子之道，孰先傳焉？孰後倦焉？譬諸草木，區以別矣㈢。君子之道，焉可誣也㈣。有始有卒者，其唯聖人乎㈤！」

【今註】㈠門人小子聯文，難解；或分屬兩句，亦不妥。譯文姑從皇疏。㈡說文：「灑，汛也。（所蟹切。）」又：「洒，滌（ㄉㄧˊ）也。（先禮切。）古文以為灑埽字。」又：「埽（ㄙㄠˋ），棄也。從土帚（ㄓㄡˇ）。（穌老切。）」按：今字，洒埽作灑掃或洒掃；洒滌的洒字則多用洗。㈢別，彼列切。㈣焉，於虔切。㈤關於「先傳」、「後倦」、「有始有卒」，各家的解釋都難使人滿意。倦，似宜讀為券。券訓勞、訓勤；後倦，後從事。

【今譯】子游說：「子夏的門人，在洒掃、應對、進退的儀文上，是很合式的；不過這些只是末事。沒有學基本的道理，怎麼可以！」子夏聽到這話，說：「言游錯了！君子的道理，哪一樣應先教？哪一樣應後學？就好比草木有種類的區別，分得很清楚。君子的道理，如果不依先後來傳授，那豈不是誣罔！從始至終依著一定順序的，難道只有聖人能做到麼！」

子夏曰：「仕而優則學；學而優則仕㊀。」

【今註】㊀集注：「優，有餘力也。」按：仕者盡了職務而有餘暇，便應致力於學問；學者有充足的知識，便應為社會做事。

【今譯】子夏說：「做事有餘暇，便應更求學問；學問充實，便應該做事。」

子游曰：「喪致乎哀而止㊀。」

【今註】㊀致，極盡的意思。八佾篇：「喪，與其易也寧戚。」孝經：「毀不滅性。」

【今譯】子游說：「居喪只要能盡了哀思也就可以了。」

子游曰：「吾友張也，為難能也；然而未仁㊀！」

【今註】㊀包氏以「子張容儀難及」釋難能；朱子以「子張行過高」釋難能：他們可能都是從下章曾子的話推測而得的。

【今譯】子游說：「我的朋友子張的成就，是很難得的；不過還沒有到了仁！」

曾子曰：「堂堂乎張也㊀；難與並為仁矣㊁！」

【今註】㊀後漢書伏湛傳：「杜詩上疏曰：『湛、容貌堂堂，國之光暉。』」㊁容貌堂堂，不見得便難與並為仁；可能子張專務儀表，所以受曾子的輕視。集注：「言其務外自高，不可輔而為仁，亦不能輔人之仁也。」這釋「並為仁」似可通。

【今譯】曾子說：「子張、容貌堂堂，很難和他相勉為仁。」

曾子曰：「吾聞諸夫子：人未有自致者也㊀；必也親喪乎！」

【今註】㊀自致，從「內心出發而專力以為」的意思。

【今譯】曾子說：「我聽老師說：人們沒有出於自然而盡心力來做一件事的；如果有，那只是對於父母的喪事！」

曾子曰：「吾聞諸夫子：孟莊子之孝也㊀，其他可能也，其不改父之臣與父之政㊁、是難能也。」

【今註】㊀孟莊子，魯大夫仲孫速；是孟獻子的兒子。㊁參學而篇「父在觀其志」章註㊂。

【今譯】曾子說：「我聽老師說：孟莊子的孝，別的事都還容易做到，獨有他的不改變他父親所用的人和他父親所做的事，乃是很難做到的。」

孟氏使陽膚為士師㊀；問於曾子㊁。曾子曰：「上失其道；民散久矣。如得其情，則哀矜而勿喜㊂。」

【今註】㊀包曰：「陽膚，曾子弟子。士師，典獄之官。」㊁陽膚問。㊂馬曰：「民之離散，為輕漂犯法，乃上之所為，非民之過；當哀矜之，勿自喜能得其情。」參子張篇「子夏之門人」章註㊃。

【今譯】孟氏任命陽膚做法官。陽膚向曾子請教。曾子說：「國家政教不好，人民心裏早已沒有國家的法紀了。你審清一件案情時，不應以查出罪人為喜，而應哀憐罪人！」

子貢曰：「紂之不善㈠，不如是之甚也㈡！是以君子惡居下流㈢；天下之惡皆歸焉。」

【今註】㈠紂，商朝最後的君主，是古代著名的暴君。㈡「如是」，指前邊所講的、或指大家所習聞的事情言。㈢「惡居」的惡，烏路切。集注：「下流，地形卑下之處，眾流之所歸；喻人身有汙賤之實，亦惡名之所聚也。子貢言此，欲人常自警省，不可一置其身於不善之地。」

【今譯】子貢說：「紂的無道，未必像世人所說的那麼厲害！所以一個君子人，最忌身犯汙行，因為一有汙行，什麼壞事都會歸到你的身上來。」

子貢曰：「君子之過也，如日月之食焉：過也、人皆見之㈠；更也、人皆仰之㈡。」

【今註】㈠因為君子不會文過（掩飾自己的過失），所以大家都能看見他的過失。㈡更，古行切。說文：「更，改也。」君子有過必改；改則大家仍仰望他。（皇疏：「日月蝕罷，改闇更明，則天下皆瞻仰。君子之德，亦不以先過為累也。」）

【今譯】子貢說：「君子的過失，就像日食月食一樣：他有過失，大家都看得見；他過一改了，大家仍都瞻仰他。」

衛公孫朝問於子貢曰㈠：「仲尼焉學㈡？」子貢曰：「文武之道，未墜於地㈢；在人！賢者識其大者㈣；不賢者識其小者：莫不有文武之道焉。夫子焉不學！而亦何常師之有！」

【今註】㈠朝，直遙切。馬曰：「公孫朝，衛大夫。」㈡焉，於虔切；下「焉不學」同。㈢墜，漢石經作隧。（說文：「隊，從高隊也。」段注：「隊墜正俗字。」）㈣識，漢石經作志。

【今譯】衛公孫朝向子貢問道：「仲尼是從什麼地方求得他的學問的？」子貢說：「文王、武王的道理，並沒有失落；仍有人傳著。賢能的人記得大的；次一點的人記得小的。他們多少都保有文王武王的道理。我的夫子到處都可學；卻沒有一定的老師。」

叔孫武叔語大夫於朝曰㈠：「子貢賢於仲尼。」子服景伯以告子貢。子貢曰：「譬之宮牆㈡：賜之牆也及肩，窺見室家之好；

夫子之牆數仞㊂，不得其門而入，不見宗廟之美、百官之富㊃。得其門者或寡矣；夫子之云㊄，不亦宜乎！」

【今註】㊀語，魚據切。朝，直遙切。馬曰：「魯大夫叔孫州仇；武，謚。」㊁「譬之」，漢石經作「辟諸」。「宮牆」，房子外圍的牆；等於現在的圍牆。㊂釋文：「數，色主反。」七尺為仞（程瑤田通藝錄說。）㊃「宗廟之美、百官之富」，是比喻孔子學問道德的美盛。㊄集解：「夫子，謂武叔。」

【今譯】叔孫武叔在朝中對大夫說：「子貢比仲尼高明。」子服景伯把這話告訴子貢。子貢說：「拿房子的圍牆來作個比喻：我的圍牆只不過人肩那麼高，從外面可以看到房子的美好；老師的圍牆卻有好幾仞高，如果不得從門戶進去，那麼，房子裏面一切堂皇和富麗都看不到了。能夠從門進去的人可能很少；武叔說那樣的話也是難怪的！」

叔孫武叔毀仲尼。子貢曰：「無以為也！仲尼不可毀也。他人之賢者，丘陵也；猶可踰也。仲尼，日月也；無得而踰焉。人雖欲自絕㊀，其何傷於日月乎！多見其不知量也㊁。」

【今註】㈠集解：「言人雖欲自絕棄於日月。」集注：「自絕，謂以毀謗自絕於孔子。」按：子貢用「自絕」一詞，乃專指要「踰日月」的人講：一個人若一定要踰日月，終必至於自毀生命。㈡多，與祇同；意思是「適」，或「只」。（刑疏：「古人多祇同音。『多見其不知量』，猶襄二十九年左傳云『多見疏也』。服虔本作『祇見疏』；解云，『祇，適也。』晉宋杜本皆作多。」）量音亮。

【今譯】叔孫武叔毀謗仲尼。子貢說：「不用這樣做！仲尼是不可毀謗的。別的賢人，好比丘陵；人還可以越過。仲尼，好比日月；沒有人能夠越過。人們雖然想要自毀生命，這對日月又有什麼損傷！只不過顯出自己不能量力罷了。」

陳子禽謂子貢曰：「子為恭也㈠；仲尼豈賢於子乎！」子貢曰：「君子一言以為知㈡；一言以為不知：言，不可不慎也。夫子之不可及也，猶天之不可階而升也。夫子之得邦家者，所謂立之斯立；道之斯行㈢；綏之斯來㈣；動之斯和㈤：其生也榮；其死也哀。如之何其可及也！」

【今註】㈠「為」，假裝，裝作。㈡知音智；下同。㈢道音導。皇本、正平本作導。㈣綏，安。㈤集注：「動，謂鼓舞之也。」

【今譯】 陳子禽對子貢說：「你是客氣呀！仲尼難道比你高明！」子貢說：「一個君子人以一句話顯出聰明；亦以一句話顯出不聰明：說話是不可以不謹慎的。夫子的不可及，好像我們不能從扶梯爬上天一樣。夫子如果能夠得在一個國家當政，則扶植，誘導，安撫，鼓動，都必感應神速；並且生為人所尊敬，死為人所哀悼：這怎麼可及呢！」

卷二十　堯　曰

堯曰㈠：「咨，爾舜！天之曆數在爾躬。允執其中。四海困窮，天祿永終㈡。」

舜、亦以命禹㈢。

曰：「予小子履、敢用玄牡，敢昭告于皇皇后帝：有罪不敢赦；帝臣不蔽。簡在帝心。朕躬有罪，無以萬方；萬方有罪，罪在朕躬㈣。」

「周有大賚；善人是富㈤。雖有周親，不如仁人。百姓有過，在予一人㈥！」

「謹權量；審法度；修廢官：四方之政行焉。興滅國；繼絕世；舉逸民：天下之民歸心焉。所重：民食；喪、祭㈦。」

「寬則得眾；信則民任焉；敏則有功；公則說㈧。」

【今註】㈠堯曰篇首一百五十餘字，可以說都是殘簡斷文。自「堯曰」至「在予一人」，好像是述、堯、舜、湯、武的誓誥的。自「謹權量」至「公則說」，又好像通論治道的話；而誰人所說，已不可考了。現在略依文義分為六節。翻譯從略。㈡「天之曆數」四句，散見尚書大禹謨中，而堯典裏沒有。大禹謨乃是偽書。集解：「曆數，謂列次也。」包曰：「允，信也。困，極也。永，長也。言為政信執其中，則能窮極四海，天祿所以長終。」集注：「曆數，帝王相繼之次第；猶歲時氣節之先後也。中者，無過不及之名。四海之人困窮，則君祿亦永絕矣！戒之也。」按：四海二句，集注比包注講得合理。㈢論語一書裏，沒有提到堯舜禹禪讓的事情；但上節好像是堯禪位給舜的命辭，而這節則記舜禪位給禹亦是用這個命辭的。㈣程子遺書：「『曰』字上少一『湯』字。」集注：「履，蓋湯名。簡，閱也。言：桀有罪，己不敢赦；而天下賢人，皆上帝之臣，己不敢蔽：簡在帝心，惟帝所命。此述其初請命而伐桀之辭也。又言：君有罪非民所致；民有罪實君所為。見其厚於責己薄於責人之意。此其告諸侯之辭也。」㈤集注：「此以下述武王事。賚，予也。武王克商，大賚（ㄌㄞˋ）于四海：見周書武成篇。此言其所富者、皆善人也。」㈥集注：「此周書大誓之辭。孔氏曰，周，至也；言紂至親雖多，不如周家之多仁人。」按：集注所稱的武成和大誓，都是偽古文尚書的篇名；所稱的孔氏，則指偽孔傳的作者。㈦漢津曆志：周衰官失，孔子陳後王之法曰，謹權量，審法度，修廢官，舉逸民，四方之政行矣。㈧說音悅。阮氏校勘記疑「信則民任焉」句為誤衍。翟氏四書考異：「四語與上文絕不蒙；與前論仁章文惟公說二字殊。疑子張問仁一章，原在古論子張篇首，而此為脫亂不盡之文。」按：翟氏考異說極有理。王若虛論語辨惑：「此章編簡絕亂，有不可知者。」陳天祥四書辨疑：「自堯曰至公則說，語皆零雜而無倫序；又無主名，不知果誰所言。古今解者終不見有皎然明白之說。」

子張問於孔子曰㊀：「何如斯可以從政矣？」子曰：「尊五美；屏四惡：斯可以從政矣。」子張曰：「何謂五美？」子曰：「君子惠而不費㊁，勞而不怨；欲而不貪；泰而不驕；威而不猛。」子張曰：「何謂惠而不費？」子曰：「因民之所利而利之：斯不亦惠而不費乎！擇可勞而勞之：又誰怨！欲仁而得仁：又焉貪㊂！君子無眾寡、無小大、無敢慢：斯不亦泰而不驕乎！君子正其衣冠、尊其瞻視、儼然，人望而畏之：斯不亦威而不猛乎！」子張曰：「何謂四惡？」子曰：「不教而殺謂之虐；不戒視成謂之暴㊃；慢令致期謂之賊㊄；猶之與人也，出內之吝㊅，謂之有司㊆。」

【今註】㊀漢書藝文志：「論語，古二十一篇，出孔子壁中，有兩子張。」劉疏：「蓋古論分堯曰下章『子張問從政』別為一篇，而題以『子張問』，與第十九篇之『子張』篇題略同，故有兩子張。如氏注以為篇名『從政』，殆未然也。」㊁費，芳味切。子張只一問而孔子五事都答：皇疏以為孔子知道子張於其餘四書都不明曉，所以不等更問；劉疏以為「統於首句『何謂惠而不費』，凡諸問辭皆從略也。」兩說都可。㊂焉，於虔切。㊃馬曰：「不宿戒而責目前成，為視成。」集注：「暴，謂卒遽無漸。」劉疏：「言上於民當先告戒之、而後責成功也。」㊄荀子宥坐篇：「……孔子曰，不教而責成功，虐也。」韓詩外傳：「孔子曰，不戒責成，害也；慢令致期，暴也；不教而誅，賊也；今生也有時，斂也無時，暴也；不教而誅，賊也；今生也有時，斂也無時，暴也；不教而責成功，虐也。君子為政避此三者。」集注：「賊者，切害之意。緩於前而急於後，以誤其民而必刑之，是賊害之也。」㊅釋文：「出，尺遂反；又如字。內，如字；又音納。本今作納。吝，力刃反；舊力慎反。㊆皇疏：「有司，謂主典物者也；猶庫吏之屬也。庫吏雖有官物，而不得自由；故物應出入者，必有所諮問，不敢擅易。人君若物與人而吝，即與庫吏無異；故云『謂之有司』也。」（俞樾羣經平議：「出納為人之恒言，故言出而並及納。史記刺客傳：『多人不能無生得失。』言失而並言得。遊俠傳：『緩急人之所時有。』言急而並言緩。亦猶是矣。」按：「有司」一詞，已見泰伯篇和子路篇，是當時官吏的通稱；但這裏似含有「官吏陋習」的貶意。）

【今譯】子張向孔子問道：「怎麼樣才可以從政呢？」孔子說：「尊崇五種美德；屏除四種惡習：就可以從政了。」子張說：「什麼是五種美德？」孔子說：「君子惠而不費；勞而不怨；欲而不貪；泰而不驕；威而不猛。」子張說：「什麼叫做『惠而不費』？」孔子說：「人民以為有利的事情就讓他們去做；這不就是惠而不費嗎！選擇可以勞役的人使他們勞役；誰還會怨！想要施行仁政而仁政已行；還有什麼可貪！一個君子人，無論對多數或少數人，無論對地位高或低的人，都不敢怠慢；這不就是泰而不驕嗎！君子端正衣冠，慎重視瞻，儀容矜莊，使人見了就有敬畏的心情；這不就是威而不猛嗎！」子張說：「什麼叫做四種惡習？」孔子說：「不先施教導而便行誅殺，叫做『虐』；不預先告戒而要責成功，叫做『暴』；隨便定個日期而迫人民做好一件事，叫做『賊』；始終要給人的，卻不肯痛痛快快的給人，叫做『有司』。」

孔子曰㈠：「不知命，無以為君子也㈡；不知禮，無以立也㈢；不知言，無以知人也㈣。」

【今註】㈠釋文：「魯論無此章；今從古。」㈡論語稽求篇：「知命，陳晦伯作稽疑引韓詩及董仲舒對策為解；此真漢儒有師承之言。」按：近儒亦多引韓董。因他們意思的重要，謹並引於下而略加推論。韓詩外傳六：「子曰：『不知命，無以為君子。』言天之所生，皆有仁、義、禮、智、順善之心：不知天之所以命生，則無仁、義、禮、智、順善之心；謂之小人。」照外傳這個解釋，則孔子這章的「君子」，乃專指道德純備的人言。韓嬰同時人董仲舒的說法則較詳明。漢書董仲舒傳：「天令之謂命。人受命於天，固超然異於羣生。故曰，天地之性人為貴。明於天性，知自貴於物；知自貴於物，然後知仁誼；知仁誼，然後重禮節；重禮節，然後安處善；安處善，然後樂循理；樂循理，然後謂之君子。故孔子曰：『不知命，亡以為君子。』此之謂也。」又春秋繁露竹林：「天之為人性命，使行仁義而羞可恥；非若鳥獸然，苟為生、苟為利而已。」韓嬰和董仲舒曾論議於武帝前，但韓嬰孝文時即為博士，似長於仲舒。而兩人釋孔子的「不知命」，義頗相似；可能這個說法，韓董以前的儒者已有了。孔子曾說：「五十而知天命。」韓董都以命即天命。中庸：「天命之謂性。」而韓董的天命，似即孟子所道的「性善」。孟子講性善，亦曾引孔子的話為證。孟子告子上：「詩曰，天生蒸民，有物有則；民之秉夷，好是懿德。孔子曰：為此詩者，其知道乎！故有物必有則；民之秉夷也，故好是懿德。」孟子這個記述如可信，則孔子似亦是主張性善論的。但就論語所記的，孔子的意思，實和孟子的不相同。孔子說：「性相近也；習相遠也。」又說：「中人、可以語上也；中人以下，不可以語上也。」「性相近」一語，自然是指大多數的人而言。而這大多數的人以下，還有「不可以語上」的「下愚」。所以我們不能以孔子為主張性善論的人。但韓董的天命論雖未必合孔子的意思，乃是自戰國中期以後儒家漸漸發展出來的一種有教育意義的學說。㊂季氏篇「陳亢問於伯魚」章：「不學禮，無以立。」㊃人和人相處，如沒有知人的能力，則遺憾的事必會很多。孟子講他自己「知言」的功夫：「詖辭知其所蔽；淫辭知其所陷；邪辭知其所離；遁辭知其所窮。」易繫辭：「將叛者其辭慙；中心疑者其辭枝；吉人之辭寡；躁人之辭多；誣善之人其辭游；失其守者其辭屈。」這些話差不多都是就觀察壞人講的。就我們現在想起來，觀察壞人固然重要，知道好人似更為重要。要知道一個人，必須仔仔細細聽他的話；並需要使他得以從容不迫的把心裏的話都說出來。這樣，我們才可以從一個人的話了解這個人。

【今譯】 孔子說：「不懂得天命，就沒有法子做一個『君子』；不懂得禮，就不知道怎樣處世；不懂得一個人的話，就不能了解這個人。」

論語今註今譯

主編◆王雲五
註譯◆毛子水
發行人◆王春申
編輯指導◆林明昌
營業部副總經理◆高珊
執行編輯◆徐平
美術設計◆吳郁婷

出版發行：臺灣商務印書館股份有限公司
23141 新北市新店區民權路 108-3 號 5 樓
電話：(02)8667-3712　傳真：(02)8667-3709
讀者服務專線：0800056196
郵撥：0000165-1
E-mail：ecptw@cptw.com.tw
網路書店網址：www.cptw.com.tw
網路書店臉書：facebook.com.tw/ecptwdoing
臉書：facebook.com.tw/ecptw

局版北市業字第 993 號
初版一刷：1974 年 12 月
二版一刷：2009 年 11 月
三版二刷：2022 年 05 月
定價：新台幣 350 元

ISBN 978-957-05-3119-0（平裝）

論語今註今譯／毛子水註譯·--三版·--新北市
臺灣商務，2017. 12
面；公分·--（古籍今註今譯）

978-957-05-3119-0（平裝）

1. 論語　2. 注釋

121.222　　106020329